GUOJIA PEICHANG BANAN ZHINAN

国家赔偿办案指南

2017年第3辑（总第21辑）

主编　陶凯元　柯汉民

法律出版社
LAW PRESS·CHINA

目　录

2017 年第 3 辑（总第 21 辑）

【政策导航】

【权威解读】

【经验交流】

【本辑专稿】

【裁判文书】

【媒体报道】

【政策导航】

以十九大精神为指引 推动新时代国家赔偿和司法救助工作的新发展*

最高人民法院副院长　陶凯元

党的十八大以来，在最高人民法院党组的正确领导下，人民法院国家赔偿和司法救助工作取得了突破性的进展，妥善处理了一批重大敏感刑事冤错赔偿案件得以依法妥处，司法救助工作“救助案件司法化、救助制度法治化”的原则得以确立，各级人民法院切实加强人权司法保障，努力让人民群众在每一个国家赔偿与司法救助案件中感受到公平正义，体现了以人民为中心的思想，回应了人民群众的关切，得到了社会各界的广泛认可。党的十九大作出了中国特色社会主义进入新时代、社会主要矛盾发生转变等重大政治判断，并就民主法治建设、增进民生福祉等提出了若干新要求。对于人民法院国家赔偿和司法救助工作而言，认真贯彻落实十九大精神，坚持以习近平新时代中国特色社会主义思想为指导，与时俱进地将工作重心从国家赔偿一元重心拓展到国家赔偿和司法救助二元重心，进而推动二者的协同发展，是契合新时代要求的最佳选择。

一、找准新时代国家赔偿与司法救助工作的政治定位

从世界范围来看，国家赔偿和司法救助都是带有浓厚伦理气息和政治色彩的人权司法保障制度；前者是人民主权理论的实践机制，是法治文明并走向实质正义的里程碑；后者则是社会福利理论的实践机制，是国家治理体

---

* 转引自《中国审判》2017 年第 35/36 期。

系和治理能力现代化的重要标志。我国宪法明确规定,人民是国家的主人,国家尊重和保障人权,因国家机关和国家工作人员侵犯公民权利而受到损失的人有依照法律规定获得赔偿的权利。党的十八大以来,中国共产党明确主张,改革和法治如鸟之两翼、车之两轮;全面深化改革的出发点和落脚点是促进社会公平正义、增进人民福祉,总目标是完善和发展中国特色社会主义、推进国家治理体系和治理能力的现代化;依法治国是坚持和发展中国特色社会主义的本质要求和重要保障,是实现国家治理体系和治理能力现代化的必然要求。因此,做好国家赔偿和司法救助工作是中国共产党领导下的各级人民法院的重要职责,是司法捍卫人民民主、尊重和保障人权、平衡社会利益、促进国家治理现代化的重要体现,也是司法公信和司法权威自我修复提升的重要途径。

党的十九大,进一步宣示了中国共产党人的初心和使命是"为中国人民谋幸福、为中华民族谋复兴",作出了"中国特色社会主义进入了新时代""我国社会主要矛盾已经转化"等重大政治判断,发出了"决胜全面建成小康社会,夺取新时代中国特色社会主义伟大胜利"的强力宣言。对于国家赔偿审判系统而言,唯有在全面认真学习十九大精神的基础上,着重把握与工作实际紧密相关的新时代要求,才能凝聚思想共识和智慧力量,更加有效地推动工作发展。

——十九大报告指出,新时代我国社会主要矛盾已经转化为人民日益增长的美好生活需要和不平衡不充分的发展之间的矛盾。具体而言,人民美好生活需要日益广泛,不仅对物质文化生活提出了更高的要求,而且在民主、法治、公平、正义、安全、环境等方面的要求日益增长。同时,我国社会生产力水平总体上显著提高,更加突出的问题是发展不平衡。这一关乎全局的历史性变化,对党和国家工作提出了许多新要求。要妥为应对,必须坚持以人民为中心的发展思想,不断促进人的全面发展、全体人民共同富裕。而国家赔偿和司法救助都是存在于司法过程中的国民收入分配再调节机制,又具有前述若干特殊价值,故特别契合解决新的社会主要矛盾的需要,值得各级法院从全局出发加以重视,不断提高两项工作的履职能力和水平。

——十九大报告指出,新时代坚持和发展中国特色社会主义的基本方略由"十四个坚持"共同构成。其中,坚持以人民为中心,必须把党的群众路线贯彻到治国理政全部活动中;坚持全面深化改革,必须不断推进国家治理体系和治理能力现代化;坚持新发展理念,必须是包括共享理念在内的科学发展;坚持人民当家做主,必须健全民主制度;坚持全面依法治国,必须坚持法治国家、法治政府、法治社会一体建设;坚持在发展中保障和改善民生,必须在弱有所扶等方面不断取得新进展,保证全体人民在共建共享发展中有更多获得感。这些要求,为新时代国家赔偿和司法救助工作提供了背景支撑,指明了努力方向。

——十九大报告指出,全面依法治国是国家治理的一场深刻革命,要深化司法体制综合配套改革,全面落实司法责任制,努力让人民群众在每一个司法案件中感受到公平正义。习近平总书记还曾指出,人民群众每一次求告无门、每一次经历冤假错案,损害的都是他们对社会公平正义的信心。国家赔偿对冤错案件受害人的赔偿抚慰,司法救助对求救、求助无门的弱势群体给予的生存照顾,都是让人民群众切身感受"司法公正"的重要桥梁。因此,将公正融于国家赔偿和司法救助的具体实践之中,将每一个国家赔偿、司法救助案件做实做细、抓紧抓好,以工匠精神和精细化的工作态度着力打造经得起法律、人民和历史检验的铁案,是新时代深化依法治国实践的题中之义。

二、推动新时代国家赔偿与司法救助工作的协同发展

与时俱进,是马克思主义的理论品质;一切从实际出发,是马克思主义哲学的根本要求。对于国家赔偿审判系统而言,尽快将司法救助工作提升至与国家赔偿工作同等重要的地位,实现二元并重,进而实现二元协同发展,就是从实际出发、与时俱进。这一工作重心的拓展转移,不但有宏大的新时代背景支撑,而且有明确的政策依据和紧迫的现实需求。

(一)中央政策坚定明确,资金保障总体充足

党的十八大以来,国家司法救助不断健全完善。十八届三中全会通过的《中共中央关于全面深化改革若干重大问题的决定》要求,完善人权司法保障制度,健全国家司法救助制度;中共中央政法委员会随后牵头出台的《关于建立完善国家司法救助制度的意见(试行)》指出,开展国家司法救助是中国特色社会主义司法制度的内在要求,是改善民生、健全社会保障体系的重要组成部分;十八届四中全会通过的《关于全面推进依法治国若干重大

问题的决定》进一步要求,健全国家司法救助体系,保证人民群众在遇到法律问题或者权利受到侵害时获得及时有效法律帮助。如前所述,十九大报告不仅继续强调加强民主法治建设和增进民生福祉的重要性,而且进一步强调以人民为中心,在弱有所扶上不断取得新进展,保证全体人民在共建共享发展中有更多获得感。可见,中央对于司法救助工作的态度是逐步重视并内在延续的。另从近年的经费保障来看,中央预算连年保持在 8 亿元左右,地方配套预算平均可达 19 亿元,不可谓不充足。因此,面对人民群众对民主与法治、公平与正义提出的更高要求,面对鲜明有力的政策指引和强大充足的财力保障,各级人民法院没有理由不将司法救助作为一项重要职责承担起来。

(二)司法改革方向明确,机遇挑战并肩而行

《国家赔偿法》在内容体例上归属于宪法之下的国家法范畴,是直接保障宪法实施的宪法相关法;实践中,国家赔偿纠纷不仅广泛涉及三大诉讼和执行中的尖锐问题,而且往往引起社会各界的高度关注。因此,国家赔偿工作从来不以数量取胜,而是更看重专业水准和综合效果。但是,在法官员额制改革完成以后,审理案件数量是法官绩效评价体系中的首要指标。在司法救助工作没有案件化之前,入额的国家赔偿法官要想改变自己的办案量低于平均数的状况,只能申请调整工作岗位,或者兼办其他类型案件。如此,倘若没有妥当的应对措施,国家赔偿审判队伍的稳定性和专业水准必然遭受较大冲击。然而,与挑战并存的正是机遇。一方面,中央政法委明确要求政法各单位指定专门机构和人员开展司法救助工作;另一方面,近几年全国法院年均办理 4 万余件司法救助案件,若平均到入额国家赔偿法官,则能保证其办案数达标甚至超标。面临如此历史契机,再考虑到国家赔偿和司法救助工作的若干相通相近之处,将司法救助作为国家赔偿审判系统的第二个工作重心,就不失为消解前述冲击的上佳路径。申言之,只有确保法官队伍的长期稳定性和发展后续力,才能有效保障两项人权司法保障事业的健康持续发展。目前,最高人民法院已经成立司法救助委员会办公室,并与赔偿委员会办公室合署办公,下一步就是推动二元重心的有机协同发展。

(三)国赔工作逐步成熟,司法救助方兴未艾

自 2010 年《国家赔偿法》修正后,最高人民法院先后出台了 1 个新旧衔

接规范(解释一)、2个专门规范(刑事、非刑事)、4个程序规范(委偿、自赔、质证、监督)和1个重要司法政策(精损),国家赔偿法律规范体系的建设任务基本完成,可谓进入了一个"中期盘整期",下一步应着重解决实体裁量标准的统一。而健全国家司法救助制度作为中央深改暨人民法院四五司改项目,方兴未艾。根据最高人民法院党组关于"救助制度法治化、救助案件司法化"的战略部署,赔偿办牵头开展了一系列工作,地方各级法院也积极落实,司法救助改革成效已得到初步体现。但该项工作仍处于开拓和亟待规范阶段,为确保人民群众在该项改革发展中有更多获得感,仍需在最近几年陆续出台救助案件受理规定、办理程序规定、文书样式、救助标准、救助委员会工作规则、救助衔接机制规定等一系列规范性文件,另外还需完成若干对下督查指导任务,以确保此项改革任务得到稳步、全面、深入地推进。

三、把握新时代国家赔偿与司法救助工作的基本要求

实现国家赔偿与司法救助二元并重,是契合新时代要求、因循政策导向、满足发展需求的第一步;更进一步的目标,应是实现二元协同发展。为此,人民法院应以机制建设为切入点,辅以切实有效的举措,积极稳妥地推进两项工作。在此过程中,应优先研究解决二者共通的问题以及各自表现特别突出的问题。

(一)夯实基础保障机制

1.完善资金费用机制

当前,人民法院司法救助工作面临的突出问题之一,就是财政预算总体充足,但实际使用率偏低且不平衡,同时中基层法院资金又相对短缺。根据中央政法委的数据,近年来经费保障力度不断加大,不仅总金额逐年走强,而且预算落实情况可喜(所有省级财政、95%的市级财政、94%的县级财政将救助资金纳入了预算);但是,2014~2016年,全国司法救助预算资金总额80.8亿元,实际使用49.8亿元,使用率仅为61.6%;各地还不平衡,有的省份实际使用率不足三成。同时,从法院系统内部调研反馈来看,地方三级法院的司法救助案件量与预算保障呈现倒挂现象,中基层法院"缺钱"现象依然相对普遍。突出问题之二,就是费用审批问题。虽然中央政法委文件明确规定,地方政法委对司法救助工作仅有牵头领导、制定政策和协调工作的职能,救助审批权和经费使用权由政法各单位分别行使,但目前仍有半数省份由政法委集中审批,影响了救助的及时性。相比之下,国家赔偿费用的总体保障情况要好一些,但调研显示也有部分地市级以下财政未将国家赔偿费用列入预算或者预算不足,导致法院只能采用"一案一申请一核付"的方式向财政部门申请核销国家赔偿费用,有的地方财政部门甚至实行年初报告、年终审批的方式,造成支付周期过长。此外,部分地方财政审核支付环节较多,并超越规定进行实体审查,甚至要求赔偿义务机关先行追偿追责才同意拨付赔偿金。以上说明,研究并完善与费用保障、审批、使用相关的工作机制,是促进国家赔偿与司法救助二元协同发展的重要课题。但考虑到这项工作涉及政法委、财政部等相关部门,司法体制改革又有省以下人、财、物统管的内容,宜由最高人民法院联合其他司法机关商请全国人大法工委、中央政法委、财政部等部门,适时共同推进。

2. 完善队伍建设机制

队伍建设是人民法院永恒的主题,是各项工作的重中之重。国家赔偿和司法救助工作,都涉及司法和有关行政部门,涉及侦查、检察、审判、执行等多项职权,矛盾纠纷比较尖锐,处理难度相对较大。可以说,涉及面宽、专业度高、政策性强、工作难度大是两项工作的突出特点。《最高人民法院关于加强和规范人民法院国家司法救助工作的意见》规定司法救助委员会下设办公室,由赔偿委员会办公室行使其职能,也正是考虑到了两项工作的特点和紧密联系。在严格落实司法责任制、人员分类管理的背景之下,各级人民法院应充分把握两项工作的特点,按照以下三点要求,尽快建设一支正规化专业化职业化的国家赔偿和司法救助工作队伍。一是配齐配强人员,确保一个以上专业团队。要充分考虑专业背景,科学合理地搭配具有不同专业背景的法官;要充分考虑办案能力,舍得把政治敏锐、经验丰富、善作沟通协调工作的法官选派到赔偿救助岗位。二是抓好业务培训。以强化专业能力和运用现代科技手段作为教育培训的重点,切实在"破难题、补短板"上下功夫、求实效,推动队伍内部形成学习研究的积极氛围,促进队伍能力水平的整体提升。三是建立科学的绩效考评机制。日前,最高人民法院党组已经审议通过了赔偿办提出的"按照1:1比例计算,但考虑到各地救助工作发展不平衡和规范化水平存在差异,各高级人民法院可结合司法改革方向和辖区实际情况,设定一个不超过每2件救助案件折算1件标准案件的比例区间,供辖区法院参照适用”的建议,各地应尽快落实执行。

3.完善法律规范体系

党的十九大报告中提出,“以良法促进发展、保障善治。”现阶段,国家赔偿法律条款的有限性与权利救济保护要求的深入性,司法救助法律资源的匮乏性与人民群众救助期待的广泛性之间的矛盾,是制约赔偿救助法律体系发展的重要原因之一。鉴于此,需要遵循以下几个方法论,积极构建符合人民群众期待、有效保障善治目标的法律适用规范体系。一要加强问题导向。及时总结在国家赔偿、司法救助工作中适用法律的新情况、新问题,着力解决因法律供给不足引发的影响充分保障救济权利的问题,发挥司法的能动作用,适时提出修改完善法律的工作建议。二要拓宽研究思路,经常关注域外立法的成功经验,适时推动司法救助法的立法工作。三要创新工作方法,一方面推动各级人民法院结合本地区、本法院的具体情况制定出台规范意见,另一方面最高人民法院也要按照司法实践需要的紧迫性和影响权利保护的重要性,尽快明确司法救助系列规范的出台时间表。四要尊重司法规律,充分认识司法救助立法任务的长期性和艰巨性。目前,要发挥指导意见、会议纪要、案例指导等灵活多样的规范形式,对实践经验比较成熟、各方认识比较一致的问题,成熟一个规范一个,逐步积累经验,推动司法救助法尽快出台。

(二)强化质效提升机制

1.强化智慧赔偿救助机制

近年来,人民法院启动了智慧法院建设工程。工作思路的调整和软硬件条件的改善,使得人民法院具备了拥抱“大数据”时代的能力。春种秋收。如今,司法大数据的挖掘和利用,已成为促进司法公信跃升、经济社会发展、国家治理变革的基础性力量。然而令人遗憾的是,由于此前“维稳”为主的功能定位和“九龙治水”的业务格局,人民法院旧有的司法救助工作,不但没有“大数据”可循,甚至连基本信息都无法做到上下级法院之间、法院与兄弟政法单位之间、法院与政法委之间的互通,也就无法实现有效的公开。如今,新的制度机制虽已逐步确立,但其实践效果究竟如何,尚缺乏以数据为支撑的科学论证。国家赔偿工作虽有一定的信息系统支撑,但因司法统计报表设计年代久远、现有案管信息不够全面细致等原因,数据的准确度、全面度都有很大欠缺。要妥善解决这一问题,必须深入探索赔偿救助与大数据、云计算等新技术的深度融合,加快构建信息共享、上下联动、科学决策的赔偿救助工作体系。当务之急,一是要加快建立四级法院司法救助信息动态数据平台,及时反馈司法救助的案件数量、救助金额、救助标准和救助执行情况。二是要协调公安、检察、民政、财政等部门,建立横向的司法救助信息沟通体系,解决重复赔偿救助和保障不足等问题,促进科学决策,提升审判质效。

2. 强化阳光赔偿救助机制

司法公开是全面深化司法改革的重中之重。构建开放、动态、透明、便民的阳光司法机制,及时回应社会对司法的关切,是新时期做好国家赔偿和司法救助工作,落实全面推进司法改革目标的重要抓手。可从三个方面着手:一是加强听证质证程序的使用,使国家赔偿和司法救助所强调的公平和正义以看得见的方式得以实现。对于司法解释明确可以采取质证方式的国家赔偿案件,尽量采用质证方式;对于司法救助案件,可以暂时参照《最高人民法院关于人民法院办理自赔案件程序的规定》。二是依托三大公开平台,提高案件公开程序和广度。充分利用审判流程信息公开网、中国庭审公开网和中国裁判文书网三大平台,加强国家赔偿和司法救助案件流程和结果的公开,加大决定文书的公开,强化质证听证庭审程序的公开,可以促进案件整体质效的提升。三是加强文书释法说理水平,提升人民群众对工作的认可度。对于争议较大的、影响当事人权利救济程度的,应当全面阐明事实、充分论述法律、准确阐明法理;必要时,应特别注意对人民群众情感的回应,传递司法温暖和法治温度。

3. 强化督导问效和宣传机制

如前所述,国家赔偿和司法救助是带有浓厚伦理气息和政治色彩的人权司法保障制度。如果工作做不好,不仅会给人民群众的合法权益造成“二次伤害”,而且会直接影响人民法院在社会主义民主法治建设和民生保障领域的地位和形象。特别是对司法救助工作而言,既有的改革成果来之不易,面临的问题形势依旧突出严峻。对此,中央政法委评估认为,“当前国家司法救助已进入全面推进阶段,处在不进则退的关键节点上”。针对这一情况,一要定期开展全国性的专项检查,对工作不力、问题突出,影响司法改革大局的，要约谈或通报批评，督促整改。二要加强对下指导，在“天津会”“福州会”的基础上，继续总结推广各地各级法院的先进经验，研究解决制度执行中的新情况、新问题。三要做好制度宣传和深入解读，注重运用典型案例，讲好“平冤理直、纠错正偏”与“扶危济困、救急救难”的感人法治故事，提高公众对两项工作的知晓率和认同感。

(三)创新合力支持机制

1. 加强对外工作衔接机制建设

法治是国家管理和社会治理的最大公约数。国家赔偿和司法救助工作的特质，决定了这两项人权保障事业的发展，离不开来自人民法院以外党政机关的大力支持。各级人民法院要始终坚持党的领导、自觉接受人大和社会公众的监督，绝不能把正确的意见和建议视为干涉，更不能把合法的监督视为非法干预；要努力探索工作联动的结合点，善于与各地政法委的统一工作安排形成联动配合机制，共同解决好人民群众的合理合法利益诉求；要加强国家赔偿、司法救助与其他社会保障制度的衔接，加强救助经费保障、救助措施联动机制，与打造共建共享共治的社会治理目标形成合力；要妥善处理司法救助与其他救助之间的关系，通过科技手段构筑信息共享机制，加强协调合作，既要确保网底不破，避免因相互推诿造成生活急迫困难的群众得不到生存照顾，又要防止重复救助造成的财政资源浪费。

2. 加强内部统筹协调机制建设

在人民法院内部，国家赔偿和司法救助职责虽由赔偿办一体行使，但这两项工作都牵涉人民法院其他多项业务工作，赔偿委员会和司法救助委员会也均吸收了各有关部门的负责同志或资深法官。因此，加强人民法院内部国家赔偿和司法救助专职机构与其他业务部门的有效衔接，很有必要。同时，近年来重大疑难刑事冤错赔偿纠纷的处理经验表明，加强上下级法院的沟通联络和对下监督指导，对于提升办案质效，很有必要。此外，司法救助程序的启动，仍然主要依赖于各审判执行部门的依职权告知，加强司法救助工作与刑事、民事、行政、国家赔偿审判和执行工作的互动，对于避免司法救助信访化倾向，实现司法救助职能定位的顺利转变，意义重大。目前，一些地方法院在这方面探索出了若干行之有效的机制，如广西的三级法院司法救助联络员制度、内蒙古自治区的跨内设机构组成司法救助合议庭制度等,值得各级法院学习和借鉴。

3. 充分利用三大智力支持平台

实践没有止境,理论创新也没有止境。近年来,最高人民法院赔偿办(司救办)已陆续搭建了三大智力支持平台:一是以国家赔偿联席会议工作机制为依托的《国家赔偿办案指南》丛书;二是依托贵州高院设立的中国审判理论研究会国家赔偿理论专业委员会;三是 2017 年初与中国人民大学联合成立的国家责任研究基地。未来,三大平台均将围绕"国家责任"这一国家赔偿和司法救助的上位概念,深化理论研究,推动司法实践科学发展。各级人民法院应紧紧抓住这一有利契机,深化司法实践与理论的结合,提升认识水平。要认真研究新时期国家赔偿和司法救助制度发展的特殊路径和表现形式,探索国家责任制度体系产生的深层次原因和发展趋势,从实践中总结、升华新的理论成果,及时指引司法实践,推动国家责任制度体系的科学发展。要积极参与三大智力支持平台工作,加强学术领域的研究和交流,培养一批实务经验丰富、理论水平精湛的专业性法官,推动司法救助等领域立法,实现理论与实务的双剑合璧。

使命呼唤担当,使命引领未来。在中国特色社会主义进入新时代的关键时期,各级人民法院必须以党的十九大精神为指引,以加强权利救济为核心理念,积极推动国家赔偿与司法救助二元协同发展,以优质的司法保障不断满足人民群众对美好生活的法治需求,为法治中国建设作出新的更大的贡献。

深刻领会　全面落实会议精神
共同做好新时代国家赔偿和司法救助工作

——在人民法院国家司法救助工作座谈会暨高级法院赔偿办主任座谈会上的总结发言

刘合华

（2017 年 11 月 23 日）

各位嘉宾、各位同事：

为期一天的人民法院国家司法救助工作座谈会暨高级法院赔偿办主任座谈会，即将圆满完成全部议程。在此，我谨代表陶凯元副院长和最高人民法院赔偿办，向全体与会同志，向拨冗参会支持的全国人大代表谢智波同志，全国政协委员许景期同志，中央政法委马祎同志，最高人民检察院马滔同志，特约监督员孙文彬同志表示衷心的谢意，还要向福建高院为会议成功召开作出重要贡献的同志们表示特别的感谢！向获奖的个人、单位以及在工作创新中取得优秀业绩的法院，表示热烈的祝贺！

举世瞩目的党的十九大已经胜利闭幕。为迅速贯彻落实十九大精神，共同谋划新时代人民法院国家赔偿和司法救助工作的发展大计，最高人民法院在美丽的福州召开了本次座谈会，院赔偿委员会、司法救助委员会主任委员陶凯元副院长亲临指导，传达了最高人民法院党组于 2017 年 11 月 20 日通过的关于司法救助工作的最新决议，发表了题为《不忘初心　牢记使命推动新时代人民法院国家赔偿和司法救助工作的新发展》的讲话。同时，为肯定成绩，鼓励创新，交流经验，补齐短板，会议还表彰了第三届全国法院优秀国家赔偿案例、文书和庭审评比获奖单位和个人；邀请福建、天津、内蒙古、陕西、浙江、北京六家高院以及广西桂林中院和辽宁北镇市人民法院,作了各具特色的经验交流发言;通报了第三次全国部分法院国家赔偿案件评查工作情况。

从下午分组讨论学习的反馈情况来看,大家一致认为:这次会议召开及时、主题鲜明、交流充分、信息丰富,开启了国家赔偿和司法救助工作二元协同发展的新征程,大家倍感鼓舞。陶副院长的讲话,不仅全面而凝练地总结了近五年人民法院国家赔偿审判和司法救助改革工作的成绩与经验,清晰地指出了当前仍存的突出问题,而且紧扣时代脉搏和工作实际,敏锐准确地作出了“国家赔偿审判工作面临从国家赔偿一元重心向国家赔偿与司法救助二元重心拓展转移”的判断,进而作出了“强化新理念、构建新机制、探索新举措”的部署要求,具有里程碑的意义,大家深受启发;各法院的典型发言,都因地制宜,探索出了行之有效的经验,干得精彩,讲得实在,值得借鉴和推广。讨论期间,大家还就《人民法院国家司法救助文书样式》(稿)和明年工作规划,提出了很多好的意见建议,我们会进一步整理、消化。刚才,祝副主任所作的评查通报,全面、客观、中肯,大家一定要认真思考,有针对性地改进提高自身的审判质效。

下面,根据大家分组讨论时集中反映的问题和我们在工作中了解到的有关情况,结合党的十九大精神和陶副院长讲话要求,我就落实本次会议精神,谈几点意见。

一、深刻领会,准确把握相关政策和规定,确保二元并重格局取得最大共识

法院系统的司法救助工作,在去年的天津会上做了全面的布置,提出了明确的要求,通过大家的共同努力,一年来取得了明显的成绩。现在,我想就我们为什么提出“工作重心要从一元转为二元”,给大家做进一步的解读。主要有以下三点考虑:

(一)中央要求坚定明确,资金保障总体充足

统一的国家司法救助概念,是党的十八大特别是十八届三中、四中全会确立的。党的十八届三中全会通过的《中共中央关于全面深化改革若干重大问题的决定》,要求完善人权司法保障制度,健全国家司法救助制度。中央政法委随后牵头出台的《关于建立完善国家司法救助制度的意见(试

行)》,将开展国家司法救助,明确定性为中国特色社会主义司法制度的内在要求,是改善民生、健全社会保障体系的重要组成部分。此后,党的十八届四中全会通过的《中共中央关于全面推进依法治国若干重大问题的决定》,进一步要求健全司法救助体系,保证人民群众在遇到法律问题或者权利受到侵害时获得及时有效法律帮助。可见,过去五年,国家司法救助一直是中央在法治与民生交叉领域的重要命题。

党的十九大报告在明确我国社会主要矛盾发生变化的基础上,提出"必须坚持以人民为中心的发展思想,不断促进人的全面发展、全体人民共同富裕"。同时,报告明确宣示"弱有所扶",对依法治国、治理体系和治理能力现代化方面都提出了新要求。各级人民法院要始终坚持以人民为中心,推进司法救助体系不断健全完善,尽快完成从国家赔偿一元工作重心向国家赔偿和司法救助二元工作重心的转移,以满足人民日益增长对美好生活的司法需求,要在权利救济和权利保障中强化法治的权威地位,充分发挥国家赔偿法和司法救助制度修复受损社会关系、化解社会不稳定因素的作用,实现宪法"尊重和保障人权"的庄严承诺,把落实权利救济、重塑司法公信的正能量发挥出来,让兑现权利保障、实现生存照顾的司法温暖传递出去。因此中央对于司法救助工作的态度是一贯坚定明确的,是内在延续的。

另外,从经费保障来看,中央预算连年保持在8亿元左右,地方预算平均可达19亿元,不可谓不充足。有这样鲜明持续的中央政策和强大的财力保障,我们没有理由不将党和人民赋予的司法救助使命作为一个工作重心承担起来。

(二)司法改革方向明确,机遇挑战并肩而行

改革必然涉及既有利益、制度和职能的调整。在法官员额制改革完成以后,法官的绩效评价体系必然以审结案件数量为第一指标。然而,2015年、2016年两年全国法院每年审结的国家赔偿案件数量均不足6000件,故原有国家赔偿审判人员明显面临"吃不饱"现象。在法院系统统一国家司法救助工作之前,要想改变这种状况,只能选择调整岗位,或者大量兼办其他案件。如果没有妥当的应对措施,国家赔偿审判队伍和事业必然会遭受较大冲击。

然而,2015年、2016年两年全国法院每年平均办理4万余件司法救助案

件,国家赔偿和司法救助又存在很多近似之处;并且,中央政法委明确要求政法各单位要指定专门机构或人员开展司法救助工作,最高人民法院党组也明确指定由赔偿办代行司救办职责。面对挑战与机遇并存的历史契机,推动国家赔偿和司法救助二元协同发展,不失为消解前述冲击的上佳路径。

(三)国赔工作逐步成熟,司法救助方兴未艾

自2010年《国家赔偿法》修正后,最高人民法院先后出台了1个新旧衔接规范(解释一)、2个专门规范(刑事、非刑事)、4个程序规范(委偿、自赔、质证、监督)和1个重要司法政策(精损),国家赔偿法律规范体系的建设任务基本完成,可谓进入了一个"中期盘点期"。

而健全国家司法救助制度作为中央深改暨人民法院四五司改项目,方兴未艾。根据最高人民法院党组关于"救助制度法治化、救助案件司法化"战略部署,赔偿办牵头开展了一系列工作,地方各级法院也积极落实,司法救助改革成效初显。但该项工作仍处于开拓和亟待规范阶段,为确保人民群众在改革发展中有更多获得感,仍需在最近几年陆续出台救助案件受理规定、救助案件办理程序规定、救助文书样式、救助标准规定、救助委员会工作规则、救助衔接机制规定等一系列规范性文件,另外还需完成若干督察任务,以确保此项改革任务得到稳步、全面、深入地推进。

二、勇于攻坚,切实解决实际问题,确保国家司法救助改革大幅提速增效

当前国家司法救助已进入全面推进阶段,处在不进则退的关键节点上,必须坚持问题导向,切实解决六个实际问题,增强人民群众对司法改革的获得感,实现司法救助工作的顺利开展。

第一个问题是争取经费的力度不够。当前,在司法救助资金总体比较充实的情况下,呈现出使用率较低与法院系统资金相对短缺并存的现象。一方面,救助资金总体使用率较低。据中央政法委的数据,2014~2016年,全国司法救助预算资金总额80.8亿元,实际使用49.8亿元,使用率仅为61.6%。另一方面,法院的救助资金相对短缺。根据中央政法委的数据,近年来经费保障力度不断加大,不仅总金额逐年走强,而且预算落实情况可喜(所有省级财政、95%的市级财政、94%的县级财政将救助资金纳入了预算)。然而,从调研反馈来看,资金相对短缺的问题在中、基层法院还是非常

突出的。我们认为,除了政法委和财政部门的因素外,法院自身原因至少有两点:一是协调力度不够,争取的积极性不高;二是没有学习借鉴先进地区省级统筹预算、三级联动救助等经验。这些经验,我们在天津会和本次会议上都作了推广。目前依然存在以上问题的法院,一定要提高工作主动性,争取预算到位且60%~80%的预算归法院使用。

第二个问题是经费审批、使用机制不健全。中央政法委文件中对经费审批和办理有明确规定,地方政法委对司法救助工作只是牵头领导,负责政策制定和工作协调,救助审批权和经费使用权由政法各单位分别行使。据了解,鉴于过半数省份政法委尚未落实到位,中央政法委已就此向地方政法委提出了整改要求。建议仍存在类似情况省份的高院,学习借鉴浙江、北京等高院经验,积极以院党组名义向当地政法委汇报,争取支持并理顺关系,提高经费的使用效率。

第三个问题是司法救助职能归口和人员安排未到位,专业能力弱。这项要求已经在天津会上作了部署。目前,各级人民法院普遍设立了司法救助委员会,但办公室设在哪个部门还不统一;中基层的专职力量的配备还很薄弱。这与陶副院长讲话的要求还存在一定差距。如果笼统地从司法体改革的背景来看,这个问题似乎很难解决,但我发现西藏等地区有创意——案子虽少,但机构队伍健全,且职能统一归口,这就是统筹调配人力资源的结果。换言之,既然中央政法委和最高人民法院都有正式文件,那就应该按要求设机构、配人员。但在救助工作尚不成熟的情况下,占用员额指标却达不到平均办案数量怎么办?办法之一就是兼办其他案件。这里请注意,不是倒过来兼办赔偿救助案件!这样操作,法官员额比例并未发生变化。例如,西藏自治区高院达曲同志负责赔偿办工作,以赔偿救助为第一业务,但她也是民事办案主力之一,办理的民事案件量还超过赔偿救助的案件量。尽管这不是最理想的模式,但它保证了赔偿救助工作的独立性和职能的统一归口,进而保证了工作的延续性和专业性,值得借鉴。另外,上午交流发言的几家法院,都谈到了专业建制,值得肯定。所以我们建议,各级法院特别是中级以上法院均应保留一个以上专门负责国家赔偿和司法救助工作的审判团队,工作量暂时不饱和的,可先兼办民事侵权、行政赔偿等相近类型的案件。

第四个问题是案件权重不合理。因绩效评价指标或权重不科学、不合理等因素,影响法官办理司法救助案件的积极性。在调研过程中,很多法院对此都有反映。目前,一些法院未将救助案件纳入绩效评价体系,一些法院虽然纳入,但指标或权重设定不合理,有的3~5件救助案件折算1件标准案件,极端的20件才折算1件!在救助案件司法化的背景下,按这种标准,法官办案的积极性很难发挥。对此,经与最高人民法院审管办反复协商,我们在本周一提交最高人民法院党组会讨论的专题报告中,建议"按照1:1的比例计算,但考虑到各地救助工作发展不平衡和规范化水平存在差异,各高级法院可结合司法改革方向和辖区实际情况,设定一个不超过每2件救助案件折算1件标准案件的比例区间,供辖区法院参照适用"。党组讨论对此未提出异议,这是个很好的消息,让我们感到鼓舞。上午的交流发言中,内蒙古、陕西等高院在优化案件折算比的基础上,还通过优化合议庭组成,更进一步调动各方积极性,非常值得推广借鉴。这其实也反映了主观能动性差异带来的工作成效的差异。我希望其他的法院要认真学习、研究和借鉴,按最高院党组确立的原则,制定出符合当地实际、又能调动法官积极性的权重比例。

第五个问题是工作规则不健全。有的法院因缺少规范指引和约束,工作比较粗糙,标准不一致,程序不统一。对此,最高人民法院赔偿办有一定责任。虽然年初就拟定了与最高法院司法救助意见配套的九个文件,但因工作繁忙,经验和人手严重不足,计划年内完成的只有《文书样式》一个。对此,陶副院长已要求我们充分认识司法救助立法的长期性和艰巨性,因此要尽快制定规范性文件出台的时间表并在时间上尽量往前赶。我们会按照陶副院长讲话要求,加快工作节奏。我们也希望更多的高级法院能够协助我们开展这项工作,提供先行试点得出的比较成熟的经验,共同推进系统工作规则的制定。

第六个问题是横向交流、借鉴经验不够。习总书记曾指出,"创新是引领发展的第一动力";对于改革试点,"要大胆探索,及时总结经验,注意发现问题,该完善的要完善,可复制推广的要及时推广"。

去年,我们交流推广了天津、河北、甘肃、四川、云南等省、直辖市高院司法救助工作的经验,促动了全国法院司法救助工作的整体推进。今年,天津高院不仅经验更加成熟,而且又有创新。内蒙古高院、陕西高院积极推进工作，成效显著，亮点纷呈，特别是在调动法官的积极性方面，为全国法院树立了榜样。浙江高院党组敢于担当，赔偿办高度重视工作调研，在机构人员不占优势的情况下，依然将工作水平保持在全国前列。北京高院后来居上，工作出色，有章有法，主打规范化建设牌，所完成的《北京法院国家司法救助案件办理规范》汇编，内容丰富翔实，可操作性很强，具有很强的借鉴意义。广西桂林市中院积极争取市委政法委的鼎力支持，在精准救助、联动救助、广辟资金来源等方面均取得了良好的效果，工作成绩由 CCTV2 制成专题节目，党的十九大期间在晚黄金档播出，成为司法献礼十九大的第一波成果。辽宁北镇市人民法院院长亲自挂帅，主动协调，率先在该省成立基层法院司法救助委员会，大力推行救助程序司法化，对案情较为复杂的案件均组织听证，救助费用落实到位，让党中央的改革举措扎根落实到了基层。此外，还有一些法院也创造了不少经验，如广西高院较早实施统一国家司法救助办法，大胆设立司法救助联络员；湖北十堰市中院由院长担任主任委员，办理案件时注重实地调查走访等。这些经验，非常具有可操作性和可复制性，对于加快全国法院司法救助改革进程，很有帮助。希望其他法院结合自身情况，予以借鉴吸收。

三、精益求精，不断深化国家赔偿审判实践，确保人权司法保障更加周到充分

根据党的十九大精神和陶副院长要求，我认为，实现国家赔偿审判工作的纵深发展，要抓好三项重点工作。

（一）及时回应社会关切，继续在妥善处置大要案上用心力

近年来，由于案件的特殊性和新媒体时代的到来，重大敏感刑事冤假错案的纠错与后续赔偿工作，迅速成为社会各界关注热点。这些案件，往往请求金额巨大，法律关系复杂，牵涉方面众多，若处理失当，将会给司法公信权威和民众合法权益带来“二次侵害”。

在此背景之下，各级法院高度重视，积极回应，审慎处理，并逐渐积累了行之有效的丰富经验。浙江、福建、广东、河南、内蒙古、陕西、海南等省、自治区最早妥善处置了一批类似的赔偿案件，随后北京、天津、河北、山东、安徽、湖南、江西等省、市也后来居上。其间，最高法院赔偿办按照“抓好舆情苗头，办好热点个案，做好宏观部署”的工作思路，密切监测，及时指导，不断

总结经验，陆续印发有关处置规则，还通过培训授课等方式积极推广各地有效经验。这些积极、务实的工作，为充分保障救济权利，维护社会和谐稳定，提升人民法院受认可度，作出了十分积极的贡献。

在今后的工作中，各级法院一定要秉持权利救济优先理念，按照经过实践充分检验、最高人民法院充分肯定的“依法赔偿、合理补偿”原则，以及中央政法委提出的“三同步”（依法处置、舆论引导、社会面管控）要求，继续积极回应社会关切，虚心学习先进地区经验，努力加强纠错、赔偿、补偿和舆情工作的衔接，扎实做好重大敏感刑事冤错赔偿案件的处置工作，为提升公众对司法的信心作出不懈努力。

（二）准确把握最新规范，继续在解决实体问题上做文章

近两年，最高人民法院赔偿办针对各级法院普遍反映的审判难点和重点问题，先后起草制定了《最高人民法院、最高人民检察院关于办理刑事赔偿案件适用法律若干问题的解释》《最高人民法院关于审理民事、行政诉讼中司法赔偿案件适用法律若干问题的解释》《最高人民法院关于国家赔偿监督程序若干问题的规定》，在完善刑事赔偿程序和法律适用，规范法院民事、行政审判和执行行为，统一裁量标准，规范国家赔偿申诉程序等方面，作出了明确指引。

为便于大家理解和学习，我们不仅按照规定指派起草人撰写了理解适用文章，发表于《人民法院报》《人民司法》等报刊，而且依托《国家赔偿办案指南》丛书等业务指导平台，编写了更有深度、更加全面的理解适用专刊，此外，还多次安排骨干力量到国家法官学院及各省分院进行授课。大家一定要从司法解释原文入手，结合辅导资料，加强自学和集中受训学习，扎实提高业务水平，坚决杜绝新旧法律混淆、错引等低级失误。各高级法院一定要充分考虑到中基层法院专职从事国家赔偿审判的法官较少，兼办法官流动性较大、业务娴熟度不高的实际情况，多争取培训机会，多组织交流活动，多学习浙江等地利用信息化手段加强指导的经验，把新规范的学习、理解和适用工作推向深入。

鉴于司法赔偿的法律和法治体系基本形成，最高人民法院赔偿办将根据赔偿审判的精细化需求和陶副院长的指示，立项起草有关国家赔偿方式和计算标准的司法解释，争取在两年之内出台实施。届时还将配发若干指

导案例或典型案例，希望各高院积极配合，多提宝贵意见和建议，多报送相关案例和研究成果。有条件的高院，建议加强前瞻调研，多出地方经验，为解释起草和立法完善起到“前阵之功”。另外，参照以往的经验，我们仍将吸收几家高院作为协助单位，希望各高院积极参与。

（三）不断加强评查评比，继续在提升案件质量上下功夫

今年下半年，最高人民法院赔偿办按照《2017 年国家赔偿工作要点》，组织开展了第三次全国部分法院国家赔偿案件评查工作和优秀案例、文书、庭审评比活动，取得了良好效果。特别是案件评查工作，为最高人民法院法官掌握地方实情、加强上下互动，为高院之间相互学习切磋，提供了很好的机会。

通过评查评比，大家在看到了成绩的同时，也看到了自身工作的不足和差距。各高院一定要高度重视会上通报的评查评比情况，会后尽快将其传达到辖区各中、基层法院。各级法院要扬长补短，拾遗补缺，坚决杜绝低级失误，不断提高质效，努力打造更多精品案件。被抽查的 12 省份的高院，还要结合情况通报和自查报告提出整改方案，经分管院领导审签后，于农历春节之前报最高人民法院赔偿办（具体请联系高珂、陈娅同志）。我办将予以汇编印发，以供相互借鉴、促进工作。

由于此次案件评查的效果很好，我们目前的意见是对其余省、市、自治区的法院继续开展案件评查工作，争取用 3 年时间对全国法院国家赔偿和司法救助案件进行一次全面摸底，即明年再评查 12 个省份，后年评查剩余省份；待《人民法院国家司法救助文书样式（试行）》印发后，将视情况将评查范围扩大到司法救助案件；条件允许时，还将组织一次优秀司法救助案例、文书、听证评比活动。希望大家早做准备。另外，我们还将认真总结经验，进一步完善评查评比规则，希望大家积极建言献策。

四、压实责任，进一步加大协调督导力度，确保本次会议精神尽快落地生根

习近平总书记曾指出，“如果不沉下心来抓落实，再好的目标，再好的蓝图，也只是镜中花、水中月。”正所谓，一分部署，九分落实。陶副院长的讲话精神、安排部署以及我发言中提出的一些具体意见，能不能见效，还要看各级法院抓落实的情况。就此，我再谈三点要求。

(一)及时汇报传达,统一思想认识

本次会议为当前和今后一段时期的工作,明确了目标和方向,作出了相应部署。会议结束后,希望大家要尽快向院党组汇报本次会议的情况,重点是汇报陶副院长讲话精神和工作要求。之后,要尽快将会议精神传达到本辖区每一位从事国家赔偿和司法救助工作的同志,要迅速将思想和行动统一到本次会议的精神和部署上来。各高院还要根据会议部署,结合本地实际,切实谋划明年工作,实现更进一步的改革和发展。

(二)多做沟通协调,理顺内外关系

国家赔偿和司法救助,都是牵涉面较广的工作,需要协调内、外各方面关系。在院内,赔偿办(委)的负责同志,一定要克服畏难情绪,多向院党组汇报,多与兄弟部门沟通。在院外,院领导和赔偿办主任一定要带头靠前,经常向党委和政法委汇报,尽力弥合理念认识上的分歧;要善于寻找联动结合点,积极调动各方面积极因素;遇到问题、困难和挫折时,一定要多给赔偿办(委)的同志撑腰打气,避免挫伤同志们从事这两项艰苦工作的积极性。上级法院要积极指导、主动服务,下级法院也不能消极等靠,上交矛盾,而是要主动作为。只有理顺了这些关系,才能避免将国家赔偿和司法救助工作人为割裂开来,从而将两者效益发挥到最大。

(三)加强调查研究,定期督导问效

国家赔偿和司法救助,法理基础有相通之处,二者又都是比较年轻的工作,在经济社会持续中、高速发展,但立法明显滞后的情况下,老问题可能还没解决,新情况新问题就涌现出来。为此,我们将依托在中国人民大学设立的国家责任研究基地,努力推动赔偿、救助以及补偿的融合研究。各级法院特别是高级人民法院,要结合工作实际,支持有关同志开展跟踪式调研。此外,鉴于健全国家司法救助制度系中央全面深改暨人民法院四五司改任务,中央政法委和最高人民法院都有督导问效的要求和定期督察的安排,陶副院长讲话中也有相关内容,同志们一定要高度重视。明年,最高人民法院赔偿办将结合案件评查工作,商中央和本院有关部门联合开展司法救助改革督察,必要时邀请两会代表、委员或两特人员①参加,确保全面、高水平地完

① 两特人员为特约监督员和特邀咨询员。

成好这一重要改革任务。

同志们，以上就是我今天的总结发言。今天的会议，是中国特色社会主义进入新时代后召开的第一个国家赔偿救助工作会议，让我们坚定信心、凝聚共识、脚踏实地，以高度的使命感和责任感，共同开启国家赔偿和司法救助事业的新征程，不断取得新成绩！

谢谢大家！

【权威解读】

刑事赔偿案件中对于权属存在争议的扣押财产应当如何处理

——关于李春风申请山西省五台县公安局刑事违法扣押赔偿请示一案的请示与答复

梁　清*

一、基本案情

2002年4月15日，五台县蒋坊乡建筑安装工程公司六队承包人闫玉章向五台县公安局报案称：该队聘用的主管财务会计李春风利用职务之便，在主管财务期间，未经闫玉章同意，擅自使用六队公章和闫玉章的个人名章，分三次将从山西省移动通讯公司太原市营销中心要回的工程款225万元非法据为己有；于2001年将五台县蒋坊乡建筑安装工程公司六队的2000型桑塔纳轿车据为己有，并伪造契约将位于太原市南内环街南内环小区4号楼1单元5层18号闫玉章名下的住房据为己有。2002年4月18日，五台县公安局对李春风以涉嫌犯职务侵占罪为由立案侦查，同月23日对李春风刑事拘留，同月24日对扣押李春风家中财产。2002年5月17日，经五台县人民检察院批准，李春风被依法逮捕。同月29日，经五台县人民检察院和五台县公安局主持，被羁押于繁峙县看守所、戴手铐的李春风达成了与闫玉章的《关于李春风职务侵占一案民事部分调解协议》："李春风自愿退还侵占蒋坊建筑安装工程公司及闫玉章个人工程款225万元；黑色桑塔纳2000型轿车一

* 作者单位：最高人民法院。

辆;房屋两套。协议签字后双方再无任何关系。本协议原件一份存档,闫玉章、李春风各执复印件一份。"2002 年 6 月 4 日,李春风被五台县公安局取保候审。2003 年 6 月 18 日,五台县人民检察院作出五检不诉字(2003)第 2 号不起诉决定,认为李春风在五台县蒋坊乡建筑安装工程公司六队承包人雇佣期间,侵占了闫玉章个人财产,该行为虽有不当,但确系与闫玉章个人经济纠纷,不构成犯罪,决定对李春风不起诉。

五台县人民检察院作出五检不诉字(2003)第 2 号不起诉决定后,闫玉章向全国人大常委会、最高人民检察院、五台县人民检察院等进行申诉,称李春风侵占六队财产 600 余万元,五台县人民检察院、五台县公安局强令闫玉章在调解协议上签字才退部分钱物,要求对李春风提起公诉,继续为该队追回剩余 300 余万元的经济损失。2005 年 10 月 31 日,五台县人民检察院决定立案复查。2007 年 5 月 18 日,五台县人民检察院作出五检控复决字(2007)第 1 号刑事申诉复查决定:"撤销原五检不诉字(2003)第 2 号不起诉决定,重新进入诉讼程序。"同年 6 月 15 日,五台县人民检察院以涉嫌犯职务侵占罪批准逮捕李春风。同年 7 月 28 日,五台县公安局对李春风执行逮捕。2008 年 1 月 28 日,五台县人民检察院向五台县人民法院提起公诉。同年 4 月 13 日,五台县人民法院作出(2008)五刑初字第 1 号不予受理决定,认为李春风犯罪地和居住地均不在该院管辖地,并将该案退回五台县人民检察院。同年 6 月 18 日,太原市人民检察院指定五台县人民检察院将该案移送太原市迎泽区人民检察院审查起诉。2008 年 11 月 28 日,太原市迎泽区人民检察院以事实不清、证据不足,不符合起诉条件为由,依照《刑事诉讼法》第 140 条第 4 款的规定,作出(2008)并迎检刑不诉字第 32 号不起诉决定。同日,李春风被释放。

山西省忻州市中级人民法院(以下简称忻州中院)赔偿委员会审理本案期间,五台县公安局向迎泽区人民检察院申请对该院(2008)并迎检不诉字第 32 号不起诉决定进行复议。2015 年 9 月 25 日,迎泽区人民检察院作出并迎检公诉议(2015)1 号复议决定,维持原不起诉决定。同年 10 月 30 日,太原市人民检察院作出并检公一核(2015)1 号复核决定,维持迎泽区人民检察院的复议决定。

在忻州中院赔偿委员会质证中,五台县公安局称处置李春风被扣押的财产系根据李春风和闫玉章在2002年5月29日签订的《关于李春风职务侵占一案民事部分调解协议》进行,是双方自愿的。李春风称,签订该协议是在看守所戴着手铐的情况下签订的,并非自愿。五台县公安局对在看守所戴着手铐签订该民事调解协议的事实认可。双方在质证时一致认可所扣押的存折为:20万元存折一支、120万元存折一支、30万元存折一支、50万元国债一支共四支,合计金额220万元,利息2.733277万元。同时还扣押了两套①房屋及房屋钥匙和保险柜内的凭证字据。

自五台县人民检察院于2003年6月18日作出五检不诉字(2003)第2号不起诉决定后,李春风开始向五台县公安局申请退还其被扣押的财产,五台县公安局未按照国家赔偿程序处理,李春风随即多次向全国人大和山西省人大上访。2005年1月25日,山西省公安厅作出晋公法督字(05)第01号案件督办通知,认为五台县公安局办理的李春风涉嫌职务侵占案,是典型的插手经济纠纷行为,是一起错案,应当予以纠正。2010年12月20日,忻州市公安局按照晋公纪初核(2010)28号《委托初步核实通知书》要求,作出《关于对李春风反映五台县公安局越权插手经济纠纷案的初步核实情况报告》认为,五台县公安局在刑事诉讼中进行民事调解,明显超越法定职权。

2014年10月24日,五台县公安局以五公赔决字(2014)001号不予赔偿决定:李春风所指的300万元财物原来确系案件控告人闫玉章及其公司所有,扣押后在李春风签字同意下已返还控告人闫玉章及其公司,李春风现在反悔,可以将闫玉章起诉至法院,请求法院将上述财物依法判决。故李春风的申请不属于国家赔偿范围,不予赔偿。

同年11月17日,忻州市公安局以忻公赔复决字(2014)001号维持赔偿义务机关不予赔偿决定的复议决定:五台县公安局侦办的李春风涉嫌职务侵占案被太原市迎泽区人民检察院作出了不予起诉决定,可视为检察机关对该案作了无罪认定,但该不予起诉决定,并不能成为认定李春风对被扣押处置的财产拥有合法物权的依据,本案被扣押处置的财产已返还原案控告人闫玉章,并未上缴国库。李春风提出的请求五台县公安局对扣押处置财

① 请示报告记载为“两套”,但从李春风赔偿请求和忻州中院赔偿委员会表述五台县公安局应予赔偿的财产内容来看,请示报告似表述有误,应为“一套”。

产行为作出国家赔偿决定的申请不符合《国家赔偿法》第 18 条第 1 项规定的情形。故决定维持五台县公安局的不予赔偿决定。

二、赔偿请求人请求事项理由及赔偿义务机关答辩情况

李春风不服五台县公安局和忻州市公安局的不予赔偿决定,向忻州中院赔偿委员会申请作出赔偿决定,申请事项为:(1)赔偿非法扣押的存款 243.5824 万元及存款利息 157.354 万元;(2)退还太原市碑林公园康乐街 96 号 1 单元 2 层东的一套 143.79 平方米房屋;(3)赔偿被扣押的 2 个保险柜及保险柜内未退还的所有收据物品;(4)赔偿保险柜中 3000 元现金;(5)出具扣押保险柜中的金银首饰退还清单;(6)赔偿因错误羁押而致的手术治疗费用 5.570767 万元、重大疾病保险损失 20 万元、误工损失费 240 万元、律师费用 66 万元、交通、邮寄费 7276.50 元、房屋租金损失 20 万元、因报纸刊登协查通报和网上追逃造成的精神及名誉赔偿费 5 万元。

李春风申请称,五台县公安局于 2002 年 4 月 23 日以李春风涉嫌犯职务侵占罪将其刑事拘留,同月 24 日到其家中扣押 300 余万元财物。李春风于同年 5 月 17 日被逮捕后,五台县公安局于同月 29 日将事先写好的《关于李春风职务侵占一案民事部分调解协议》带到看守所,以不签字就抓其子相威逼,李春风在协议对方不在场的情况下,违心地在调解协议上签了字。2003 年,山西省五台县人民检察院作出(2003)第 2 号不起诉决定,认定李春风不构成犯罪,但扣押的财物没有退还。

五台县公安局在看守所威逼李春风签订所谓民事调解协议无效;五台县公安局强行处理扣押财产的行为是超越职权的违法行为,应当退还李春风被扣押的财物及利息。在山西省人大的协调和监督下,五台县公安局作出五公赔决字(2014)001 号国家赔偿决定,但认定事实和适用法律均是错误的。山西省忻州市公安局忻公赔复决字(2014)001 号刑事赔偿复议决定错误认为李春风对被扣押的财产没有合法所有权。

五台县公安局答辩称:该局对扣押物品并没有自行或者强行处理,而是根据李春风在五台县公安局的讯问笔录中表示愿意退还钱、物,希望能与闫玉章协商解决所有事情的意愿,在 2002 年 5 月 29 日主持李春风与闫玉章达成民事调解协议,因为有李春风归还财产和协商解决的意愿,将扣押物品中的部分财产返还了控告人闫玉章,这样既不违背李春风的真实意思,又是法律允许的。故李春风所谓要求赔偿存款及利息及退还房屋没有事实依据。保险柜中的金银首饰、现金等全部由李春风领回。李春风申请的手术治疗费、交通邮寄费、房租费、保险损失费、误工损失费、精神损失费、律师费等无事实法律依据。

五台县公安局补充答辩称:实际情况是扣押李春风存单和国债存单共四支,分别为120万元、30万元、50万元、20万元,合计220万元,利息共2.733277万元,本息合计222.733277万元,全部退给了闫玉章。李春风要求赔偿保险柜中的3000元现金,此款系扣押其中一套住房时,办案机关用于退还该住房租户的部分租金,该款已于2012年8月15日退还李春风并支付利息1200元,本息合计4200元。李春风在该局发还物品清单上已签字领走。

忻州市公安局说明称:侵犯财产权行为启动国家赔偿程序的前提是赔偿请求人对被侵犯财产拥有产权,本案现有证据无法证实李春风对被五台县公安局扣押的财产拥有合法的财产权,因此,李春风的赔偿请求不符合《国家赔偿法》第18条第1项之规定。

三、请示法院分歧意见

忻州中院审判委员会经研究形成两种不同意见。

第一种意见认为,五台县公安局在侦办李春风职务侵占罪刑事诉讼过程中扣押了李春风的财产,在案件未侦查完毕即在看守所李春风戴手铐的情况下,主持与闫玉章签订了民事部分调解协议并依照协议将所扣押财产返还了控告人闫玉章,该行为超越了《人民警察法》第6条第1项所规定的"预防、制止和侦查违法犯罪活动"的公安机关职权范围。同时,五台县公安局处置被扣押财产的行为违反了1998年《公安机关办理刑事案件程序规定》第221条"对扣押的犯罪嫌疑人的财物及其孳息,应当妥善保管,以供核查。任何单位和个人不得挪用、损毁或者自行处理"的规定。该处置财产的行为符合《国家赔偿法》第18条第1项规定的情形,五台县公安局应当返还李春风222.733277万元并赔偿银行同期存款利息,返还位于太原市碑林公园康乐街96号1单元2层东143.79平方米房屋一套、金城牌保险柜2个以及保险柜内的凭证字据。驳回李春风的其他请求。

第二种意见认为,五台县公安局扣押李春风财产的行为是在侦办闫玉章控告李春风职务侵占一案中依职权进行的,该查封、扣押行为符合法律规定。虽然其主持李春风与闫玉章签订民事部分调解协议并依照该协议将所扣押的财产返还了闫玉章的行为不妥当,但该处置财产的行为不符合《国家赔偿法》第18条第1项“违法对财产采取查封、扣押、冻结、追缴等措施的”规定情形,李春风提出的请求五台县公安局返还其被违法查封、扣押的财产,无法律依据。应当撤销五台县公安局的赔偿决定和忻州市公安局的复议决定;同时驳回李春风的国家赔偿申请。

忻州中院为此向山西省高级人民法院(以下简称山西高院)请示,山西高院经讨论形成两种意见,并倾向于第二种意见。

第一种意见是决定由五台县公安局将被扣押的财产返还李春风。理由是:1996年《中华人民共和国刑事诉讼法》第198条规定:“公安机关、人民检察院和人民法院对于扣押、冻结犯罪嫌疑人、被告人的财物及其孳息,应当妥善保管,以供核查。任何单位和个人不得挪用或者自行处理。对被害人的合法财产,应当及时返还。对违禁物品或者不宜长期保存的物品,应当依照国家有关规定处理。”《〈中华人民共和国国家赔偿法〉条文理解与适用》一书中,对《国家赔偿法》第18条第1项解释第6种情形为:司法机关及其工作人员对查封、扣押、冻结、追缴的财产,在案件终结前没有按照法律的规定采取措施,而是随意处理,造成财产毁损、灭失等侵害的。

五台县公安局在案件未终结前就将财产给付了闫玉章,违反了上述《刑事诉讼法》的规定,属于刑事违法扣押,应当承担国家赔偿的责任。决定由五台县公安局将该案恢复至财产未处置前,由李春风持有被扣押财产的情形,即决定由五台县公安局将被扣押的财产返还李春风。

以上处理存在三个问题:

1. 如由五台县公安局将被扣押的财产返还李春风,因财产已实际给付闫玉章,五台县公安局向财政申请给予赔偿,出现了李春风与闫玉章均取得财产或相应价值的金额之情形,这样由国家财政出钱平息双方的纠纷,损害的是国家利益,也不符合国家赔偿法的原则。

2. 如由五台县公安局向闫玉章追回被扣押的财产后返还李春风,可能出现闫玉章无法退还或无法足额退还的情形,此时国家是否先行垫付?

3. 如闫玉章足额返还取得的财产后,向人民法院提起民事诉讼,是否存在已超过诉讼时效的问题?如人民法院受理闫玉章的起诉后,最终判决财产部分或全部归闫玉章,则存在无法追回已经给付李春风财产的问题。

第二种意见是先经民事诉讼确认被扣押财产的权属后,再行进入国家赔偿程序。理由是:2012 年《最高人民法院办公厅关于国家赔偿法实施中若干问题的座谈会纪要》(法办〔2012〕490 号)第 6 条规定:赔偿请求人以赔偿义务机关及其工作人员行使职权侵犯其财产权为由提出赔偿申请,人民法院经审查发现该财产权属尚存在争议的,应当决定不予受理。已经受理案件的,人民法院或人民法院赔偿委员会应当决定驳回赔偿请求人提出的赔偿申请,并告知其经民事诉讼程序确认财产权属后再行申请赔偿。

李春风和闫玉章在 2002 年 5 月 29 日签订了《关于李春风职务侵占一案民事部分调解协议》。五台县公安局称:我局是根据李春风在五台县公安局的讯问笔录中表示愿意退还钱、物,希望能与闫玉章协商解决所有事情的意愿,主持李春风与闫玉章达成民事调解协议。李春风称,签订该协议是在看守所戴着手铐的情况下签订的,并非自愿。五台县公安局在质证中对在看守所戴着手铐签订该民事调解协议的事实认可。山西高院认为,依照现行法律规定,公安机关仅可以依据 2007 年 12 月 8 日公安部颁布实施的《公安机关治安调解工作规范》,对因民间纠纷引起的打架斗殴或者毁损他人财物等违反治安管理、情节较轻的治安案件进行调解。另有《刑事诉讼法》规定的刑事和解制度,且适用的范围是有条件限制的。本案被扣押的财产,属于涉嫌犯罪的赃款、赃物,且案件发生在上述法律实施之前,不适用上述法律规定。五台县公安局对涉案财产进行调解,不符合法律规定,该民事调解协议是无效协议。

五台县公安局五公赔决字(2014)001 号国家赔偿决定认定:“李春风所指的 300 万元财物原来确系案件控告人闫玉章及其公司所有,扣押后在李春风签字同意下已返还控告人闫玉章及其公司。”

忻州市公安局忻公赔复决字(2014)001 号刑事赔偿复议决定也认定:“五台县公安局侦办的李春风涉嫌职务侵占案被太原市迎泽区人民检察院作出了不予起诉决定,可视为检察机关对该案作了无罪认定,但该不予起诉决定,并不能成为认定李春风对被扣押处置的财产拥有合法物权的依据。”

闫玉章向五台县公安局报案称李春风职务侵占,主张从李春风处扣押的财产属其所有;李春风认为其财产被扣押且经人民检察院作出不起诉决定，被扣押财产属其所有应当返还；二人均主张对被扣押财产的所有权。符合《最高人民法院办公厅关于国家赔偿法实施中若干问题的座谈会纪要》第6条规定的权属尚存在争议的情形。

以上处理存在两个问题：

1. 该案中闫玉章已经实际占有被扣押财产，其实质诉求已经得到满足，不会主动提出民事诉讼请求。

2. 李春风如提起民事诉讼，是否超过诉讼时效？将谁列为被告？诉讼的案由是什么？人民法院是否受理？

四、最高人民法院答复意见

最高人民法院赔偿办经研究，对山西高院请示问题作出电话答复，认为：山西省五台县公安局在李春风涉嫌犯职务侵占罪一案侦查过程中，将扣押财产返还给报案人闫玉章。本案经山西省太原市迎泽区人民检察院以事实不清、证据不足为由作出不起诉决定后，李春风以五台县公安局刑事违法扣押为由提出赔偿申请。闫玉章、李春风先后主张对扣押财产的所有权，根据前述不起诉决定，应当认定李春风的行为在刑事法律关系中不构成犯罪，但尚不足以判定李春风在民事法律关系中享有对原扣押财产的所有权，存有争议的财产权属应当通过民事诉讼程序予以确认。山西省忻州市中级人民法院赔偿委员会因已经受理本案，应当决定驳回李春风提出的赔偿申请，并告知其经民事诉讼程序确认财产权属后再行申请赔偿。

五、对最高人民法院个案答复意见的解读

（一）关于本案应否由五台县公安局将扣押财产返还给李春风

李春风涉嫌犯职务侵占罪一案，五台县公安局与李春风在忻州中院赔偿委员会质证时均认可的五台县公安局扣押款物有存款、国债220万元及利息2.733277万元，两套房屋和房屋钥匙，以及保险柜内的凭证字据。经五台县人民检察院和五台县公安局主持，被羁押于繁峙县看守所、戴手铐的李春风于2002年5月29日，与闫玉章达成的民事调解协议内容为，李春风向闫玉章退还工程款225万元、房屋两套、黑色桑塔纳2000型轿车一辆。本案应否由五台县公安局将扣押财产返还给李春风，可从以下几个方面进行分析。

第一，从最终生效的不起诉决定来看，李春风是否有侵占闫玉章及其公司财产的行为，事实不清，证据不足。该刑事案件最终系太原市迎泽区人民检察院于2008年11月28日以事实不清、证据不足为由，作出不起诉决定。对于该不起诉决定，五台县公安局申请复议后，太原市人民检察院经复核予以维持。

第二，上级公安机关在信访案件办理中，认为五台县公安插手经济纠纷，超越法定职权。山西省公安厅作出晋公法督字(05)第01号案件督办通知认为五台县公安局办理的李春风涉嫌职务侵占案，是典型的插手经济纠纷行为，是一起错案，应当予以纠正。忻州市公安局《关于对李春风反映五台县公安局越权插手经济纠纷案的初步核实情况报告》认为，五台县公安局在刑事诉讼中进行民事调解，明显超越法定职权。

第三，涉案财产应通过民事诉讼程序确认权属。李春风涉嫌犯职务侵占罪一案经检察机关作无罪认定，五台县公安局的民事调解行为经上级公安机关认定无效后，闫玉章取得涉案财产失去了依据，但也不足以认定涉案财产系李春风的合法财产。对于权属存疑、目前已为闫玉章占有的涉案财产，不应当径行决定由五台县公安局向李春风承担返还财产或者支付赔偿金的赔偿责任。2012年《最高人民法院关于国家赔偿法实施中若干问题的座谈会纪要》(法办〔2012〕490号)第6条第1款规定：赔偿请求人以赔偿义务机关及其工作人员行使职权侵犯其财产权为由提出赔偿申请，人民法院经审查发现该财产权属尚存在争议的，应当决定不予受理。同条第2款规定：已经受理案件的，人民法院或人民法院赔偿委员会应当决定驳回赔偿请求人提出的赔偿申请，并告知其经民事诉讼程序确认财产权属后再行申请赔偿。参照上述规定，忻州中院赔偿委员会受理李春风申请赔偿一案后，应当决定驳回李春风提出的赔偿申请，并告知其经民事诉讼程序确认财产权属后再行申请赔偿。

(二)李春风如提起民事诉讼，是否超过诉讼时效？将谁列为被告？诉讼的案由是什么？人民法院是否受理？

这一问题不属于国家赔偿案件的审查范围，可从李春风诉权能否得到充分保障的角度进行探讨。该问题涉及诉讼时效、形成权和请求权、债权请求权和物权请求权、物权请求权中的返还原物请求权等问题。诉讼时效适用于请求权(包括大部分债权请求权和一部分物权请求权)而不是形成权，是指权利人于一定期间不行使请求人民法院保护其民事权利的请求权，就丧失该项请求权的法律制度。该制度的设立是为了防止权利人“躺在权利上睡觉”，督促其及时向义务人主张其权利，进而维护交易安全、社会秩序和公共利益。根据《民法总则》第 196 条的规定，在返还原物的物权请求权中，无须登记动产的返还请求权适用诉讼时效，不动产、已登记动产的返还请求权不适用诉讼时效。且根据《民法总则》第 193 条和《最高人民法院关于审理民事案件适用诉讼时效制度若干问题的规定》第 3 条的规定，诉讼时效属于当事人抗辩权行使的范畴，人民法院不得依职权主动释明和直接适用；这也就意味着即使超过诉讼时效也不会带来人民法院不予受理的法律后果。

本案起因于闫玉章向五台县公安局报案称李春风利用职务之便侵占其财产，检察机关作出不起诉决定后，李春风提出国家赔偿申请，主张返还扣押财产。李春风与闫玉章均主张对扣押财产的所有权，应当通过民事诉讼程序确定权属。(1)因权属存在争议的财产现在闫玉章处，李春风如提起民事诉讼，应为确权之诉，如能确定有权才能提出返还原物的物权请求权。(2)确权之诉属于形成权之诉范畴，不适用诉讼时效。确定所有权之后，返还原物的物权请求权是否适用诉讼时效需视财产性质而定，无须登记动产的返还请求权即请求返还存款、国债等动产的适用诉讼时效，不动产、已登记动产的返还请求权即请求返还房屋、汽车等登记物不适用诉讼时效。请求返还未登记动产的原物，诉讼时效自确权之日起算 3 年的诉讼时效，而不是从刑事诉讼或者国家赔偿的某一阶段起算，通常不会发生超过诉讼时效的问题。(3)根据 2011 年《民事案件案由规定》第 32 条第 1 项和第 33 条的规定，民事案件案由应为李春风诉闫玉章所有权纠纷之诉。

重审期间检察院变更起诉罪名被告人被羁押的期限超出生效判决确定的刑期是否国家赔偿

陈　娅*

一、基本案情

2007年5月28日,王勋因涉嫌盗窃罪,被广西壮族自治区北海市公安局海城区分局刑事拘留,同年7月3日经广西壮族自治区北海市海城区人民检察院批准逮捕,次日由北海市公安局海城区分局执行逮捕,至2013年11月27日因取保候审释放,2014年1月9日解除取保候审强制措施。

2008年4月11日,北海市人民检察院作出北检刑诉(2008)18号起诉书,并于2008年4月14日向广西壮族自治区北海市中级人民法院提起公诉。北海市人民检察院在起诉书中指控王勋的犯罪事实为:(1)抢劫罪,①2007年1月8日晚,陈虎伙同王勋等人在北海市西藏路中皇花园西侧围墙旁的小路处抢劫搭客摩托车司机杨某某的摩托车,致杨某某死亡;②2007年1月10日晚,陈虎伙同王勋等人在北海市北京路与站前路交界处抢劫搭客摩托车司机卢某某的摩托车;③2007年2月3日晚,陈虎伙同王勋等人在合浦县城325国道德英饮料有限公司门前左侧抢劫搭客摩托车司机林某某的摩托车;④2007年3月29日晚,陈虎伙同王勋等人在北海市北京路与站前路交界处往九中大门附近路段抢劫搭客摩托车司机陈某某的摩托车。(2)盗窃罪,2007年5月20日晚,王勋伙同他人在北海市石化大厦与前进路

* 作者单位:最高人民法院。

交叉路口东侧人行道停车处，盗窃陈某停放在该处的一辆价值 3230 元的两轮摩托车。北海市中级人民法院于 2008 年 10 月 23 日作出(2008)北刑初字第 31 号刑事附带民事判决书，判处王勋犯抢劫罪有期徒刑 8 年，犯盗窃罪有期徒刑 1 年，决定执行有期徒刑 9 年。

因同案的陈虎等人不服，向广西壮族自治区高级人民法院提出上诉。广西壮族自治区高级人民法院于 2009 年 8 月 4 日作出(2008)桂刑一终字第 178 号刑事附带民事裁定书，撤销原判，发回重审。北海市中级人民法院重审后，于 2010 年 4 月 30 日作出(2009)北刑初字第 55 号刑事附带民事判决书，再次判处王勋犯抢劫罪有期徒刑 8 年，犯盗窃罪有期徒刑 1 年，决定执行有期徒刑 9 年。同案的陈虎等人仍不服，再次提出上诉。广西壮族自治区高级人民法院于 2011 年 12 月 8 日作出(2010)桂刑一终字第 101 号刑事附带民事裁定书，再次撤销原判，发回重审。北海市中级人民法院在再次重审期间，北海市人民检察院于 2013 年 11 月 19 日作出北检刑变诉(2013)1－1 号变更起诉决定书，对王勋只起诉盗窃罪。2013 年 12 月 20 日，北海市中级人民法院作出(2012)北刑二初字第 8－1 号刑事判决书，判处王勋犯盗窃罪有期徒刑 1 年。

二、请示法院分歧意见

广西壮族自治区高级人民法院在审理王勋以重审部分无罪赔偿为由申请国家赔偿一案时，对王勋因犯抢劫罪和盗窃罪数罪并罚重审后抢劫罪名不成立，羁押期限超出重审判决确定的刑期，其对超期羁押申请国家赔偿是否应当予以赔偿的问题，经审判委员会讨论后形成两种意见：

1. 多数人意见：不予赔偿。理由：王勋因数罪并罚被重审改判其中盗窃罪仍判决有罪，本案数罪并罚的案件未生效，而是经重审改判部分罪名不成立，不符合《国家赔偿法》第 17 条规定的情形，也不符合《最高人民法院、最高人民检察院关于办理刑事赔偿案件适用法律若干问题的解释》第 6 条“数罪并罚的案件经再审改判部分罪名不成立，监禁期限超出再审判决确定的刑期，公民对超期监禁申请国家赔偿的，应当决定予以赔偿”的规定，其申请国家赔偿没有法律依据。

2. 少数人意见：应予赔偿。理由：王勋因涉嫌抢劫罪和盗窃罪数罪并罚案件，经重审改判后虽然没有宣告无罪，但其中犯罪事实发生了重大变化，其中抢劫罪的犯罪事实没有被认定，导致量刑减轻，类似于一罪或部分罪被宣告无罪的情形，导致的超期羁押，参照《最高人民法院、最高人民检察院关于办理刑事赔偿案件适用法律若干问题的解释》第6条“数罪并罚的案件经再审改判部分罪名不成立，监禁期限超出再审判决确定的刑期，公民对超期监禁申请国家赔偿的，应当决定予以赔偿”的规定，应当予以赔偿。

考虑本案社会影响面大以及本案涉及同一刑事案件被告人庞宗祥在发回重审后检察机关决定不起诉予以赔偿的情况，仅仅简单决定不予赔偿，难以使赔偿请求人服判息诉；如果决定予以赔偿，又超出现有法律、司法解释规定，也影响其他刑事案件因诉讼超期羁押问题的处理。广西壮族自治区高级人民法院以《关于王勋以重审部分无罪赔偿为由申请国家赔偿一案的请示报告》，向最高人民法院请示。

三、最高人民法院答复意见

最高人民法院赔偿办经研究，电话答复如下：

我国国家赔偿遵循“无罪羁押赔偿原则”，“重审部分无罪”未纳入国家赔偿范围。本案中，广西壮族自治区北海市中级人民法院重审王勋涉嫌抢劫、盗窃一案期间，北海市人民检察院对王勋变更起诉，只起诉盗窃罪，赔偿请求人王勋被羁押的期限超出判决确定的刑期。此种情形属于人民法院作出生效裁判之前对犯罪嫌疑人的羁押，是司法机关根据刑事诉讼法的规定保障刑事诉讼程序顺利进行的程序措施，不属于《国家赔偿法》第21条第4款规定的“二审发回重审后作无罪处理”的情形，不应取得国家赔偿。

四、对最高人民法院个案答复意见的解读

（一）对无罪羁押赔偿的理解

2010年4月29日，第十一届全国人民代表大会常务委员会第十四次会议通过了《关于修改〈中华人民共和国国家赔偿法〉的决定》。修订前的《国家赔偿法》确立的是违法归责原则。随着《国家赔偿法》第2条修改为“国家机关和国家机关工作人员行使职权，有本法规定的侵犯公民、法人和其他组织的合法权益的情形，造成损害的，受害人有依照本法取得国家赔偿的权利”，国家赔偿的归责原则不再是单一的违法归责原则。如修改后的《国家赔偿法》第17条对侵犯公民人身权利的赔偿范围，采用的是违法归责原则和结果归责原则组成的二元归责原则体系，具体而言，该条第1、4、5项采用的是违法归责原则，第 2、3 项采用的则是结果归责原则。

《国家赔偿法》对刑事赔偿范围的规定，采用的是严格的法定主义原则，刑事赔偿范围是法定的、有严格限制的。根据《国家赔偿法》第 17 条第 3 项的规定，在依照审判监督程序再审改判无罪、原判刑罚已经执行的情况下，受害人有取得赔偿的权利。这是对刑事审判行为造成损害国家承担赔偿责任的限定。根据这种限定，刑事审判行为承担赔偿责任不以失当为归责原则，也不以一般错判为归责原则，而是以“冤判”为归责原则，即将无罪判成有罪。这里的“冤判”仅指发生法律效力的判决，因为只有发生法律效力的判决才具有执行力，才能剥夺公民的人身权、财产权。而未生效的判决，不具有执行力，任何机关或个人都不能据此剥夺公民的人身权、财产权。因审判监督程序再审改判的情况有多种，包括有罪改判无罪、重罪改判轻罪、轻罪改判重罪、此罪改判彼罪等，但并不是所有的改判国家都要承担赔偿责任。只有再审有罪改作无罪判决的，才属于国家赔偿的范围。如果重罪改判轻罪的，此罪改判彼罪的，即使被告人因为原判决量刑重于再审改判量刑且已执行，仍不属于国家赔偿的范围。

我国国家赔偿遵循无罪羁押赔偿。无罪羁押赔偿，是指只有在受害人没有犯罪的情况下，司法机关对其采取的逮捕及判处拘役、徒刑等羁押行为才是错误的，国家才承担赔偿责任。如果受害人有犯罪行为，即使逮捕和判处刑罚存在违法的情况，比如超过法定期限羁押的，国家也不承担赔偿责任。我国国家赔偿法强调“无罪”，受害人有犯罪事实而被逮捕的、轻罪重判或犯此罪而被宣判彼罪的情形，不属于《国家赔偿法》上的错误逮捕、错误判决的范围。

（二）对重审无罪赔偿的理解

法定赔偿原则是我国国家赔偿的基本原则中最为重要的一个原则，是指在适用国家赔偿法时，有关赔偿的原则、赔偿义务机关、赔偿范围、赔偿项目、赔偿程序、赔偿方式及数额标准等，均应依照法律规定执行。《国家赔偿法》第 2 条中“有本法规定的……情形，造成损害的，受害人有依照本法取得国家赔偿的权利”的规定，是对该原则最好的诠释。此外，各章中关于赔偿范围、赔偿程序、赔偿义务机关、赔偿方式及标准等，多采用列举方式规定，也是这一原则的具体体现。

《国家赔偿法》第21条第4款规定二审发回重审后作无罪处理的,作出一审有罪判决的人民法院为赔偿义务机关。《最高人民法院、最高人民检察院关于办理刑事赔偿案件适用法律若干问题的解释》第12条进一步明确了该条款规定的重审无罪的几种情形。根据该条款的规定,一审判决有罪,二审发回重审后具有三种情形:原审人民法院改判无罪并已发生法律效力的、重审期间人民检察院作出不起诉决定的、人民检察院在重审期间撤回起诉超过30日或者人民法院决定按撤诉处理超过30日未作出不起诉决定的,属于《国家赔偿法》第21条第4款规定的重审无罪赔偿。

重审无罪赔偿的第一种情形,即原审人民法院改判无罪并已发生法律效力的,要同时具备两个条件:原审人民法院在被二审发回重审后改判无罪,且已发生法律效力。我国《刑事诉讼法》采用的是二审终审制,即刑事案件的审理要经过一审、二审,审理案件的诉讼程序至此终结。一审法院审理刑事案件作出有罪判决后,被告不服,提出上诉,就引起了二审程序,二审法院作出改判无罪的判决或是维持原判的裁定即为案件的最终结论,该案的刑事诉讼程序终结。二审法院发回重审是指发回原一审法院重审,该案的刑事诉讼程序尚未终结,案件又进入一审阶段。首先,原一审法院必须作出无罪的刑事判决,才能引起赔偿,若再次作出有罪判决,即使是定罪免刑也不能引起赔偿,因为无罪是赔偿的前提。其次,原一审法院作出无罪的刑事判决后,按照程序仍存在进入二审的情形,如果被告人上诉或检察院抗诉,或同时存在,那么一审无罪判决不能生效,则二审程序被启动。只有在被告人不上诉、检察院不抗诉的情况下,该一审无罪判决才发生法律效力,也即此时才符合重审无罪的第一种情形,作出一审有罪判决的法院为赔偿义务机关。

(三)王勋因被追究刑事责任而被羁押不应予以国家赔偿

我国《国家赔偿法》实行法定赔偿,对涉及刑事羁押的明文规定了无罪羁押赔偿原则。本案中,北海市人民检察院对王勋以犯抢劫和盗窃两罪向北海市中级人民法院提起公诉。王勋案经广西壮族自治区高院两次发回重审。北海市人民检察院后对王勋变更起诉罪名为盗窃,北海市中级人民法院判决王勋构成盗窃罪。此时,王勋被羁押的时间已经超过了判决确定的盗窃罪的刑罚期限。我们认为,王勋被羁押的期限超出判决确定的刑期,属于在整个刑事追诉活动中，人民法院作出生效裁判之前对犯罪嫌疑人的羁押，是司法机关根据刑事诉讼法的规定保障刑事诉讼法顺利进行的程序措施。此种情形不属于国家赔偿法规定的“对没有犯罪事实的人错误逮捕”，也不属于再审改判无罪，亦不属于数罪中个罪改判无罪且原判刑罚已经执行的情形。因此，王勋要求国家赔偿没有法律依据。

（四）关于广西壮族自治区高院提出的因对同一刑事案件被告人庞某某因重审后检察机关决定不起诉已予以赔偿，本案对王勋不予赔偿难以使其服判息诉的问题

《国家赔偿法》第21条第4款规定的重审无罪赔偿的第二、三种情形，即重审期间人民检察院作出不起诉决定的情形、人民检察院在重审期间撤回起诉超过30日或者人民法院决定按撤诉处理超过30日未作出不起诉决定的情形，均非法院作出无罪判决引发的赔偿，而是由检察院是否作出不起诉决定引发的赔偿。一审法院作出有罪判决后，二审发回原一审法院重审，案件又重回一审审理期间，在一审法院尚未作出判决前的阶段，就是第二、三种情形所指的重审期间。如果一审法院已作出判决，那么一审程序就结束了，不存在第二、三种情形。重审与一审审理过程没有不同，均为检察院提起公诉后等待法院判决的阶段。

检察机关作出不起诉的内容在《刑事诉讼法》第173条有规定，犯罪嫌疑人没有犯罪事实，或者有本法第15条规定的情形之一的，人民检察院应当作出不起诉决定。对于犯罪情节轻微，依照刑法规定不需要判处刑罚或者免除刑罚的，人民检察院可以作出不起诉决定。《人民检察院刑事诉讼规则（试行）》对此规定的更为详细，第401条规定，人民检察院对于公安机关移送审查起诉的案件，发现犯罪嫌疑人没有犯罪事实，或者符合《刑事诉讼法》第15条规定的情形之一的，经检察长或者检察委员会决定，应当作出不起诉决定。对于犯罪事实并非犯罪嫌疑人所为，需要重新侦查的，应当在作出不起诉决定后书面说明理由，将案卷材料退回公安机关并建议公安机关重新侦查。第406条规定，人民检察院对于犯罪情节轻微，依照刑法规定不需要判处刑罚或者免除刑罚的，经检察长或者检察委员会决定，可以作出不起诉决定。以上不起诉内容实际与撤回起诉的条件基本相同，也即撤回起诉是程序，而不起诉则是检察院对不是犯罪等情形所做的法律结论，与法院作出

的无罪判决具有同等法律效力。

因此,与王勋为同一刑事案件被告人的庞某某因重审后检察机关决定不起诉,符合重审无罪赔偿的第二种情形,即重审期间人民检察院作出不起诉决定的,赔偿义务机关应当依法给予国家赔偿。

再审改判无罪个罪存在部分国家免责情形的国家赔偿问题

——兼对(2015)最高法赔他3号案个案答复的解读

聂振华*

一、基本案情

2010年2月26日,姚某因涉嫌犯聚众斗殴罪被逮捕。同年12月16日,重庆市第三中级人民法院(以下简称三中院)作出(2010)渝三中法刑初字第54号刑事判决,以姚某犯参加黑社会性质组织罪,判处有期徒刑6个月;犯故意伤害罪,判处有期徒刑3年。决定执行有期徒刑3年3个月,刑期自2010年2月26日起至2013年5月25日止。宣判后,姚某未上诉,同案犯管某等人提出上诉。重庆高院经审理,于2011年4月25日作出了(2011)渝高法刑终字第43号刑事裁定,驳回上诉,维持原一审刑事判决。此时,姚某已被羁押423天。该裁定发生法律效力后,姚某向重庆高院提出申诉。重庆高院经再审,于2014年8月18日作出(2014)渝高法刑再终字第00011号刑事判决,以姚某故意伤害罪的证据不足,以参加黑社会性质组织程度轻,情节显著轻微,危害不大,不认为是犯罪为由,依照《刑事诉讼法》第245条、第225条第1款第3项、第15条第1项、《刑法》第13条的规定,判决:(1)撤销(2011)渝高法刑终字第43号刑事裁定和三中院(2010)渝三中法刑初字第54号刑事判决中对原审被告人姚某的定罪量刑部分;(2)宣告姚某无罪。姚某在服刑期间减刑3个月18天,于2013年2月7日刑满释放,其人身自由

* 作者单位:最高人民法院。

被限制共1078天,其中判决确定前的羁押时间即2010年2月26日至2011年4月24日共423天。

姚某于2015年3月18日向重庆高院提出国家赔偿申请。

二、请示法院分歧意见

重庆高院请示的问题为:对判决确定前的羁押时间即2010年2月26日至2011年4月24日共423天如何适用国家免责规定。对此,重庆高院审判委员会形成两种意见:

第一种意见,即倾向性意见:判决确定前的羁押部分应部分免责,可根据各罪刑期按比例计算国家免责部分。主要理由:(1)根据《最高人民法院关于人民法院执行〈中华人民共和国国家赔偿法〉几个问题的解释》第1条的规定,对于参加黑社会性质组织罪这一罪名判决确定前被羁押的日期依法不应予以赔偿。(2)从客观事实看,侦查机关可能会因犯罪嫌疑人涉嫌犯数罪延长侦查羁押时间。(3)按刑期比例计算免责时间相对合理。(4)类似案件可能还会出现,本案具有示范效应,应严格适用法律。

第二种意见:判决确定前的羁押部分国家不免责,应全部承担赔偿责任。主要理由:(1)同时追诉的几罪,侦查羁押期限不是几个罪进行分别计算,而是一个刑事诉讼程序完成的。如果按数罪不同处理,无法划分数罪的羁押时间。(2)从有利于受害人的角度考虑,只要有一罪判前羁押应当赔偿的,则应按国家不免责的方式处理。(3)即使因数罪可能导致侦查羁押时间增加,但有的罪行虽轻,可能因案情复杂,羁押时间较长;有的罪行虽重,可能因案情简单,羁押时间较短,故按罪行轻重比例计算判决确定前的各罪的羁押时间,并不完全合理。

三、最高人民法院答复意见

最高人民法院赔偿办经研究答复如下:

“同意你院倾向性意见。本案姚某再审改判无罪,其中故意伤害罪因证据不足而宣告无罪,依法应予国家赔偿。另一罪参加黑社会性质组织罪以情节显著轻微、危害不大、不认为是犯罪为由宣告无罪,判决确定前的羁押属于国家免责情形。国家赔偿法定,应严格适用国家赔偿法及相关司法解释的规定。

关于国家免责部分或者应赔偿部分的羁押期应如何计算问题。一人犯数罪，数罪之间因罪名、情节、危害性不同，有关机关实际用于侦查、审查起诉、审判的时间必然会有差异，但大致上，罪行的严重性与刑期长短，与整个刑事诉讼活动所用时间是成正比的，因此在没有其他更为科学、合理的裁判标准的情况下，按照刑期比例折算判前羁押期是相对比较合理的，也不违反相关法律规定。”

四、对个案答复意见的解读

（一）关于本案是否存在国家免责情形

《最高人民法院关于人民法院执行〈中华人民共和国国家赔偿法〉几个问题的解释》第1条规定：“根据《中华人民共和国国家赔偿法》第十七条第二项、第三项的规定，依照刑法第十四条、第十五条规定不负刑事责任的人和依照刑事诉讼法第十五条规定不追究刑事责任的人被羁押，国家不承担赔偿责任。但是对起诉后经人民法院判处拘役、有期徒刑、无期徒刑和死刑并已执行的上列人员，有权依法取得赔偿。判决确定前被羁押的日期依法不予赔偿。”上述司法解释中的法律条款，在刑法、刑事诉讼法、国家赔偿法修订后对应的条款分别是：《国家赔偿法》第19条第2项、第3项，《刑法》第17条、第18条，《刑事诉讼法》第15条、第173条第2款、第273条第2款、第279条。本案中，姚某再审改判无罪，其中参加黑社会性质组织罪系根据《刑事诉讼法》第15条第1项之规定宣告无罪。根据《最高人民法院关于人民法院执行〈中华人民共和国国家赔偿法〉几个问题的解释》第1条的规定，对姚某因该罪而被判前羁押的时间，依法不应予以赔偿。故意伤害罪系因证据不足而改判无罪，姚某因该罪而被判前羁押的时间，应当予以赔偿。国家赔偿法定原则体现为国家赔偿的程序、范围、方式和标准等均为法定，司法实践中，赔偿与否、赔多少、怎么赔等都应当严格适用国家赔偿法及相关司法解释的规定。

（二）关于赔偿期间如何计算问题

本案中，姚某在判决确定后的羁押时间依法应当予以赔偿，确定赔偿期间的难点在于如何计算判前国家免责羁押期间。目前没有相关法律或司法解释对此情形予以规定。诚如重庆高院少数意见所主张的数罪的判前羁押时间是很难单独划分的，有的罪行虽轻，可能因案情复杂，羁押时间较长；有的罪行虽重，可能因案情简单，羁押时间较短。但是，一般情况下，数罪之间因罪名、情节、危害性不同，刑事司法机关实际用于侦查、审查起诉、审判的时间必然会有差异，罪行的严重性与刑期长短，与整个刑事诉讼活动所用时间大致是成正比的。因此，在没有法律、司法解释明确规定，没有其他更为科学合理的裁判标准的情况下，按照刑期比例折算判前羁押期是相对比较合理的，且不违反相关法律规定。

刑事诉讼中扣押现金的违法性判断与利息赔偿问题研究

——兼对(2017)最高法赔他2号案个案答复的解读

徐　超*

一、基本案情

2007年1月,中国石化集团公司党组纪律检查组在对齐鲁石化公司原总会计师李某诚以委托理财名义将公款8000万元给李某、邓某某开办的公司,涉嫌挪用公款的调查过程中,发现李某把该资金转入账户中的500万元转入了李某诚之弟李某忠的个人账户,于是将该线索移交山东省公安厅直属的齐都公安局。齐都公安局于当月12日以涉嫌窝赃为由对李某忠立案侦查,于同年5月11日将其刑事拘留,于同年6月10日将其取保候审,一年期满后已解除取保候审。侦查期间,齐都公安局共扣押李某忠2530405元。2009年3月13日,河北省石家庄市长安区人民法院分别就李某诚和李某、邓某某涉嫌挪用公款等犯罪案作出(2008)长刑初字第514号、第512号刑事判决,认定长安区人民检察院指控的李某诚挪用齐鲁石化公司6笔款项(其中一笔即前述8000万元)给李某、邓某某使用均不构成犯罪。第512号刑事判决还认定,李某、邓某某公司所使用资金本金未归还部分,用价值为122922060元的钻石商务大厦1~4层,以11798.48万元的价格抵顶给齐鲁石化公司。2010年4月,石家庄市中级人民法院分别先后就512号、514号案裁定准许撤回抗诉、上诉和驳回抗诉、维持原判。李某忠被释放后,多次

* 作者单位:最高人民法院。

向齐都公安局、山东省公安厅等机关信访要求退款未果。

2016年2月14日,李某忠向齐都公安局提出国家赔偿申请,请求返还扣押款2530405元及利息1019162元。同年4月30日,齐都公安局作出鲁齐公赔决字(2016)001号国家赔偿决定,认为李某忠所得500万元权属明确,该局依照《刑事诉讼法》之规定依法对扣押款项退还给中国石化财务有限责任公司合法,决定不予赔偿。案经刑事赔偿复议程序,山东省公安厅维持了该决定。李某忠仍不服,申请山东省高级人民法院赔偿委员会作出赔偿决定,由齐都公安局赔偿扣押款2530405元及自扣押之日起的利息损失1019162元。主要理由:石家庄中院依法审理认定李某诚等人代表齐鲁石化公司为李某、邓某某所属公司提供借款行为属于正常的企业间借贷行为,并不违反法律规定,更不构成犯罪,并且双方之间的债务已通过以楼抵债的方式处理完毕。据此法院对检察机关关于李某诚、李某、邓某某的挪用公款犯罪指控不予支持。齐都公安局以其扣押款项已退还给了中国石化财务有限责任公司为由不予赔偿,违背事实和法律。齐都公安局答辩认为:(1)李某忠所称李某诚、李某、邓某某挪用公款行为"属于正常的企业间借贷行为,并不违反法律规定","双方之间的债务已通过以楼抵债的方式处理完毕"等与事实不符。李某诚与李某、邓某某非法挪用公款行为,相关部门已查明案件事实,李某忠占用的500万元,检察机关查明系齐鲁石化公司资金的一部分。李某、邓某某非法挪用公款未归还部分,由李某、邓某某用钻石大厦折抵,但房产的评估价格虚高,实际尚有3000多万元没有归还。(2)李某忠所称从李某、邓某某"所属公司借款500万元属于一般民事借贷行为"与事实不符。李某在刑事讯问笔录中证实了李某忠非法索取500万元的详细过程。(3)李某忠多次通过信访渠道申请退赔扣押资金,均被驳回,并已对其信访诉求予以终结。涉案资金属于国有资产,应依法返还被侵权单位,不应退回李某忠本人。

二、请示法院分歧意见

山东省高级人民法院赔偿办经研究一致认为:生效刑事判决已经认定李某诚将齐鲁石化公司资金交由李某、邓某某公司使用不构成挪用公款罪,且已全部归还。齐都公安局亦没有证据证明涉案资金由其他有权机关经法定程序确认为违法所得并决定追缴退还受害人,将扣押款项返回所谓的受害人中国石化公司没有事实根据。对于赔偿请求人李某中因此受到的损失，根据《国家赔偿法》第 18 条第 2 项"违法对财产采取查封、扣押、冻结、追缴等措施的"，受害人有取得赔偿的权利之规定，齐都公安局应予赔偿。

但对于如何确定计息期间，该办意见不一致。《最高人民法院、最高人民检察院关于办理刑事赔偿案件适用法律若干问题的解释》（以下简称《刑事赔偿解释》）第 20 条第 3 款规定："计息期间自侵权行为发生时计算，至作出生效赔偿决定时止。"对此，多数人认为：《国家赔偿法》第 18 条第 2 项对于扣押财产的赔偿问题采用了违法归责原则。《刑事诉讼法》第 143 条规定，对查封、扣押的……财产，经查明确实与案件无关的，应当在 3 日以内解除查封、扣押、冻结，予以退还。刑事诉讼程序终结后，依据上述法律规定，齐都公安局应当在 3 日内退还扣押的资金，超期未退还即为违法，所以应当自两刑事判决生效的第 4 日即 2010 年 5 月 3 日开始计算利息。少数人认为，生效刑事判决说明齐都公安局扣押涉案资金自始就是错误的，为充分保护请求人的合法权益，应当自扣押之日开始计算利息。

山东省高级人民法院审判委员会经讨论，多数人同意该院赔偿办少数人意见，少数人同意该院赔偿办多数人意见。因存在分歧且该问题具有类案指导意义，山东省高级人民法院以《关于李某忠申请山东省齐都公安局刑事违法扣押国家赔偿如何确定计息期间的请示报告》，向最高人民法院请示。

三、最高人民法院答复意见

最高人民法院赔偿办经研究，答复如下：

原则同意你院审判委员会少数意见。根据《国家赔偿法》以及《刑事诉讼法》的相关规定，刑事扣押赔偿采取违法归责原则，且需结合刑事诉讼不同阶段具体确定违法性判断标准；对于已认定构成刑事违法扣押的，应当从定性之日起按照《最高人民法院、最高人民检察院关于办理刑事赔偿案件适用法律若干问题的解释》的相关规定计付利息。本案中，根据你院查明认定的事实，齐都公安局以赔偿请求人李某忠涉嫌窝赃 500 万元为由扣押其 2530405 元现金及现金支票，符合法定条件和程序。但是，在该 500 万元的上游资金即 8000 万元涉嫌挪用的公款并没有被关联刑事案件生效判决或者经其他法定程序认定为违法所得或者依法应当追缴的其他涉案财物，反而被关联刑事案件生效判决认定为企业间正常借贷款，检察机关指控的挪用公款罪不成立的情况下,该500万元不能认定为赔偿请求人的窝赃款。此时,刑事扣押的必要性已消除,齐都公安局应当按照刑事诉讼法相关规定在关联刑事案件判决生效之日起3日内解除对2530405元的扣押并将其返还赔偿请求人。现齐都公安局未在上述期限内解除扣押并予以返还,又无延长上述3日期限的法定事由,故其刑事扣押行为的违法性应从相关案件刑事判决生效的第四日起认定;相应的,计息期间亦应从该定性之日起计算。至于合法扣押期间是否及如何计息,可由赔偿请求人与赔偿义务机关在法律和司法解释规定的范围内参照有关案例协商解决。

四、对最高人民法院个案答复意见的解读

(一)关于本案扣押行为是否违法,违法性始于何时

对于刑事违法扣押赔偿,修改前后的《国家赔偿法》均采违法归责原则,而且对违法性的认定采客观说并以行为违法而非结果违法为标准。所谓行为违法,是指在评价一个公权力行为是否违法时,不仅要考察是否存在合法权益被侵害的情形,还要考察行为人在行为之时是否尽到了注意义务。该注意义务包括法律规范所订明的注意义务和法官在判例中基于社会普遍认知水平所抽象出来的一般注意义务(故会受政策考量影响)。因此,在某些公法明确赋予特定主体以剥夺或限制他人私权益的权限,而该特定主体依照法定条件和程序实施了侵害私权益的行为时,我们可以其依法履职、已尽到注意义务为由,或直接评价为合法行为,或借由违法性阻却事由理论间接评价为合法行为。但要注意的是,有些行为在不同阶段有不同标准的履职要求、注意义务,典型如刑事侦查阶段的证明标准低于审查起诉、审判阶段,所以有些行为虽然前期可以评价为合法,但后续未必。

基于以上分析,在评价本案争议的刑事扣押是否违法时,应以《刑事诉讼法》及其配套规范所规定的刑事扣押条件和程序为主要标准;在法律规范不明时,应予以合理解释。需要注意的是,本案争议的刑事扣押行为启动时间以及两起关联案件的刑事判决生效时间在《刑事诉讼法》2012年修正实施之前,但从赔偿请求人角度观察,案涉刑事扣押行为一直持续至《刑事诉讼法》2012年修正实施之后,故原则上应依据修改前后的法律分别评价;但是,由于2012年《刑事诉讼法》关于扣押现金的规定较之于1996年《刑事诉讼法》并无实质变动,仅有个别之处的细化补充(有的系吸收了1996年《刑事

诉讼法》实施以后的配套规范和实务经验),故无区分之实质必要,可综合修改前后规定进行评价。

基于以上两段分析,综合1996年、2012年《刑事诉讼法》(1996年《刑事诉讼法》第114~118条,第198条;2012年《刑事诉讼法》第115条,第139~143条,第234条)以及配套的相关法律规范可知:公安机关在刑事侦查过程中,可以扣押用以证明犯罪嫌疑人有罪或无罪的各种财物、文件,但不得扣押与案件无关的财物、文件;而且,对已扣押的财物、文件经查明确实与案件无关的(继续扣押的必要性已消除的),应当在3日以内解除扣押,予以返还。

本案即符合扣押必要性消除后继续违法扣押的情形。具体而言,齐都公安局以赔偿请求人李某忠涉嫌窝赃500万元为由扣押其2530405元现金及现金支票,符合法定条件和程序(李某忠未提供充分的反驳证据)。但在该500万元的上游资金即8000万元涉嫌挪用的公款并没有被关联案件生效刑事判决或者经其他法定程序认定为违法所得或者依法应当追缴的其他涉案财物,反而被关联案件生效刑事判决认定为企业间正常借贷款的情况下,本案争议的500万元不能认定为赔偿请求人的窝赃款,齐都公安局应当按照刑事诉讼法相关规定,在关联案件刑事判决生效之日起3日内(除非其有延长该3日期限的法定事由)解除对2530405元的扣押措施,返还赔偿请求人。现齐都公安局不但未在法定期限内予以解除扣押和返还,反而以案涉钻石大厦的抵债评估价虚高,经另行评估差额还有3000万元左右,故扣押款属于违法所得、应返还被害单位为由,将其发还给齐鲁石化公司,属于超越职权的违法处分行为。概言之,本案至少可从关联案件刑事判决生效的第4日起认定继续扣押行为违法。

那么继续扣押的违法性是否可以吸收否定前段扣押的合法性呢?此问题值得进一步分析。因为,同样是违法归责,在违法刑事拘留方面,《国家赔偿法》在修改之后实际上采取了一种"修正的违法归责原则",具体表现在即便依照法定条件、程序启动了刑事拘留,但此后超过法定期限仍应定性为违法,此时赔偿的期间是整个拘留羁押期间而不仅是超出部分。但在1994年《国家赔偿法》施行后的权威释义、讲座资料中认为,此类情形仅赔偿超期部分即可;只不过,修法前的后期司法实践中已逐渐将错误拘留归责原则演变为结果归责,只要终止追诉即原则予以赔偿。对该问题,笔者认为,在国家赔偿立法、司法解释均无相应明确规定的情形下,鉴于财产权的价值位阶低于人身自由权,不宜参照现阶段关于超期刑事拘留的法律适用规则认定违法侵财案件后段行为的违法性足以吸收否定前段行为的合法性。

总之,经过上述分析,笔者认为,本案仅可从关联案件刑事判决生效的第4日起认定继续扣押行为违法。

(二)关于违法扣押现金是否计息,计息标准为何

由于《国家赔偿法》及《刑事赔偿解释》均未明确返还违法扣押的现金是否应计付利息,相反《国家赔偿法》还规定侵犯财产权造成损失以赔偿直接损失为原则,所以在明确了齐都公安局行为违法性的基础上,尚需进一步探讨违法扣押现金是否计息、计息标准如何确定两个问题。

笔者认为,虽然《国家赔偿法》及《刑事赔偿解释》未予明确(实际上起草司法解释时考虑过这个问题,因各种原因,最终未予明确),但从《国家赔偿法》2010年修改时新增的第36条第7项规定本身来看,不仅解除冻结的存、汇款这些本应生息的款项应当计付利息,而且返还执行的罚款或者罚金、追缴或者没收的金钱也一样计付利息,故基于逻辑的统一性,宜认定返还违法扣押的现金也应按同样标准计付利息,况且本案在扣押期间还处分了扣押款,实际效果更是等同于执行或追缴、没收。因此,笔者认为,本案可径行依照而无须参照《国家赔偿法》第36条及《刑事赔偿解释》第20条,决定返还扣押款并自关联案件刑事判决生效的第4日起至作出赔偿委员会决定时止计息,利率参照作出赔偿委员会决定时中国人民银行公布的人民币整存整取定期存款一年期基准利率确定,不计算复利。

(三)关于合法扣押期间是否及如何计息

这一问题属于引申考虑。对此,笔者认为:第一,本案扣押对象是现金,不是存款,原本并不产生法定孳息;在扣押款进入扣押机关专户后,该对公账户也不生息。所以,如果也要付息,则相当于赔偿了可得利益。如此虽然有利于充分保障赔偿请求人的合法权益,但既超出了现行国家赔偿法的调整范围(除刑事案件侵犯人身自由的情形外,没有确立合法行为造成损害的补偿责任),也不符合现行国家赔偿法关于对财产权造成其他损害按照直接损失给予赔偿的原则。另外,由此进一步推导,则合法扣押其他物品也应当

赔偿间接损失，可能更加不妥。第二，根据既有案例（如辽宁的北鹏公司案、内蒙古的王力军案等），对于合法扣押期间不予给付利息，是当前倾向性意见。因此，从依法作出决定的角度，不宜一并对合法扣押期间计息。但如果能促成双方调解，则可在违法扣押的计息标准之内一并协商解决。

公安机关与黄金管理部门联合办案处理黄金行为性质问题研究

——兼对(2017)最高法赔他4号案个案答复的解读

李钟慧*

一、基本案情

1998年9月20日晚,渭南市公安局和渭南市黄金管理局经贸公司(以下简称黄金公司,与渭南市黄金管理局一套人马,两块牌子,该机构现已被渭南市政府撤销)联合办案机构,在渭南市潼关县发现包大吾德随身携带黄金准备乘火车,遂依照《国务院办公厅关于取缔自发黄金市场加强黄金产品管理的通知》(国办发〔1994〕73号),将包大吾德传唤至渭南市公安局并留置两天,对其替舅舅马么麦代携带的5201克黄金当场扣押,扣押笔录记载的扣押人为黄金公司工作人员杨龙峰、董军战,该笔录有包大吾德的签名。9月23日,包大吾德因涉嫌非法经营被监视居住,同日渭南市公安局对马么麦代的谈话笔录显示,民警告知马么麦代,没有办理任何手续携带黄金是违法行为,“根据国办发〔1994〕73号文件规定,对不能提供有效证件的,有关部门比照缉私罚没有关规定进行处理”。马么麦代表示“听明白了。”该笔录有马么麦代的签名。1998年9月25日在马么麦代的保证下,包大吾德被取保候审,同日渭南市公安局作出渭公经字(98)004号《解除监视居住决定书》,决定对包大吾德不追究刑事责任。2003年4月7日,在马么麦代、包大吾德的要求下,渭南市公安局给包大吾德出具了一份涉案黄金被依法没收的书面

* 作者单位:最高人民法院。

证明,并口头告知其黄金当时已交给了黄金公司。

2003 年 6 月 2 日马么麦代、包大吾德向渭南市公安局提出赔偿请求,渭南市公安局在法定期限内未作出答复。2003 年 8 月 26 日赔偿请求人向陕西省公安厅提出复议申请,陕西省公安厅在法定期限内未作出复议决定。2016 年 5 月 9 日赔偿请求人向陕西省公安厅信访反映问题,陕西省公安厅作出信访事项告知书,告知赔偿请求人向渭南市公安局提出请求。2016 年 8 月 10 日陕西省公安厅收到赔偿请求人邮寄的国家赔偿申请书,该厅于次日以不属于该机关受案范围、应先向渭南市公安局申请为由作出不予受理国家赔偿申请决定书。2016 年 9 月 29 日渭南市公安局收到赔偿请求人邮寄的国家赔偿申请书,该局于次日以不属于刑事赔偿范围为由,作出不予受理通知书。2016 年 10 月 12 日赔偿请求人向陕西省公安厅申请复议,该厅在法定期限内未作复议决定。2016 年 10 月 26 日赔偿请求人向渭南中院申请国家赔偿,该院于 2016 年 11 月 14 日以不属于其受案范围为由决定驳回赔偿请求人的国家赔偿申请。赔偿请求人遂申请陕西高院赔偿委员会作出赔偿决定。

二、请示法院分歧意见

陕西高院赔偿委员会经讨论,对以下四个问题意见不一致:

(一)渭南市公安局的行为应界定为扣押行为还是没收行为

第一种观点认为,渭南市公安局的行为应界定为扣押行为。理由:本案渭南市公安局首先行使的是刑事侦查行为,虽然没有立案手续,但从随后的监视居住、取保候审以及不追究刑事责任等都能证明这一点。渭南市公安局虽向赔偿申请人出具了没收黄金的证明,但因没有正式的没收决定书,故应认为渭南市公安局仅有扣押行为,没有没收行为,证据上缺乏该公安机关的身份从刑事侦查机关到行政管理机关的转换。

第二种观点认为,渭南市公安局的行为应界定为没收行为。理由:不能因为渭南市公安局没有正式的没收决定书,就否定其存在没收行为。如果按此逻辑,渭南市公安局也没有正式的扣押决定书,是否能否定其存在扣押行为。故是否存在扣押或没收行为,不能拘泥于是否有正式的决定书,应当看其事实行为。本案中,渭南市公安局和黄金公司联合办案,扣押笔录显示的扣押人是黄金公司的工作人员。9 月 23 日,渭南市公安局对马么麦代的谈话笔录显示,民警告知马么麦代,“根据国办发〔1994〕73 号文件规定,对不能提供有效证件的,有关部门比照缉私罚没有关规定进行处理”。结合渭南市公安局出具的黄金被依法没收的书面证明,即使认为渭南市公安局有扣押行为,也应理解为该黄金先被扣押,后被没收,并被移交黄金公司。扣押行为已转化为没收行为。

陕西高院赔偿委员会倾向于第二种意见。

(二)渭南市公安局的没收行为,是否属于刑事赔偿的范围

第一种观点认为,属于刑事赔偿的范围。理由:渭南市公安局最初是以包大吾德涉嫌非法经营处理的,其后又采取了刑事强制措施,因此,原扣押行为应当视为刑事司法行为。其行为是否合法是否应承担赔偿责任,应属于刑事国家赔偿的审查范围。

第二种观点认为,不属于刑事赔偿的范围,而应属于行政赔偿的范围。理由:《最高人民法院关于执行〈中华人民共和国行政诉讼法〉若干问题的解释》(现已失效)第 1 条规定:“公民、法人或者其他组织对具有国家行政职权的机关和组织及其工作人员的行政行为不服,依法提起诉讼的,属于人民法院行政诉讼的受案范围。公民、法人或者其他组织对下列行为不服提起诉讼的,不属于人民法院行政诉讼的受案范围:……(二)公安、国家安全等机关依照刑事诉讼法的明确授权实施的行为。”最高人民法院行政庭 2000 年 4 月 28 日《关于如何界定公安机关的行为是刑事侦查行为还是具体行政行为请示的答复意见》(〔1999〕行他字第 26 号)中认为:“受诉法院在公安机关被诉行为的性质尚不能确定的情况下,作为行政案件受理并无不当”;“公安机关不举证或所举的证据不能证明其实施的行为系刑事诉讼法明确授权的行为,法院不宜认定其是刑事司法行为。”最高人民法院赔偿委员会 2003 年 7 月 18 日《关于公安机关作出没收决定应视为具体行政行为不属于刑事赔偿调整范围的批复》(〔2002〕赔他字第 11 号)中认为,“公安机关在刑事案件中作出的没收决定应视为具体行政行为,不属于刑事赔偿调整范围”。因此,刑事赔偿范围与行政赔偿范围之区分标准,应看本案争议的行为,是否属刑事诉讼法明确授权的行为。本案渭南市公安局对黄金的没收行为,并非《刑事诉讼法》明确授权的行为,故应视为具体行政行为。另外,《最高人民法院、最高人民检察院、公安部、司法部关于严厉打击倒卖走私黄金犯罪活动的通知》(1987 年 6 月 28 日,现已失效)第 5 条规定:“非法收购、倒买倒卖、

走私黄金不足五十克的，可根据其情节轻重，由公安机关、工商行政管理部门、海关予以没收、罚款、吊销采金证或给予治安行政处罚，符合劳动教养条件的可报请劳动教养管理委员会批准，予以劳动教养。”综上，本案渭南市公安局对黄金的罚没行为，应视为行政行为，而非刑事司法行为，不属于刑事赔偿的范围。

陕西高院赔偿委员会倾向于第二种意见。

（三）本案的时效是否中断，是否已经届满

第一种观点认为，本案时效多次中断，尚未届满。理由：因申请人主张其于1998年到2003年，以及2003年到2016年，曾多次请求渭南市公安局解决问题，故可参照民事诉讼时效中断的规定，认定本案时效因中断而尚未届满。另，本案财产被扣押，《解除监视居住决定书》虽写明对包大吾德不追究刑事责任，但并无财产的返还及进一步的处理，该情形符合《最高人民法院、最高人民检察院关于办理刑事赔偿案件适用法律若干问题的解释》相关规定，包大吾德申请国家赔偿，不应以时效问题驳回。

第二种观点认为，申请人的国家赔偿申请，已超过法定的2年时效。理由：国家赔偿法只规定了时效的中止制度，未规定时效的中断制度。且申请人虽主张其于1998年到2003年，以及2003年到2016年，曾多次请求渭南市公安局解决问题，但无相关证据证明其主张。渭南市公安局对此亦不予认可。故本案的时效不存在中断的问题，应认定为已经届满。

陕西高院赔偿委员会倾向于第二种意见。

（四）本案公安局的行为是否违法？是否应承担国家赔偿责任？

第一种意见认为，本案当事人携带黄金数额巨大，已经构成非法经营罪，应当受到刑事处罚，基于当时历史时期对该行为社会危害性的判断，可能存在司法机关不再进行刑事追究、以罚代刑的情形，但公安机关以这种方式剥夺公民的巨额财产，从价值判断上不能给予肯定。公安机关的行为具有违法性，应当承担国家赔偿责任。

第二种意见认为，公安局的行为根据当时的规定，实体上并未违法，不应承担国家赔偿责任。理由：公安局行为的依据，是《中华人民共和国金银管理条例》和《国务院办公厅关于取缔自发黄金市场加强黄金产品管理的通知》（国办发〔1994〕73号）。该通知主要内容为：“为了加强对黄金产品的管理,保证国家经济建设对黄金的需要,《中华人民共和国金银管理条例》(以下简称《条例》)规定,国家对黄金实行统一管理、统购统配的政策,境内机关、部队、团体、学校和国有企业、事业单位以及城乡集体经济组织的一切黄金的收入和支出,都必须纳入国家黄金收支计划,由中国人民银行统购统配。""凡金饰品生产、经营单位跨省携带批量黄金,必须经所在地人民银行省(自治区、直辖市)分行的批准,航空、铁道和交通等运输部门凭人民银行批件查验放行;携带批量黄金饰品的,航空、铁道和交通等运输部门凭定点企业经营执照营业副本和单位介绍信查验放行。对不能提供有效证件的,有关部门比照缉私罚没有关规定进行处理。"《最高人民法院、最高人民检察院、公安部、司法部关于严厉打击倒卖走私黄金犯罪活动的通知》(1987年6月28日,现已失效)第5条规定:"非法收购、倒买倒卖、走私黄金不足五十克的,可根据其情节轻重,由公安机关、工商行政管理部门、海关予以没收、罚款、吊销采金证或给予治安行政处罚,符合劳动教养条件的可报劳动教养管理委员会批准,予以劳动教养。"本案申请人跨省携带大量黄金却无人民银行的批件,渭南市公安局比照缉私罚没有关规定进行处理,就实体而言,符合当时的法律和政策规定,不应认定为违法,不应承担国家赔偿责任。

陕西高院赔偿委员会倾向于第二种意见。

因渭南市潼关县是我国的黄金大县,遍布大小金矿,衍生出众多的涉及黄金没收或以罚代刑等纠纷,为慎重处理此类案件,陕西省高级人民法院以《陕西省高级人民法院关于马么麦代、包大吾德申请国家赔偿案的请示》,向最高人民法院请示。

三、最高人民法院答复意见

最高人民法院赔偿办经研究,电话答复如下:

根据本案案情,陕西省渭南市公安局和渭南市黄金管理局经贸公司(以下简称黄金公司)联合办案机构,依照《国务院办公厅关于取缔自发黄金市场加强黄金产品管理的通知》(国办发〔1994〕73号),由黄金公司工作人员对赔偿请求人未办理手续跨省携带的黄金进行没收,并交由黄金公司统一处理的行为,应视为具体行政行为,不属于刑事赔偿调整范围。

四、对最高人民法院个案答复意见的解读

本案陕西高院所请示的四个问题,实际上可归纳为两个问题,一是渭南市公安局的行为属于刑事赔偿还是行政赔偿调整范畴，二是请求人的申请是否超过时效，核心问题为渭南市公安局的行为属于刑事赔偿还是行政赔偿调整范畴，以下着重进行分析。

公安刑事侦查行为指公安机关依照刑事法律规定进行的专门调查工作和采取的强制措施，其中专门调查工作包括讯问犯罪嫌疑人、询问证人、勘验、检查、搜查、扣押物证和书证、鉴定、通缉等，刑事强制措施包括拘传、取保候审、监视居住、刑事拘留、逮捕等。公安具体行政行为是指公安机关根据公安行政法律法规和规章的规定，为完成公安行政管理任务，对行政相对人所实施的行政处罚行为、行政强制行为及其他行政决定行为，其中公安行政处罚主要包括罚款、没收、拘留，公安行政强制措施主要包括留置、传唤、查封、扣押、冻结、扣缴、强制隔离、强制戒毒等。因为公安机关具有刑事侦查机关和行政管理机关的双重职能，刑事侦查行为和具体行政行为在外部表现形式上具有相似性，且公安机关某些职权行为适用的对象往往处于行政违法和犯罪嫌疑的两可之间，故目前在我国实践中确实容易混淆。至于如何界定公安形式侦查行为和具体行政行为，笔者认为可以从以下几点考虑：

一是从行为种类进行区分。公安机关的刑事侦查行为是为查证、证实犯罪而实施的，但这并不意味着公安机关在侦查活动中所实施的各种行为都是刑事侦查行为。一般来说，属于有关刑事法律规范明确规定的刑事侦查种类的行为，才属于刑事侦查行为。二是从目的和对象上进行区分。公安机关运用刑事侦查行为的目的是查证和打击犯罪活动，适用对象是犯罪分子和重大犯罪嫌疑人，否则不宜认定为刑事侦查行为，应属公安具体行政行为。三是从实施行为的程序进行区分。首先从作为刑事案件立案还是其他违法案件立案上识别，如果公安机关在采取强制措施时没有立案过程，可以从公安机关采取措施的主观动机是否为查证和打击犯罪上识别，具体可以从询问笔录等来了解。四是从举证材料进行区分。实践中，当一时难以区别公安机关职权行为性质时，公安机关应当对其行为性质举证。根据最高人民法院行政庭《关于如何界定公安机关的行为是刑事侦查行为还是具体行政行为请示的答复意见》（〔1999〕行他字第 26 号），公安机关不举证或所举的证据不能证明其实施的行为系刑事诉讼法明确授权的行为，法院不宜认定其是刑事司法行为。虽然可以看出该答复的目的是避免公安机关借刑事司法行为逃避行政诉讼义务,但仍然可以作为我们考量的依据。

具体到本案,根据已查明的事实,渭南市公安局联合渭南市黄金管理局经贸公司执法没收黄金,实施该行为的主体是渭南市公安局和渭南市黄金管理局经贸公司(黄金管理局和黄金公司是一套人马、两块牌子,该机构已被渭南市政府撤销)联合执法;实施的调查手段是传唤(《治安管理处罚法》第82条)、留置(《人民警察法》第9条)、当场扣押黄金(《行政强制法》第22条),均属于公安机关依法可以行使的行政执法手段;实施没收的依据是《国务院办公厅关于取缔自发黄金市场加强黄金产品管理的通知》(国办发〔1994〕73号);渭南市公安局书面证明对涉案黄金予以没收。因此,涉案没收行为认定为行政行为,更有利于查明相关事实,维护当事人合法权益。

从刑事司法行为的角度来分析,虽然渭南市公安局同时行使了一些刑事侦查程序有关的行为,但是,从程序上说,公安机关先后采取监视居住、取保候审的刑事强制措施之后并未提请审查起诉,未被公安机关作为刑事案件处理故而并未进入刑事诉讼程序;从处理结果上看,根据《最高人民法院关于适用〈中华人民共和国刑事诉讼法〉的解释》第366条第1款的规定,“查封、扣押、冻结的财物及其孳息,经审查,确属违法所得或者依法应当追缴的其他涉案财物的,应当判决返还被害人,或者没收上缴国库,但法律另有规定的除外”,没收涉案财物应属人民法院而非公安侦查机关法定职权。根据刑法谦抑主义精神和“不告不理”的原则,不宜认为涉案行为已经经由行政执法、调查程序进入刑事诉讼程序,否则,将会产生本案刑事诉讼久悬未决和涉案财物去向不明的假象。

最后,最高人民法院相关批复、答复对类似行为性质有明确意见。最高人民法院赔偿委员会《关于公安机关作出没收决定应视为具体行政行为不属于刑事赔偿调整范围的批复》(〔2002〕赔他字第11号)中,通过蒋桂通申请刑事违法扣押赔偿请示案指出,公安机关在刑事案件中作出的没收决定应视为具体行政行为,不属于刑事赔偿调整范围。最高人民法院行政庭《关于如何界定公安机关的行为是刑事侦查行为还是具体行政行为请示的答复意见》(〔1999〕行他字第26号)认为,“受诉法院在公安机关被诉行为的性质尚不能确定的情况下,作为行政案件受理并无不当”,“公安机关不举证或所举的证据不能证明其实施的行为系刑事诉讼法明确授权的行为,法院不宜认定其是刑事司法行为”。

因此,渭南市公安局联合渭南市黄金管理局经贸公司执法没收黄金的行为应视为行政行为,而非刑事司法行为,不属于刑事赔偿调整范围。由于该案不属于刑事赔偿调整范围,故对陕西高院所请示的赔偿请求时效的问题,不再分析。

关于因鉴定结论改变而导致的罪名改判最终羁押赔偿问题的思考

——兼对(2017)最高法赔他5号个案答复的解读

贾 力*

一、刑事案件基本案情

2013年1月5日,宜章县公安局团结派出所根据110的指令,对姚金海与姚武山、姚邦洋地基纠纷案受案登记。2013年1月7日,宜章县公安局委托湘南学院司法鉴定中心对姚武山的伤情进行司法鉴定。2013年1月8日,湘南学院司法鉴定中心作出(2013)临鉴字第011号人体损伤程度鉴定意见书,鉴定意见为:被鉴定人姚武山系外界钝器所致的上述损伤属实;参照《人体轻伤鉴定标准(试行)》第30条之规定,该损伤属轻伤。2013年1月18日,宜章县公安局决定对姚金海故意伤害案立案侦查。2013年1月20日,姚金海申请对姚武山的伤情重新司法鉴定。2013年1月25日,宜章县公安局对姚金海采取刑事拘留措施,姚金海被羁押在湖南省宜章县看守所。2013年1月28日,宜章县公安局决定延长对姚金海刑事拘留期限,时间从2013年1月28日延长至2月1日。2013年1月29日,宜章县公安局以姚金海涉嫌犯故意伤害罪向宜章县人民检察院(以下简称宜章县检察院)提请批准逮捕,并附姚金海的供述和辩解、证人证言、湘南学院司法鉴定中心司法鉴定意见、现场勘查等材料。2013年2月4日,宜章县检察院作出宜检侦监批捕(2013)0038号批准逮捕决定,决定批准逮捕犯罪嫌疑人姚金海。同

* 作者单位:最高人民法院。

日，宜章县公安局对姚金海执行逮捕，羁押在宜章县看守所。

2013年3月7日，宜章县公安局作出宜公(团)诉字(2013)0023号起诉意见书，以姚金海涉嫌犯故意伤害罪将案件移送宜章县检察院审查起诉。2013年3月25日，宜章县检察院作出宜检刑补侦(2013)9号补充侦查决定书，认为姚金海涉嫌犯故意伤害罪一案部分事实尚未查清，决定将该案退回宜章县公安局补充侦查。2013年4月19日，宜章县公安局委托湖南省人民医院司法鉴定中心对姚武山的人身损伤程度重新评定。2013年4月24日，宜章县公安局向宜章县检察院报送补充侦查报告，并将案件卷宗及补充侦查材料移送。2013年5月2日，湖南省人民医院司法鉴定中心作出(2013)临鉴字第333号司法鉴定意见书，鉴定意见为：被鉴定人姚武山外伤致头部、胸部等全身多次软组织挫伤，其损伤程度评定为轻微伤。宜章县公安局分别于2013年5月13日、2013年5月14日将该司法鉴定意见书送达姚金海、姚武山。2013年5月15日，宜章县检察院作出宜检刑补侦(2013)22号补充侦查决定书，认为姚金海涉嫌犯故意伤害罪一案事实不清，证据不足，决定将该案退回宜章县公安局补充侦查。2013年5月17日，宜章县公安局以姚金海可能判处有期徒刑以上刑罚，取保候审不致发生社会危险性为由，作出宜公(团)取保字(2013)0037号取保候审决定书，对姚金海采取了取保候审措施。

2013年6月12日，宜章县公安局向宜章县检察院报送补充侦查报告，并将案件卷宗及补充侦查材料移送。2013年6月16日，宜章县检察院委托湖南省湘雅司法鉴定中心对姚武山的伤情鉴定进行文证审查。2013年8月5日，湖南省湘雅司法鉴定中心作出(2013)临鉴字第720号司法鉴定意见书，鉴定意见为：被鉴定人姚武山的损伤属轻微伤。宜章县检察院分别于2013年8月20日、2013年8月26日将该司法鉴定意见书送达姚金海、姚武山。根据姚武山的重新鉴定申请，2014年3月19日，宜章县检察院委托湖北同济法医学司法鉴定中心对姚武山的损伤程度鉴定。2014年3月25日，湖北同济法医学司法鉴定中心作出(2014)法医临床L0185号法医学鉴定意见书，鉴定意见为：被鉴定人姚武山所受伤，损伤程度评为轻微伤。

2014年4月15日，宜章县检察院作出湘宜检刑不诉(2014)A13号不起诉决定，该决定认为，2013年1月1日14时许，姚金海与姚武山、姚邦洋因地基纠纷发生争吵，相互殴打，在扭打过程中姚武山的鼻子、胸部被打伤，构成轻微伤,姚金海的行为情节显著轻微、危害不大,不构成犯罪。依照《中华人民共和国刑事诉讼法》第15条第1项、第173条第1款的规定,决定对姚金海不起诉。

二、赔偿案件基本情况

2014年10月27日,姚金海以宜章县检察院对其逮捕后作出不起诉决定为由,向宜章县检察院申请赔偿95729.13元。2014年12月25日,宜章县检察院作出湘宜检控申赔决(2015)1号刑事赔偿决定,认为姚金海故意伤害他人身体事实清楚,证据确实、充分,虽姚武山的伤情为轻微伤,但姚金海在事实上已经实施了危害社会和他人的行为,依照《刑事诉讼法》第15条第1项、第173条第1款的规定作出不起诉决定。根据《国家赔偿法》第19条第3项的规定,国家不承担赔偿责任,决定:驳回姚金海的赔偿请求事项,不予赔偿。姚金海不服,于2015年5月19日向郴州市人民检察院申请复议。郴州市人民检察院于2015年6月16日作出郴检控申赔复决(2015)1号刑事赔偿复议决定,认为宜章县检察院的刑事赔偿决定认定事实清楚,适用法律正确。根据《国家赔偿法》第19条第3项的规定,决定:维持宜章县检察院作出的湘宜检控申赔决(2015)1号刑事赔偿决定,驳回姚金海的赔偿请求事项,不予赔偿。姚金海仍不服向郴州市中级人民法院(以下简称郴州中院)赔偿委员会申请作出赔偿决定,要求宜章县检察院赔偿无罪羁押期间的赔偿金95729.13元。

郴州中院赔偿委员会于2015年10月12日作出(2015)郴中法委赔字第4号决定认为:姚金海殴打他人致轻微伤,其行为不构成犯罪。根据《国家赔偿法》第17条第2项的规定,国家应当承担赔偿责任。故决定:(1)撤销宜章县检察院湘宜检控申赔决(2015)1号刑事赔偿决定;(2)撤销郴州市人民检察院郴检控申赔复决(2015)1号刑事赔偿复议决定;(3)宜章县检察院向姚金海支付侵犯人身自由的赔偿金人民币24828.36元;(4)驳回赔偿请求人姚金海的其他赔偿请求。

三、请示法院的分歧意见

宜章县检察院不服郴州中院赔偿委员会(2015)郴中法委赔字第4号决定,向湖南高院提出申诉。湖南高院赔偿委员会于2017年4月27日作出(2015)湘高法委赔监字第34号决定,将案件直接提审,中止原赔偿决定的执行。

审理期间，湖南高院赔委会形成两种意见：一种意见认为：应当维持(2015)郴中法委赔字第4号决定，决定由湖南省宜章县检察院承担无罪逮捕的赔偿责任。理由是：宜章县检察院作出的湘宜检刑不诉(2014)A3号不起诉决定认为姚金海的行为情节显著轻微、危害不大，不构成犯罪。依照《刑事诉讼法》第15条第1项、第173条第1款的规定，决定对姚金海不起诉。但《刑事诉讼法》第15条第1项针对的是“不认为是犯罪的情形”。既然认定姚金海的行为不构成犯罪，作出不起诉决定后，应当依据《国家赔偿法》第17条第2项规定，决定由宜章县检察院承担无罪逮捕的赔偿责任。另一种意见认为：检察院无罪逮捕赔偿与法院的二审无罪赔偿在情形判断上仍存在具体的区别，宜章县人民检察院不应当承担无罪逮捕的赔偿责任。

四、最高人民法院答复意见

最高人民法院赔偿办经研究，答复如下：

本案检察机关引用《刑事诉讼法》第15条第1项和第173条第1款的规定作出不起诉决定，该情形系属于《国家赔偿法》第19条第3项规定的国家不承担赔偿责任的情形，即宜章县人民检察院不应当承担无罪逮捕的赔偿责任。

五、对最高人民法院个案答复意见的解读

(一)国家赔偿案件中如何看待由于鉴定结论改变引发的罪名变化

本案核心的分歧点在于，在姚金海涉嫌故意致他人轻伤的案件侦查及审查起诉过程中，受害人伤情的鉴定结果直接关系到对加害人行为定性问题。本案中涉及人身伤害结果的鉴定意见书共出现了四次：第一次是2013年1月8日，湘南学院司法鉴定中心(2013)临鉴字第011号人体损伤程度鉴定意见书，内容为姚武山外界钝器所致上述(鼻中隔弯曲性骨折成立，不属粉碎性骨折和明显移位；双胸腔少许积血，未见有呼吸困难体征)损伤属实。参照《人体轻伤鉴定标准(试行)》第30条之规定，该损伤属轻伤。[①] 第二次是2013年5月2日，湖南省人民医院司法鉴定中心(2013)临鉴字第333号

---

① 该规定于2013年12月31日被新规定取代废止。该规定第30条内容为：胸部损伤引起气胸、血胸或者较大面积的单纯性皮下气肿，未出现呼吸困难。

鉴定意见书,内容为“本次外伤未发现引起血胸的损伤基础”,“因此,就目前提供的现有材料分析,本次胸部损伤引起血胸不能认定”。分析认为,上述损伤根据《人体轻伤鉴定标准(试行)》第30条之规定,本例损伤程度评定为轻伤的依据不充分,其损伤程度根据《人体轻伤鉴定标准(试行)》之规定评定为轻微伤。被鉴定人姚武山外伤致头面部、胸部等全身多处软组织挫伤,其损伤程度评定为轻微伤。第三次是2013年8月5日,湖南省湘雅司法鉴定中心作出(2013)临鉴字第720号司法鉴定意见书,内容为审阅湘潭市第二人民医院病历资料和CT片6张,对被鉴定人因外伤所致头面部、胸部等全身多处软组织挫伤,未发现鼻骨骨折的影像学依据,根据GA/T 145－1996《人体轻微伤的鉴定标准》第5.1条之规定,属轻微伤。第四次是2014年3月25日,湖北同济法医学司法鉴定中心作出(2014)法医临床L0185号法医学鉴定意见书,分析说明:(1)根据法医学检查,结合送检病历记载伤情及影像学资料显示征象、认为被鉴定人2013年1月1日外伤史属实,其能认定的损伤主要为:头面部、胸部等全身多处软组织挫伤。其损伤特点符合钝性暴力作用所致,自诉受伤方式可以形成,其鼻中隔偏曲,双侧上颌窦、筛窦及蝶窦慢性炎症及双侧鼻肥大系自身所患疾病,与2013年1月1日外伤无关。(2)被鉴定人头面部、胸部等全身多处软组织挫伤经临床积极治疗,目前已治愈,依据《人体损伤程度鉴定标准》第5.2.5C款之规定,评定损伤程度为轻微伤。

笔者梳理了一下,从四部委联合发布出台《人体重伤鉴定标准》(1986版、1990版)、1990年7月1日四部委颁布施行《人体轻伤鉴定标准(试行)》、1997年1月1日起实施的《人体轻微伤的鉴定标准》再到2014年最高人民法院、最高人民检察院、国家安全部、司法部统一实施《人体损伤程度鉴定标准》,人体损伤的鉴定标准和规则是从分级、重点走向统一、融合的一个过程。作为刑事案件中一项重要的证据类型,鉴定意见或结果承载着对司法认定十分重要的辅佐作用。不可回避的情形是,医学鉴定发生在实际损伤情形发生之后,与受鉴定人自身伤情愈合及评定机构、评定人员的变化密切关联,况且人体损失结果评定的标准亦是一个不断完善不断清晰的过程,实践中鉴定意见的变化则对某些罪名的认定起着至关重要的作用。本案中,一份伤情,不同的鉴定机构和人员,分别适用了《人体轻伤鉴定标准(试行)》《人体轻微伤的鉴定标准》《人体损伤程度鉴定标准》三部规章。实践中"伤害他人"的行为依据《刑法》第234条第1款的规定，只是强调故意伤害他人身体的，处刑、量刑标准并没有没有对"伤害"的等级进行强调。实践中为了更好地把握罪与非罪的界限，对此罪获刑通常以伤情鉴定结果达到"轻伤以上，重伤以下"为范围，将轻微伤情形划至治安处罚范畴。致人轻微伤害，不构成《刑法》第234条第1款罪名。换言之，"轻微伤"或"轻伤"的鉴定结果，直接关系着侵权行为后果是否应受刑事制裁。这也是宜章县检察院在无罪逮捕之后，经多次审查，最终认定犯罪嫌疑人姚金海的行为属"情节显著轻微、危害不大，不构成犯罪"的结论的最终原因。

类似本案这种由于证据出现的变化所导致的案件结果出现改变，导致赔偿案件产生的情形，实践中时有发生，各地司法机关在国家赔偿案件中如何衡量，以确认是否属于应当赔偿情形，确存在一定的模糊性。我们不能认为，原先依照轻伤的鉴定结论将姚金海予以批逮，就是违法批捕。这既不符合认识论，也不符合案件审理的实际情形。笔者认为：有鉴于此种因为客观鉴定原因导致的罪名适用及犯罪构成发生变化的案件情形，并非检察机关故意或过失侵犯赔偿请求人的人身权利的情况，是应当结合案件具体情况，分阶段综合考虑赔偿义务机关的赔偿责任。对于轻伤鉴定结论期间的羁押行为国家不应承担赔偿责任。

（二）本案可否适用免责条款，不予赔偿

实践中，在赔与不赔的问题上，存在以下三种误区。一种观点认为，只要最终生效的法律文书认定无罪、不起诉或撤销案件，就应当适用结果归责原则，表明赔偿请求人所受的羁押都可以获得赔偿。另一种观点则机械套用法条，对最终生效法律文书的认定与免责条款内容的描述略有出入，就认为不适用免责条款。如在本案中，有观点认为《刑事诉讼法》第15条、第173条规定的不追究犯罪情形，应当是"不认为是犯罪的"情形，而并非"不构成犯罪"的认定，如果司法机关作出"不认为是犯罪"的认定，与国家赔偿法免责条款中规定的不认为是犯罪的情形，所表达的含义是完全不同的，是对罪与非罪的界定，不能等同于国家赔偿法规定的有罪但因情节轻微而被免除处刑的情形。故本案是完全无罪，应当予以赔偿。还有一种观点认为，《国家赔偿法》第19条除了前五项明确列明的免责适用条款之外，还有一个兜底的第6项"法律规定的其他情形"，只要是存在法律规定的其他情形，就应当尽可能地适用免责规定。

对于此问题,笔者认为,我们应当从《国家赔偿法》的源头上对第19条的适用问题加以明确。人身自由赔偿的核心问题点是赔偿请求人所受的羁押是否属于法律规定应当赔偿的羁押情形。在衡量赔与不赔的问题上,不仅要看《国家赔偿法》第17条的规定,更要仔细核对《国家赔偿法》第19条规定的情形,也即是否存在相关的免责规定。免责情形一般发生的时间阶段,也多是处于《国家赔偿法》第17条第1项、第2项规定所拘留和逮捕阶段,这一规定本身正是基于对刑事侦查、检察工作是刑事审判工作基础的规律性认识的基础上作出的,在一定程度上要保障侦查机关、检察机关依法履职开展刑事侦查、检察工作的合法性。公、检、法机关追诉犯罪的角度,每个阶段的法定裁量标准并不是一致的,拘留是发现犯罪事实,逮捕是可能判处有期徒刑以上,审查起诉是应当追究刑事责任,无罪则可能是证据不足等。不能要求实施拘留措施的机关以定罪处刑的法院一样掌握无罪的标准,也不能要求审查批捕的机关以确保有罪为衡量标准。过于严苛的赔偿标准,可能会出现一种不良的诱导性倾向,束缚公权力机关依法履权,让具有一定人身危险性的犯罪嫌疑人有脱逃的可能。从《最高人民法院关于人民法院执行〈中华人民共和国国家赔偿法〉几个问题的解释》第1条规定来看,在肯定了自身存在过错而依照法律不予追究刑事责任的人被羁押,国家不承担赔偿责任的原则之后,亦对受到人民法院刑事判决影响而在判决前被羁押的日期亦作出不予赔偿的规定,其实质就是表明一种态度,公民在审判前受到羁押的期间,因为处于侦查和检察阶段,国家具有一定的豁免权利。从中即可以看出,国家对于审判行为对公民带来的羁押后果负有全部的无豁免的态度,但对于尚未定性的涉嫌犯罪的行为所开展的侦查、审查活动所带来的羁押,持一种保留的态度。本案中,因姚金海实施侵害他人的行为,公权力机关对其进行必要侦查及采取的强制措施,应免除国家赔偿责任。如果姚金海实施的行为应当受到治安管理处罚,应当与刑事拘留(或其他人身羁押措施)相折抵,免除这部分国家赔偿的责任。对于伤害他人的行为,刑法中亦有寻衅滋事罪、聚众斗殴、防卫过当等罪名及情节相临近,检察机关审查起诉时,不仅有义务审查故意伤害罪的起刑点,而且对于殴打伤害他人行为是否构成其他罪名也有一定的审查义务。根据《最高人民法院关于常见犯罪的量刑指导意见》中的相关规定，在其他一些罪名中，轻微伤对于定罪量刑来说仍是具有实际意义的。[①] 姚金海的行为最终虽不能按照刑法“故意伤害罪”提起公诉，但其违法性和应受治安处罚性仍是存在的。所以笔者认为，在适用《国家赔偿法》第 17 条第 2 项所规定的无罪逮捕赔偿，一定要结合第 19 条的免责条款一起审查，而不是简单的“结果归责”，只要出现“不起诉”“撤销案件决定”或者是出现“无罪判决”就可以认定逮捕赔偿成立。

（三）关于本案的一些思考

湖南高院审查中发现，此案与最高人民法院于 1996 年 12 月 20 日答复云南高院的《关于张秀英等四人申请国家赔偿一案的请示》一案有类似的情形，即都有因鉴定意见改变而导致的罪名认定上的变化，最终最高人民法院赔偿委员会对此情形答复赔偿的案例。笔者认为，最高人民法院相关具体案件的批复，因各案发生的背景情况有所不同，不是都能够简单套用，或像司法解释一样必须遵照执行的。在云南张秀英案中，弥勒县公安局以“证据发生变化，张秀英等四人行为构不成犯罪”为由，依据 1979 年《刑事诉讼法》第 94 条[②]的规定，决定撤销案件。本案中宜章县检察院不起诉决定中适用的却是《刑事诉讼法》第 15 条第 1 项和第 173 条第 1 款，两案终结刑事诉讼程序所适用的法律并不完全相同。正如鉴定意见虽是对同一事实引发的伤情所作的鉴定结论，但因鉴定时间、鉴定机构、鉴定人员的不同，作出的鉴定结论可能并不完全一致。

（四）赔偿委员会审查案件中对于不起诉决定的评判

湖南高院赔偿委员会部分委员认为：《刑事诉讼法》第 15 条第 1 项规定的“不认为是犯罪”的情形，与“不构成犯罪”的情形应有所区别。“不构成犯罪”即线下说，不适用《国家赔偿法》第 19 条免责条款，而“不认为是犯罪”的情形，应当参考《国家赔偿法》第 19 条有关免责的规定，属于“线上出罪说”。

---

① 根据 2012 年修订的《治安管理处罚法》第 43 条第 2 款的规定，有下列情形之一的，处 10 日以上 15 日以下拘留，并处 500 元以上 1000 元以下罚款：（1）结伙殴打、伤害他人的；（2）殴打、伤害残疾人、孕妇、不满 14 周岁的人或者 60 周岁以上的人的；（3）多次殴打、伤害他人或者一次殴打、伤害多人的。

② 1979 年《刑事诉讼法》第 94 条规定，在侦查过程中，发现不应对被告人追究刑事责任的，撤销案件；被告人已被逮捕的，应当立即释放，发给释放证明，并且通知原批准逮捕的人民检察院。

因此,宜章县检察院适用免责条款并不恰当,其不起诉决定书亦有可能存在适用法条不准确的问题,对宜章县检察院的不起诉决定书引发的免责条款是否应当适用问题,以及因此而产生的赔与不赔的矛盾和困惑,赔偿委应当如何评判?笔者认为,最高人民法院关于(1999)赔他字第5号批复:“根据一、二审法院的判决、裁定所复述的事实,杨文增没有犯罪行为,不存在情节显著轻微的问题,一审判决不应适用原《刑事诉讼法》第十一条第(一)项的规定,属于适用法律错误。应依审判监督程序纠正一、二审判决后,重新启动赔偿程序。”此批复说明,赔偿委员会在审查中对刑事诉讼程序中发现的法律适用问题,不能直接予以修改或纠正。对于目前刑事诉讼法规定的“不认为是犯罪”的判断结论,实务界则存在三种可能的情形:一是绝对不构成犯罪,远离法定构刑标准线;二是构成犯罪但情节中含有宽大处理的因素;三是临近法定犯罪标准线,但尚不足以处刑的情形,因此对于定罪文书(无罪文书)中出现了“不认为是犯罪”的情形,不能一概而论,尤其是对于后两种情形,触犯的刑法或者虽不构成犯罪但有违法行为,需要给予行政处罚的情形。在赔偿案件中,对于检察机关适用法律上的问题,我们应当综合全案的实际案情来看,并不能生搬硬套、机械地直接套用。

【经验交流】

创新机制方法　注重协调平衡
全面提升国家赔偿救助工作质效

（福建法院经验交流材料）

近年来，福建法院按照中央、最高人民法院和福建省委的部署要求，全面落实司法改革各项任务，不断增强改革创新意识，总结出“五大机制”“四项平衡”等有效经验，依法妥善审结了一批国家赔偿案件和司法救助案件，取得了良好的法律效果与社会效果。特别是陈科云案、陈夏影案、念斌案、陈军案、张美来案等重大复杂刑事赔偿案件的妥善处理，有力巩固、深化、提升了刑事纠错工作的效果；其中，陈夏影案和念斌案的经验做法，得到最高人民法院和福建省委的充分肯定，周强院长、陶凯元副院长均予批示肯定，还被写入最高人民法院工作报告。2013 年至 2017 年 10 月，全省法院共审理国家赔偿案件 703 件，其中 2016 年 1 月以来审理数量占比达 60.75%；2014 年至 2016 年，全省法院决定救助案件 3650 件，救助金额 9085.85 万元。

一、提升认识站位，加强赔偿审判工作组织领导

推进赔偿审判工作科学化规范化发展，是落实宪法保障人权规定的需要，也是贯彻司法为民、提升司法公信的需要，更是推进法治中国建设、全面依法治国的需要。福建高院党组高度重视赔偿审判工作，多次召开党组会、审判委员会研究部署，反复强调要提高思想认识，把深化赔偿审判改革摆到深化司法体制改革、推进国家治理体系和治理能力现代化的高度来认识，积极探索实践，不断创新完善，建立健全体制机制，不断提升赔偿审判改革工作水平，努力为全国法院提供可借鉴可推广的福建经验。为推动赔偿审判工作顺利开展,福建高院加强统筹协调,优化配置赔偿审判资源,理顺工作机构,不断加强和充实赔偿委员会人员,及时成立省法院司法救助委员会,由第一副院长担任委员会主任。在重大案件的审理过程中,院长亲自召集会议听取情况汇报,提出工作要求,部署工作任务;分管院领导具体指导,筹划审理步骤、斟酌应对措施、把关对外文书,重大案件亲自参加审理;同时,院内各相关部门协同配合、统一行动。通过坚强有力的组织领导形成强劲合力,为重大案件依法稳妥审理提供了有力保障。

二、扩展工作平台,争取形成多方面工作合力

福建法院认识到赔偿审判工作是一项综合性、系统性都很强的工作,涉及赔偿义务机关、政府财政、司法行政等部门,需要案件审理、协调化解、法律援助和心理疏导等方面的配合衔接。福建法院致力于扩展赔偿审判工作平台,注重与社会相关各方良性互动,形成正向合力,让更多的社会力量参与其中。例如,积极争取人大、纪检和财政等有关部门的支持,强化赔偿委员会审判职能,落实国家赔偿款项;将省司法厅的法律援助点对点地引入国家赔偿,将省妇联丰富的心理咨询专家资源导入国赔案件。同时,福建法院积极利用在案件审理中构筑的良好业态环境,在被害人亲属安抚、申请人案外补偿等方面上,在案件最终有效化解、赔付切实到位和协调意见落地等工作上,注重依靠当地党委、政府及赔偿义务机关的支持与配合。

三、健全工作机制,推动赔偿审判工作有序运行

福建法院积极探索,大胆创新,着力建立健全赔偿审判体制机制,为依法稳妥审理案件,特别是为妥善化解重大、疑难、复杂案件,提供了坚强有力的制度保障。建立健全重大案件内部衔接机制。对于有可能宣告无罪并可能引发国家赔偿的重大敏感案件,国赔办提前与刑事审判(审判监督)部门联合会商,协同配合,心往一处想,劲往一处使,做好整体工作方案,保障形成审判合力。建立健全大要案报告机制。对于重大复杂案件,福建高院在案件审理的各个环节,第一时间及时向最高法院和省委政法委报告案件的受理情况、拟定的审理预案及审理进程,主动争取指导和支持,让执法办案各项工作在法律轨道上有序运行,确保案件审理的正确方向。建立健全法律援助机制。福建高院与福建省司法厅联合建立国家赔偿法律援助制度,为有特殊困难的国家赔偿请求人指定专业的法律援助律师,依法保障赔偿请求人充分行使国家赔偿请求权，受到了最高人民法院和司法部的充分肯定。建立健全全程协商机制。福建法院将协商机制贯穿于案件审理全过程，尽最大可能促成协商，特别是对于那些损害事实难以查明、致害责任难以分清的案件，积极促成以协调、和解的方式结案，使纠纷得到实质性解决，实现案结事了人和。建立健全心灵抚慰机制。福建高院赔偿办和福建省妇联法律服务中心合作建立国家赔偿案件心灵抚慰机制，通过对受害人及其家属的心理疏导、善后安抚，化解他们心中的积郁和怨愤，既解法结，又解心结，抚平赔偿请求人心灵创伤。如对陈军再审无罪赔偿案，福建高院在全国首次启用心灵抚慰机制，在案件妥善化解的同时，也激励了陈军母子拥抱新生活的信心和勇气。这一项引导和鼓励受害人回归生活的阳光机制取得良好效果，得到了最高法院的充分肯定，《人民法院报》也进行了推介。

四、妥善衡平利益，着力提升赔偿审判工作实效

福建法院充分认识到平衡艺术的运用是化解案件的关键环节，注重多种考量因素之间的平衡，增强案件处理结果的可接受性，帮助当事人解决实际困难。注重被告方与被害方利益补偿的平衡。国家赔偿案件中的受害人是刑事案件中被宣告无罪的被告方，因此国家赔偿案件不应单向、孤立办理，在拟定工作预案、协调化解方案、确定赔偿数额等方面都应当统筹考量相关刑事案件被害方的利益和感受，避免激起被害人及其亲属的强烈反应。如念斌案，刑事案件被害人家属情绪对立，难以理解曾经的犯罪嫌疑人竟可获取国家赔偿，基于此，在刑事诉讼程序中，福建高院赔偿办提前介入，与刑事审判部门一同对被害人亲属做了大量利益评估、心理抚慰等工作。注重结果之间和类案之间的平衡。一方面，注意同一案件各赔偿请求人之间最终赔付金额的平衡，不致差距太大而引起当事人的心理失衡，使案件的处理结果能够得到各方认同。在陈夏影等人再审无罪赔偿案的审理中，平衡的审理艺术使案件的处理结果得到各方认同，最终促成案件的妥善化解。另一方面，注意类案之间的平衡，既与本省的类案平衡，也与兄弟省市的类案平衡。经过平衡后的案件处理结果，赔偿请求人容易接受，赔偿义务机关以及社会各方面也容易接受。注重精神损害赔偿的平衡作用。根据有关司法解释规定，精神损害抚慰金的具体数额，原则上不超过人身自由赔偿金、生命健康赔偿金总额的35%。如果机械适用这一规定，国家赔偿的“抚慰”功效也将大打折扣。在审理陈科云等人二审改判无罪赔偿案时,福建高院根据案件的具体情况,结合本省经济、社会的发展水平特别是赔偿请求人和赔偿义务机关所在地的平均生活水平,综合考量同类案件在本省以及全国的处理情况,灵活确定精神损害赔付比例,实现精神损害抚慰金与人身自由赔偿金之间的平衡。注重法内救济与法外安抚的平衡。国家赔偿是法定赔偿,法定范围的赔偿十分有限,对赔偿请求人提出的合理诉求,并不能完全在法定框架内实现。因此,以恰当的方式回应和实现赔偿请求人的合理诉求,是福建法院国家赔偿工作人员的司法担当。福建法院在做好对赔偿请求人法内救济的同时,亦根据案件的不同情况,做好法外安抚工作,解决好赔偿请求人的实际困难问题,促进社会平安和谐。在陈夏影等人再审无罪赔偿案中,福建高院通过多方努力,协调福清市政府给予陈夏影等人适当补偿,是案件得以协调化解和做好善后处理的重要因素。

此外,福建法院围绕“救助制度法治化、救助案件司法化”的目标,用改革的方法健全国家司法救助工作体制机制,把司法救助纳入法治轨道,发挥司法救助制度应急济困的作用。福建高院多次召开党组会议,强调深化国家司法救助改革,是司法体制改革的重要内容,要充分认识新形势下深化国家司法救助改革的重要意义,切实把改革任务落实到位。为促进司法救助工作规范化运行,福建高院与有关部门联合下发《福建省国家司法救助实施办法》,根据最高人民法院文件及时出台《福建法院国家司法救助实施细则》;全国法院国家司法救助改革推进会召开后,及时主动向省人大、省政府、省委政法委等汇报、通报司法救助工作情况,同时,多次配合最高人民法院、省委政法委开展司法救助调研工作。为积极构建“政府支持、部门负责、相互联动、社会参与”的国家司法救助保障体系,紧紧依靠党委领导,积极争取政府支持,主动向省财政部门争取设立司法救助专项资金,建立健全司法救助经费保障机制。积极与省委政法委沟通协调,推动财政部门提高省级司法救助金总额,扩大法院司法救助比例,2014年以来,在省级国家司法救助金总额中,福建高院每年争取的救助金份额均达60%以上。

推进国家赔偿和司法救助工作制度化、规范化,全面提升赔偿审判工作质效,增强人民群众获得感,是人民法院所应承担的历史使命和重要职责。下一步,福建法院将认真学习宣传贯彻党的十九大精神,以习近平新时代中国特色社会主义思想为指导，牢固树立“四个意识”，认真贯彻落实本次会议精神，坚持不懈抓好赔偿审判队伍建设，规范赔偿审判行为，努力培养一支适应赔偿审判发展趋势的正规化专业化职业化法官队伍，多措并举推进新时代国家赔偿和司法救助工作，为全面推进依法治国、加快建设社会主义现代化强国作出新的更大的贡献。

明确思路　狠抓调研　勇于创新
努力推动新时代国家赔偿救助工作科学发展

(浙江法院经验交流材料)

一、明确思路重点,扎实推进赔偿救助工作

1. 明确重大冤错赔偿案件指导思想和工作目标,努力提升办案综合效果。2013年以来,浙江高院先后依法纠正"叔侄强奸案""萧山五青年抢劫案""施卫兵强奸杀人案"等重大冤错案件,引起了各方高度关注。为妥善化解后续国家赔偿纠纷,恢复提升司法公信力,避免引发舆论不当炒作,我院提出了"依法保障赔偿请求人合法权益,充分体现以人为本司法关怀,从优用足救济手段"的指导思想和"矛盾不上交、舆论不炒作、当事人不上访"的工作目标。按照上述指导思想和工作目标,浙江高院依法及时赔偿,积极做好补偿工作,有效应对舆情,案件圆满处理,至今没有一起重大冤错案件当事人申请最高人民法院赔偿委员会作出赔偿决定。

2. 找准本省司法救助改革的主要梗阻,围绕内外两个重点深入推进改革。2016年,最高人民法院全面部署人民法院国家司法救助改革工作,明确提出"救助制度法治化、救助案件司法化"目标,规定各级法院设立国家司法救助委员会并由赔偿办行使司救办的职能。但长期以来,浙江全省法院司法救助工作一直由立案信访部门负责,资金预算、审批由政法委决定,法院内部对司法救助的功能定位还停留在信访维稳上。浙江高院详细分析了全省法院司法救助工作现状和改革的要求,决定重点从两方面推进改革:内部将职责从立案庭归口到赔偿办,外部促使政法委取消审批权。在具体推进过程中,浙江高院党组高度重视,亲力亲为。一方面,多次开展专题讨论,迅

速达成共识，认为：从法理上看，国家赔偿、补偿和救助都以“国库理论”“公共负担理论”为法理基础，都属于化解矛盾、救济受害弱者的国家责任范畴，三者紧密相关，互为补充。从实践来看，原先的信访救助弊端突出，新形势下的国家司法救助工作面临从“维稳”转向“维权”的重大改革：一是从信访救助为主转向刑事被害人救助、执行救助等全面覆盖各项审判执行工作的救助；二是从诉讼结束后的事后救助转向审判执行过程中的事先救助；三是从以息诉罢访为条件的信访救助转向审判执行工作中的常态化救难救急。将司法救助工作的职责归口到赔偿办，既有法理基础，也顺应实践需要。另一方面，通过正式汇报及口头沟通等方式，积极争取省政法委和财政厅支持。经沟通，省政法委及时修改了《浙江省司法救助实施办法》，从政法委行使审批权改为由法院直接作出国家司法救助决定书并报其备案。同时，在省财政厅的支持下，浙江高院提高单位预备金额度，明确先由单位预备金垫付司法救助金，保障国家司法救助的救难救急的功能。

由于思路和重点明确，推进措施有力，各项司法救助改革工作进展比较顺利。截至 2017 年 10 月，全省 105 家法院，其中 103 家法院均已经按要求改革到位。据不完全统计，浙江省法院系统司法救助案件稳步增长，居全国第 5 位。目前，全省法院国家司法救助工作改革的重心已经转移到设立法院独立司法救助预算和审理规范化上来。

二、狠抓调研指导，切实促进良法善治

1. 加强常规调研指导工作。鉴于赔偿办与行政庭合署办公，近年来行政案件压力较大的实际情况，为保持、提升国家赔偿办案法官的业务水平，浙江高院赔偿办采取多项措施，加强日常调研指导工作。一是充分利用全省法院内网“部门动态”栏目，以通报、动态、案例等各种形式，全面加强调研指导工作。其中，每季度发布工作动态这项工作，已经连续坚持了 5 年。二是及时收集审判实践中的疑难问题，编印《全省国家赔偿典型案例选》、《国家赔偿工作手册（一）》和《国家赔偿、司法救助工作手册（二）》，制定《关于办理司法救助案件流程的通知》和问题解答一、二等指导资料。三是加强业务培训，除参加最高法院组织的培训外，每年都专门举办赔偿业务培训班，邀请全国知名的专家和学者授课，已经连续举办五期。此外，还踊跃参加最高法院的各项调研、评比活动，连续几年在全国法院赔偿条线评比中名列前茅。

2. 坚持发布司法审查白皮书。在充分深入调查研究的基础上,浙江高院赔偿办先后起草了《浙江法院国家赔偿司法审查报告(2011—2012年)》《浙江省国家赔偿司法审查报告(2013—2015年)》《关于国家赔偿法实施20年的调查与思考》等多份司法审查白皮书,并印发全省各级法院及相关部门。最高人民法院江必新、陶凯元副院长先后批示予以肯定。在《国家赔偿法》实施20周年之际,浙江高院专门还举行了新闻发布会,向全社会介绍法院国家赔偿工作情况,发布国家赔偿典型案例,宣传国家赔偿法律。

3. 大力开展专题调研。2010年《国家赔偿法》修改之后,精神损害赔偿问题广受关注。按照最高人民法院关于精神损害赔偿各地可以先行先试的指示,浙江高院在专题调研基础上,于2013年3月18日出台了《关于在国家赔偿审判中确定精神损害抚慰金问题的会议纪要》,明确国家赔偿精神损害抚慰金的计算标准。按照此纪要确定的"叔侄强奸赔偿案"的精神损害抚慰金,被媒体称为"具有里程碑意义"。在此基础上,浙江高院还申报了最高人民法院重点调研课题《关于国家赔偿制度精神损害赔偿的调研》,拟定了司法解释建议稿,并公开出版了《国家赔偿精神损害赔偿实证研究》一书。2017年,针对国家司法救助工作改革中的新情况、新问题,浙江高院赔偿办又申报了全省法院的重点调研课题《关于完善国家司法救助机制的调研》,联合基层法院、大专院校学者,在全省法院范围内展开调研,起草了调研报告、《关于完善国家司法救助工作机制的若干意见(征求意见稿)》和统一规范的配套文书等。

4. 及时提出立法建议。针对调研反映出来的问题,浙江高院先后通过全国人大、省人大代表、省政协委员分别向全国人大、省人大、省政协提出《关于尽快修改国家赔偿法,确立国家赔偿中刑事补偿责任的议案》《关于尽快将国家司法救助制度予以立法的议案》《关于我省设立国家赔偿补偿基金的建议》《关于尽快将司法救助工作列入我省地方性法规立法规划的提案》等多个立法议案、提案和建议。今年上半年,浙江省人民政府根据省政协委员的提案制定了行政规章《浙江省国家赔偿费用管理条例实施细则》,社会反响良好。

三、勇于开拓创新,不断提升工作质效

1. 积极回应社会关注的法律问题。国家赔偿贯彻法定赔偿原则,但其法律规定比较原则，个别规定有一定滞后性，例如关于直接损失的相关规定。最高法院对此亦未作出更为明确的司法解释。但近年来的重大冤错案件中，赔偿请求人往往要求赔偿律师费、交通住宿费等，这些诉求有一定合理性，但却缺乏现有法律和司法解释的支持。为此，浙江高院作出了探索性规定，允许辖区法院根据案件具体情况，在不超过受害人实际支出的前提下，经协商确定适当赔偿金额，将其以其他直接损失名义纳入赔偿范围，以促使受害人服判息诉。在施卫兵强奸杀人无罪赔偿一案，浙江高院将律师费等以其他直接损失名义赔偿，得到财政部门的支持。又如，浙江省的国库支付办法与国务院《国家赔偿费用条例》规定不一致，导致赔偿金无法在法定期限内支付。重大赔偿案件法院主动与省财政厅联系，商请其开辟支付赔偿金的“绿色通道”。每次作出赔偿决定后，同时向省财政厅寄发赔偿决定书，省财政厅预先做好赔偿金的拨付准备。为了让赔偿请求人尽快拿到赔偿金，要求请求人在签收赔偿决定书的同时提出支付申请。省财政厅接到的支付申请后，马上办好赔偿金的拨付手续，提前将赔偿金支付到位。

2. 延伸国家司法救助的职能。按照现行中央政策和最高法院文件，国家司法救助主要是指人民法院在审判、执行工作中，对权利受到侵害无法获得有效赔偿的当事人，解决其生活面临的急迫困难所采取的一次性辅助性救济措施；但同时仍允许一定范围内的涉法涉诉信访“维稳”救助，换言之，其还具有一定的补偿功能。在国家补偿法迟迟未能出台的前提下，国家司法救助具有进一步拓展职能的空间。浙江高院提出要谨慎探索补偿性质的国家司法救助，对于司法机关的过错导致案件当事人合法权益受到损害，依法无法予以国家赔偿的案件，允许通过司法救助进行适当补偿。例如，齐韵玉因其父亲刑事错杀一案，向浙江高院申请赔偿。根据最高人民法院司法解释规定，《国家赔偿法》实施之前，当事人因错误刑事裁判侵权造成损害的，国家赔偿不予立案，只能依照当时政策补偿。而本案因其父亲有罪一直未予补偿，而现在依照当时的政策，补偿标准又太低。高院就通过支付 5 万元司法救助金予以补偿，圆满解决了本案的历史遗留问题。

3. 合理划分救助案件决定权限。国家司法救助救难救急，效率原则应当是第一位的，金额不高的司法救助案件，烦琐的审理程序就没有必要。浙江高院对 3 万元以下国家司法救助申请，原则上由业务部门合议庭审查确定,由司法救助委员会办公室及时办理手续。3万元以上10万元以下的案件由司法救助委员会办公室与原案件承办人共同组成合议庭讨论确定,10万元以上的司法救助金则由司法救助委员会集体讨论决定。3万元以下的国家司法救助案件,出具生活困难等证明手续不便的,可以调查笔录和申请人承诺书代替,进一步调动审判人员做好国家司法救助工作的积极性,努力将涉法涉诉信访矛盾化解在审判执行阶段。

固本强基　行稳致远
推进国家司法救助办案规范化

（北京法院经验交流材料）

最高人民法院党组“推动救助案件司法化、救助制度法治化，确保国家司法救助在法治轨道上有序运行”的改革目标，为推动人民法院国家司法救助改革和科学发展指明了方向，是党的十九大提出的“弱有所扶”思想方略坚实的司法保障。北京高院党组决定以此为引领，推进国家司法救助办案规范化、专业化建设，是救助工作的固本强基之策、行稳致远之道。救助案件办理规范化的直接目的是提高救助工作质效，确保司法公正；最高目标是实现习总书记“让人民群众在每一个司法案件中都感受到公平正义”的要求。

一、北京法院国家司法救助办案规范化的做法

当前，北京法院国家救助办案规范化建设侧重于制度的建立健全，高院党组将编制、实施《北京法院国家司法救助案件办理规范》作为推进国家司法救助办案规范化建设的重要抓手，在指导思想上主要把握以下三个结合：

一是与北京法院规范化建设相结合。北京高院党组将规范化建设作为深化司法改革的重要内容和统一法律适用、促进严格司法的重要举措；作为破解法院工作难题，打基础、利长远的“一把手”工程。2017 年 3 月，北京法院编写《北京法院国家司法救助案件办理规范》作为规范化建设的一项重要内容立项。随即由高院赔偿办牵头，抽调了三个中级法院、两个基层法院的骨干法官着手规范的编写工作。6 月，组织有关专家、学者进行了论证，并向全市法院相关审判、行政部门征求了意见。8 月，向全市法院发布、实施，这也是第一个在规范化建设中发布实施的办案规范。

二是与北京法院信息化建设相结合。周强院长强调,全面深化司法改革、全面推进信息化建设,是人民法院两场深刻的自我革命,是实现审判体系和审判能力现代化的必由之路,是人民司法工作发展的"车之两轮、鸟之双翼"。救助工作规范化建设正值北京法院信息化转型升级,全面建设"智慧法院",两者结合,既破解了救助工作中的难题,也深化了信息技术应用,法官的深度参与研发,更使法院信息化建设焕发出新的活力。北京高院研发了国家司法救助案件审判业务系统、将《北京法院国家司法救助案件办理规范》内嵌于信息化、智能化、开放性的大数据平台,实现了全市法院国家司法救助工作的统筹管理;方便了法官、司法行政人员的学习、查阅;实现了三级法院救助信息共享,解决了法院内部的重复救助、多头救助问题;实现了联动案件信息多跑路,当事人少跑腿。

三是与国家司法救助案件办理特点相结合。办案规范要真正有用,就必须要符合案件特点和司法规律。根据救助案件的非诉性,且涉及审判、执行、司法行政等多个部门的多个工作环节的特点,北京高院在规范的顶层设计上突破了诉讼案件办理程序的既有范式,既突出了司法特点,又具有较强的可操作性。例如,针对依职权启动的救助案件,对事前审查权限、审批流程、案件移送进行了详细规定;针对救助金需要行政审批的特点,将司法行政部门资金审批、发放流程纳入规范的内容。

二、北京法院国家司法救助办案规范化的成效

北京高院邀请来自中央政法委、最高人民法院、最高人民检察院、北京市委政法委、中国政法大学的有关专家、学者对《北京法院国家救助案件办理规范》(以下简称《救助案件办理规范》)进行了论证。专家、学者一致认为,规范把握了最高法院党组有关司法救助法治化、救助案件司法化的改革方向,结合了北京法院审判特色,系统全面,司法特点突出,可操作性强,且具有前瞻性,是党中央、中央政法委、最高人民法院相关政策的规范化、流程化处理,有利于政策的落地和实体化。具体成效有以下几个方面:

一是规范了司法行为。《救助案件办理规范》规定了从启动救助直至案件审结、执行完毕的基本程序、规范和方法,制定了19个救助案件文书、表格样式。为法官、司法辅助人员、司法行政人员提供明确、具体的行为指引和释疑,及时提示和预警可能出现的不规范行为,解决了各个工作环节无章可循、无据可依的问题,加强了办案流程管理。

二是统一了裁判尺度。《救助案件办理规范》制定了救助案件的实体审查规则和救助标准;总结、提炼既往救助经验,明确案件办理中的各类问题,为法官提供了事实审查和司法政策适用路径;将办案中的易发、多发错误进行提示、释疑,指引法官减少办案瑕疵,既尊重法官的主体地位,也明确了自由裁量权的边界,引导自由裁量权依规有序行使,进一步统一了裁判尺度。

三是确立了绩效考核依据。《救助案件办理规范》对中央政法委、最高人民法院、北京高院的明确工作要求进行汇编,包括强制性要求和提倡性要求,并嵌入审判管理系统,作为考核依据,将司法责任制落到实处。

四是建立了廉政风险防控机制。针对救助工作法院主导、救助案件法官裁量权过大的特点,在顶层设计上着力加强对权力运行的制约和监督,把权力关进制度的笼子里,针对救助工作各个环节的廉政风险点,通过制定立案前审查报批制度、回避制度、合议庭及司法救助委员会案件评议制度、救助金审批发放制度、联动救助报备制度,建立了涵盖国家司法救助案件办理各个环节的不敢腐、不能腐的防范机制,从根本上铲除滋生腐败的土壤。

自 2016 年 10 月 1 日开始规范化受理国家司法救助案件以来,北京法院共办理救助案件 365 件,发放救助金 2299.36 万元,帮助 470 位诉讼中无法获得有效赔偿又生活困难的当事人摆脱了困境。

探索司法救助规律　完善“四化”工作机制 不断开创天津法院司法救助工作新局面

（天津法院经验交流材料）

按照最高人民法院司法救助改革工作部署，天津高院以“救助制度法治化、救助案件司法化”为目标，贯彻标准化工作思路，改革司法救助工作制度，创新司法救助工作举措，建立了责任部门、案件受理、救助范围、办理程序、救助标准和经费保障“六个统一”，加强刑事被害人救助工作“一个加强”，法院内部以及法院与其他机关、司法救助与社会救助、本市救助与外省市救助“三个联动”的工作机制，得到了中央政法委、最高人民法院、天津市委各级领导高度认可，也得到专家学者、媒体的充分肯定。在今年9月中央政法委组织的全国推进涉法涉诉信访改革培训会以及2016年9月最高人民法院组织的全国法院司法救助工作改革推进会等多次全国国家赔偿工作会议上，专门介绍推广天津经验。同时，天津市司法救助改革的成效与经验被中央政法委《政法通讯》、最高人民法院《改革动态》、中共天津市委全面深化改革领导小组办公室改革工作简报、《人民法院报》头条、《中国审判》等内部文件及多家新闻媒体刊发、报道。2017年3月全国“两会”期间，天津市市长王东峰还在亮点工作中对司法救助“天津经验”进行了点评。自2016年9月9日全国法院司法救助工作改革推进会召开之后，天津继续努力，勇于创新和探索，司法救助工作取得了新进展、新成效，创立和完善了“工作标准化、资金动态化、巡查制度化、流程规范化”的司法救助工作“四化”工作机制。

一、救助工作标准化，构建救助标准“3+1”模式

为进一步推动司法救助工作案件化、规范化、法制化，出台了《天津法院国家司法救助工作标准(试行)》(以下简称《标准》),分十个部分对天津法院司法救助工作中的机构组成、申请条件、办理流程、救助金标准、救助金发放等制定了具体标准,实现了司法救助工作常态化、司法救助制度标准化。《标准》针对个案的救助标准这一核心问题,构建了整体双限,区间救助的天津司法救助标准"3 +1"模式,既保证了司法救助案件整体上的公平公正,又保留了一定范围的自由裁量权以应对个案的差异性。

一是"整体双限"。即个案救助金额不能突破的两条红线,第一条线是上一年度职工月平均工资为基准 36 个月工资的总额,这条界限自六部委《关于建立完善国家司法救助制度的意见(试行)》之后公布的系列规范性文件均有规定;第二条线是实际遭受的损失,这条界限是根据《最高人民法院关于加强和规范人民法院国家司法救助工作的意见》第 6 条的基础上总结得出。

二是"3 +1"模式。"3"是指在确定救助金额上限的基础上,将救助金额划分为 3 个区间,即 36 个月工资总额 50% 以下、36 个月工资总额 50% ~ 80%、36 个月工资总额 80% ~ 100%,通过对依法应当判决数额、已执行数额、无法获得有效赔偿数额、申请人劳动能力情况、是否符合低保条件、是否患有重大疾病、是否以被害人收入为主要生活来源、权利人对损失的过错程度等因素的审查,测定权重,考虑困难程度、急迫程度、伤病残情况最终决定个案的救助数额。" +1"是针对刑事被害人救助中,刑事附带民事判决不判处死亡赔偿金及残疾赔偿金导致赔偿数额偏小的现状,特别对刑事被害人救助数额作出了突破,在不超过 36 个月工作总额的前提下,救助数额可适当超过实际遭受损失。

二、资金保障动态化,努力提高资金使用效益

为保障更广泛的困难当事人及时得到司法救助,天津市法院对司法救助资金的分配和使用采取申请人本位,一切以及时维护申请人的合法权益为目标进行使用分配。自 2015 年起,天津市财政每年向法院拨付司法救助专项资金 2000 余万元,在清理完毕历史积案后,已基本满足工作所需,资金保障不再成为制约司法救助工作开展的"瓶颈"。对司法救助专项资金的使用管理,结合"省以下人财物统一管理"改革理念,采取了结构扁平化、监管平台化、拨付动态化的工作模式。

一是资金结构扁平化,提高救助效率。高院将市财政拨付的司法救助专项资金全部拨付至各级法院司法救助资金专用账户内,不对资金进行直接管控,各级法院根据本院的司法救助案件情况可以自主决定专项资金的使用。天津法院通过资金使用的独立保证救助案件的审判独立性,同时也保障了救助的及时性。

二是资金监管平台化,保障资金正确使用。天津高院司法救助委员会与信息化部门联动,在院领导的支持下,以现有的案件信息管理系统为基础,开发新程序,将司法救助专项资金账户的资金流动情况纳入资金管理平台,便于高院及时对全市法院的司法救助专项资金使用情况进行实时监控,发现异常及时调研指导,提高资金监管的智能化水平。

三是资金保障动态化,提高利用效率。为提高专项资金使用效率,平衡各院资金池,天津高院通过资金管理平台反馈的各院救助资金使用情况,对资金使用符合标准化规定的法院及时拨付专项资金,填平补齐,保证各院的资金池总量平衡,2017年天津各院司法救助资金池均基本保持在100万元左右浮动。

三、定期巡查制度化,发现问题及时整改

通过近几年的不懈努力,天津法院的司法救助工作已经完成了从个别试点到全面铺开的转变,以点带面,全面推广,天津三级法院的司法救助工作已经逐步进入良性轨道。从今年开始,天津高院确立了定期巡查制度,每年都对全市法院的司法救助工作情况进行逐一巡查,目的是总结经验,查找问题,及时纠正。不久前,今年的巡查工作已经全部完成,目前全市大多数法院积极开展司法救助工作,严格落实《天津市法院国家司法救助工作标准》,全市有15家法院还因地制宜制定了本院的司法救助工作细则。通过巡查发现,整体司法救助工作标准化总体合格率超过80%,此项工作已经逐步向案件化、标准化的目标迈进。

巡查中还发现了一些对司法救助工作进行探索创新的典型,如天津市第一中级人民法院在司法救助过程中提出救助程序前置,做到"救早、救小"的理念,很好地体现了司法救助的基本精神。天津市河北区人民法院通过救助正在审理的刑事案件被害人家属,因案制宜,救早救小,尝试一次审批,分批发放的新型救助模式,实现对困难群体的精准帮扶,体现了司法救助的及时性和人文关怀。天津市武清区人民法院实现了进行执行救助后，执行到位资金回流补充司法救助专项资金的尝试。天津市北辰区人民法院、蓟州区人民法院严格把握救助条件，对不符合救助条件的申请依法做出不予救助的决定。

四、救助办理规范化，全面提升救助工作水平

为减少司法救助审判中的随意性和差异性，天津法院将司法救助案件纳入审判绩效考核体系，强化了司法救助案件的内部监督，细化流程节点，对司法救助案件的工作流程进行了科学、有效、精细的规范。

一是实行繁简分流。按照司法救助案件的客观发展规律来看，案件数量的不断上升是必然趋势，但司法救助委员会的组成人员往往是相关业务部门的一把手，难以随时集中对案件进行讨论研究，大量案件的出现必然导致个案办案效率的降低，这对司法救助案件的及时性原则会产生损伤。天津法院大胆探索，对司法救助案件的决定机制进行繁简分流，用标准化文件进行规范，充分发挥合议庭、救助委员会、审判委员会在不同案件不同审判阶段的职能：合议庭负责一般案件的审查，合议庭不能达成一致意见或者救助数额超出一般标准的，提交救助委员会决议；案件情况特殊的，由救助委员会主任提交审判委员会讨论决定。繁简分流，精简环节，各负其责，既保证了案件质量，又保持了及时性原则。

二是规范救助审查，保障依法维权。确保依法及时受理和审查司法救助申请，畅通救助渠道，减少困难群众因救助无门而发生的信访案件。积极推进司法救助工作的专业化，既发挥了司法救助化解信访矛盾的功能，又避免了因司法救助不公产生的重复信访。将救助工作设置为提起—审查—决定—发放四个环节，一案一议，减少审批环节，大大提高了司法救助的审查效率。

三是强化救助公开，促进矛盾化解。全面推行救助公开，最大限度保障人民群众的知情权和监督权。通过公开救助的示范效应，引导困难群众和上访人理性申请救助、客观看待救助决定，最大限度发挥国家司法救助预防和化解信访矛盾的作用。首先，公开救助的资格条件和救助标准，使救助申请人作出准确预判，防止“漫天要价”。其次，公开案件流程信息，救助申请人从案件受理之日，即可凭密码对案件的案号、案由、立案日期等立案信息以及合议庭组成人员、流程节点等案件信息进行查询,及时了解救助工作进展。最后,公开文书,《司法救助决定书》向救助申请人送达,并在人民法院裁判文书网予以公布,接受社会各界监督,倒逼司法救助案件办理质量的提升。通过司法救助的公开透明,发挥示范引领作用,使符合救助条件的困难群众和上访人理性申请救助,有效防范"漫天要价",实现依规公平救助。

经过近三年的实践探索,天津法院的司法救助工作积累了宝贵经验,建立了相对完善的工作机制,更有信心立足新起点,积极探索,不断创新,全面提升司法救助工作水平,开创天津法院司法救助工作新局面。

建章立制　改革创新
内蒙古法院国家司法救助工作呈现良好开局

（内蒙古自治区法院经验交流材料）

自最高人民法院下发《关于加强和规范人民法院国家司法救助工作的意见》以来，特别是"全国法院司法救助工作改革推进会"以后，内蒙古自治区各级法院以"救助制度法治化，救助案件司法化"为目标，在按时完成全区法院司法救助机构建设和人员配置的同时，学习、借鉴兄弟法院先进经验，从抓基础性的新制度、新机制建设和资金保障入手，务实开展工作，国家司法救助工作呈现良好开局。

一、立规建制在先，确保国家司法救助工作规范、有序运行

国家司法救助制度改革的主要目标就是将过去"事出多头"又缺乏统一制度规范的救助资金审批制，改革为以"六个统一"为核心内容的案件审理制，逐步实现国家司法救助"制度化、规范化"。在认真领会改革精神的基础上，我们认为推行司法救助司法化必须首先掌握此类案件的特点和运行规律。国家司法救助案件与人民法院受理的其他类案件相比的不同点在于：其一，该类案件处理的不是纠纷和争议，与一般诉的概念不同，是国家单方面对生活面临急迫困难的特殊涉诉当事人的应急性救助；其二，国家司法救助案件是以其他诉讼案件的存在为前提，并作为评价能否予以救助的重要因素；其三，虽然国家司法救助案件的启动最终体现为当事人的申请，但从实现国家司法救助二元功能角度，现阶段人民法院在诉讼程序中依职权主动发现和引导仍然是促使案件当事人及其亲属提出救助申请的主要方式，而且从长远看也有助于实现救助的精准化，能够避免因驳回申请而引发新的矛盾。综合国家司法救助案件以上特点,并根据内蒙古自治区的实际情况,内蒙古自治区将实现司法救助案件司法化的基础落实在首先建立一套规范司法救助案件程序启动、立案、审理、执行等实务操作层面的制度,以明确各相关业务部门的协同配合关系,避免改革前后司法救助工作出现空档,保障救助案件司法化改革顺畅落地运行。为此,内蒙古自治区高院赔偿办(司救办)先行探索,起草了《内蒙古自治区高级人民法院关于国家司法救助案件运行程序的暂行规定》(以下简称《暂行规定》),在充分征求其他相关业务部门意见后,提交司法救助委员会讨论通过并下发全区执行。该规定从以下几个方面对司法救助案件的程序运行作出规范:

一是在司法救助程序启动环节规定了原办案部门与司救办的沟通衔接机制。主要内容为:原案件审理部门在发现相关当事人存在需要救助情形的,在告知相关当事人前,应当先行告知司法救助办公室(赔偿办),在形成初步一致意见后,再由原办案部门指导相关当事人提交救助申请和其他证明材料,一并向司法救助办公室移交。司法救助办公室审核后,报立案庭给定案号立案,正式进入审理程序。多数司法救助案件以人民法院主动发现为启动方式的条件下,这样做的好处在于,一方面有利于提高司法救助的精准性;另一方面有利于与原办案部门形成合力,促进案结事了,避免出现各行其是、互相推诿的情况。

二是在案件审理环节,创新合议庭组成模式。规定可跨庭室将原案件承办人纳入司法救助案件合议庭,充分发挥原案件承办人熟悉案情和救助申请人具体情况的优势,既有助于提高案件审理效率,避免重复劳动,也有利于充分利用审判资源,缓解赔偿办人手不足的压力。

三是在支付环节,明确了司法救助办公室与院财务部门的分工协作关系,保证救助款能够及时发放。救助案件司法化改革后,根据司法救助案件的特点,救助款的支付必然是案件审理不可分离的环节,而司法救助资金账户又由院财务部门负责,因此必须建立一个既能符合财务管理制度,又能满足案件审理程序需要的衔接制度。为此《暂行规定》明确,由司法救助办公室负责向院财务部门提交救助决定书等财务审批材料,财务部门负责完善内部审批手续,再由司法救助办公室向救助申请人办理文书送达、救助款发放前相关手续等程序事项,并告知财务部门向救助申请人发放救助款。

上述规定的目标是注重实务细节和可操作性，并从我区实际出发，使救助案件审理的每一个环节均有章可循。现行《暂行规定》是内蒙古自治区法院在“救助制度法治化，救助案件司法化”改革开局中迈出的坚实一步，但仅解决的是保证司法救助案件能够正常运转起来，今后随着审理经验的不断积累，还会进一步完善，争取形成一套更为细致的司法救助办案体系。

二、合理划分职权，确保委、办权责明确、各司其职

内蒙古自治区高院在探索构建司法救助办案制度体系中的另一项举措是，在已制定实施的《内蒙古自治区高级人民法院关于国家司法救助案件运行程序的暂行规定》和《内蒙古自治区高级人民法院司法救助委员会工作规则（试行）》中，将司法救助委员会的一部分救助案件决策权授予司法救助委员会办公室。鉴于司法救助委员会办公室在处理救助个案时，是采取合议制，故此项措施等同于将部分救助案件的决策权直接赋予合议庭。如此设计的原因在于：一是司法救助委员会并非实体化办案机构，是由各相关业务部门人员组成，不可能随时召集会议研究每一个案件，只能仿照赔偿委员会采取例会制，但如此又与司法救助案件“救急”的效率要求冲突；二是将一部分救助案件交给合议庭，既兼顾了当前国家司法救助制度改革中关于司法救助机构设置的要求，也在这一特殊类型案件审理中体现了“让审理者裁判，由裁判者负责”的司法改革总体目标。

在分权的标准上，主要考虑了以拟救助金额作为依据，具体参考了我区当前人均收入水平和以往个案救助金额在全区三级法院的分布，规定为：拟救助金额于基层人民法院超过我区上年度职工月平均工资3倍、中级人民法院超过6倍、高级人民法院超过10倍的，应当报请本院司法救助委员会讨论形成决议。此标准随着每年我区职工月收入的变化而具有弹性，避免了因规定金额过死而影响制度的稳定性。今后，内蒙古自治区高院司救办还将在司法实践中进一步研究总结此措施的适用效果，并及时对划分标准作出修正。

三、打通资金渠道，确保司法救助工作顺利推进

司法救助资金能否得以保障是关系司法救助制度改革是否能够真正落实、司法救助案件办理的社会效果能否得以切实体现的关键。为此，内蒙古自治区高院在推进国家司法救助制度改革各项措施的落实中，将司法救助资金的保障和形成新的资金管理机制作为工作的重要方面,积极展开协调工作,并在自治区政法委的协调和自治区财政厅的支持下,取得了良好的开局,已基本实现了最高人民法院所要求的救助资金募集和管理模式,基本解决了司法救助案件办理的后顾之忧。具体为,自治区财政厅已同意将司法救助资金直接拨付到人民法院专项账户内,政法委仅负责对各法院拨付资金规模向财政厅提出建议,不再负责资金支出的审批。各法院可根据司法救助委员会作出的决定,自行完成支付。尤其是2017年,在当年度地方财政预算已于年初审定,无法追加的情况下,自治区政法委根据司法救助案件多集中在法院系统的情况,协调自治区财政厅将中央政法委转移支付的司法救助资金中的85%拨付到了自治区法院系统,给予自治区法院系统的司法救助工作以强有力的支持。

四、管理服务办案,确保司法救助工作的应有地位

司法救助工作在以往因其属于审批事项,内蒙古自治区各级法院一般对此项工作不纳入法官业绩考核范围,相关业务庭也仅把此项工作当作附带工作处理,在一定程度上影响了工作积极性。在推行救助案件司法化改革后,基于现阶段司法救助案件仍然以法官主动发现和引导为程序启动主要方式的特点,如何在审判管理中合理定位和评价司法救助工作,如何调动法官办理司法救助案件的积极性,无疑是促进国家司法救助制度改革措施真正落地生根、大量的救助资金得以有效使用的重要因素。从这个意义上说,对司法救助工作的合理评价也应当是落实司法救助制度改革措施的一项重要内容。基于此,内蒙古自治区高院赔偿办在推动司法救助制度改革过程中,多次向院审管办和司改办提出意见和建议,争取率先在自治区高院层面取得成效,进而推动全区法院重视司法救助工作的考核。目前已形成如下做法:

一是司法救助案件与其他案件的折算比例暂时按照1:1计算,即一件算一件。

二是原案件承办人加入司法救助案件合议庭的,自然计入其审判业绩。这也是在司法救助案件合议庭组成方面创新的附加效应,有利于提高其他相关业务庭法官主动发现和启动司法救助程序的积极性。

三是在法官绩效考核中,将司法救助委员会委员参加救助委员会会议与参加审判委员会、赔偿委员会、专业法官联席会议等同起来,一律按照会议议题数量,作为年终绩效考核的加分项。此措施有力提高了司法救助委员会委员和赔偿委员会委员参加两个委员会会议的积极性,缓解了两个委员会会议召集难的问题。

国家司法救助制度改革是推进全面依法治国,坚持在发展中保障和改善民生,落实弱有所扶要求,保证全体人民在共建共享发展中有更多获得感的一项重要举措。内蒙古自治区各级法院将以党的十九大精神为指导,深入学习贯彻习近平新时代中国特色社会主义思想,在最高人民法院的有力指导下,坚持司法为民,坚持问题导向,继续锐意探索,不断积累经验,在推进国家司法救助工作“制度化、规范化”的道路上不断取得新的成绩。

规范高效　解困纾难
不断增强司法救助工作的公正性和实效性

（陕西法院经验交流材料）

2016年以来,陕西法院认真贯彻落实最高人民法院关于国家司法救助工作改革要求,坚持应助全助、彰显正义、恪守公平的工作目标,建立健全救助工作司法化、程序化、常态化机制,着力实现审判执行与司法救助的无缝对接,规范司法审查程序,强化资金协调保障,确保依法救助、精准救助。截至2017年10月,全省法院累计拨付国家司法救助资金6500余万元,救助涉案困难群众1650余人,维护了社会公平正义,切实提升了困难群众的获得感。

一、加强组织领导,完善救助制度

完善机制是合理救助的依据和保证。最高人民法院救助改革工作部署会后,陕西高院党组高度重视,立即召开党组专题会议,传达会议精神,成立司法救助委员会,研究出台了《国家司法救助工作实施办法(试行)》,从救助原则、机构建设、程序规范、资金保障等方面提出要求、明确职责。省法院还组织召开全省范围的司法救助改革工作推进会、座谈会、研讨会,并经常深入各中基层法院开展调研指导,听取意见建议,研究解决方案。各中级、基层法院也结合实际,制定了落实司法救助工作的方案和细则,形成了统一领导、制度约束、有力有序推进的良好态势。

二、改进方式方法,服务救助对象

不断改进救助方法,强化人文关怀、方便涉案群众。一是救助前置。改变以往多在涉诉信访阶段实行救助的做法,将启动救助工作前移至刑事、民事、执行等案件办理过程中，要求审判执行部门的办案人员在承办案件时，发现存在严重生活困难、符合救助条件的案件当事人，主动告知其申请司法救助的相关条件和申请程序，由当事人准备救助申请材料并通过审判执行部门向本院立案部门提交。二是主动指导。对当事人提交申请救助材料有困难的，由承办人员指导帮助其做好申请救助材料的整理提交工作，确保不误一案、不漏一人。三是认真审查。立案庭立案时，对申请人必须提供的困难证明材料、审判执行部门的救助意见、息诉罢访承诺等进行初步审核，对符合立案条件的拟救助案件及时立案，并于当日移交救助委员会办公室具体办理；对不符合立案条件的，告知所涉业务庭补正材料后再行立案。

三、规范程序标准，确保救助合理

公正高效的开展救助工作，是彰显法治精神和社会正义的基本要求。全省法院改变以往由信访部门或会议研究决定是否救助的做法，遵循由审理者裁判、由裁判者负责的原则，统一实行合议庭审查制。每一起司法救助案件，均由原案件承办人与司法救助委员会办公室两名审判人员组成合议庭审查，司法救助委员会办公室确定一名审判人员具体承办案件。合议庭对申请人所涉案件处理情况，特别是对其生活困难情况进行进一步审查，对拟救助金数额等提出具体救助意见，统一由该承办人报请司法救助委员会讨论决定。司法救助委员会讨论案件时，除听取司法救助案件承办人汇报，还要听取原案件承办人对所涉案件处理情况的补充汇报，在全面了解案件情况的基础上作出救助决定。在实施上，对审查后决定给予司法救助的案件，统一出具司法救助决定书，并在10个工作日内将资金发放到位，确保司法救助工作的公正性、权威性与高效性，避免因救助迟缓造成群众信任感和获得感的降低。

四、强化上下联动，形成救助合力

解决救助困难、实现应助全助，是救助工作必须面对和克服的现实难题。针对基层法院救助案件多、救助资金少、救助力量薄弱等问题，省法院在联合救助上进行了积极探索。一是加强指导。对中院、基层法院符合救助条件的重大刑事和执行案件，陕西高院充分发挥指导作用，定期与下级法院沟通联系、走访调研，及时给予帮助指导。二是联合救助。对基层法院救助资金一时难以落实的案件，逐级上报中院或高院，想方设法进行救助。如在涉及人身损害赔偿案件的执行过程中,针对救助申请人因重伤致生活特别困难,而判决的赔偿款项执行法院虽穷尽措施仍然执行不能之情形,为使救助申请人能及时得到救助,采取先行由下级法院在救助能力范围内解决一部分救助资金,不足部分向上级法院请求联合救助。上级法院经过审查,对确需联合救助的情况及时立案,并依本院救助工作程序及时审查并予以救助。对于三级法院联合救助的信访案件,由省法院作出救助决定并予以救助,中院、基层法院负责人员稳控,切实缓解中院、基层法院的资金压力。三是主动排查。对审理中发现当事人面临严重困难、存在较大信访隐患以及难以通过司法程序解决实际问题的案件当事人,由省法院业务部门先行排查研究,对存在瑕疵且不宜启动再审程序的案件,统一由省法院立案并作出决定,直接落实救助事宜,给予当事人适当救助,使案件得以案结事了,避免当事人因瑕疵问题缠访上访。四是相互协作。由于同级法院司法救助合议庭成员由相关业务庭承办人和司法救助委员会办公室办案法官组成,故在绩效考核上,一个司法救助案件的标准案件折算分值亦由两个部门的承办人均分,提高了承办人办理该类案件的工作积极性,形成司法救助案件办理的工作合力。

五、密切沟通协调,保障救助资金

救助资金是开展好救助工作的物质基础。省法院积极做到"三个争取":一是定期将司法救助工作进展情况向省委领导及省委政法委进行汇报,听取意见要求,积极争取理解和支持。二是在省法院现有200万元司法救助工作专项资金的基础上,积极协调争取省级司法救助资金每年再落实400万元,以满足司法救助工作需要。三是对于当事人申请救助的案件,尽量缩短救助期限,将原来平均一两个月的资金拨付周期缩短至10日内,努力实现救助全、救助快、救助好。

司法救助工作改革以来,陕西法院积极探索,取得了一定的进展和成效,但在细化救助审核标准、加强救助公开等方面仍存在一些薄弱环节。下一步,陕西省法院将以党的十九大精神为指导,以健全司法救助制度为重点,以加强人权保障为目标,全面覆盖、精准识别、合理救助、规范高效地推进司法救助改革,推动全省司法救助工作迈上新台阶。

加强联动救助　落实精准救助
广西桂林法院司法救助工作开创新局面

（广西桂林法院经验交流材料）

近年来，桂林市中级人民法院（以下简称桂林中院）认真贯彻落实《最高人民法院关于加强和规范人民法院国家司法救助工作的意见》（以下简称《最高法院意见》），在最高人民法院、广西壮族自治区高级人民法院悉心指导下，在桂林市委政法委的坚强领导下，着力强化组织领导、实施精准救助、形成救助整体合力等有效举措，在推动司法救助工作开展、规范案件审理、落实司法为民宗旨、提高被救助群众获得感等方面取得了一定成效。截至2017年11月，全市法院共受理救助案件180件，拟给予救助501.4万元，已结案132件，救助158人，发放救助金321.99万元，促进了社会和谐稳定，为法院创造了良好的工作环境，得到了最高人民法院、自治区政法委、自治区高级人民法院领导的肯定，中央电视台二套《经济与法》栏目对司法救助工作开展情况进行了专题报道。

一、深刻领会精神，强化组织领导

《最高法院意见》下发后，桂林中院认真组织学习、深入领会精神，采取一系列措施，促进全市法院国家司法救助工作的开展。2016年7月，桂林中院党组就贯彻落实《最高法院意见》进行专题研究，确定了司法救助委员会组成人员，对制度建设、人员培训、经费争取等方面提出了具体要求。桂林中院于2016年9月5日下发《桂林市中级人民法院关于全面贯彻落实〈最高人民法院加强和规范人民法院国家司法救助工作的意见〉的通知》，并于2016年9月8日召开全市第一次国家司法救助工作会议，全面部署了贯彻落实工作;2017 年 2 月 27 日,根据全市法院司法救助工作发展现状,针对进度不快、发展不平衡、各法院缺乏业务熟练的专门工作人员等实际情况,及时下发《桂林市中级人民法院关于深入贯彻落实最高法院关于国家司法救助工作部署的通知》,指出司法救助工作中存在的问题及努力方向,3 月 29 日又召开全市法院国家司法救助工作推进会,持续推动司法救助工作深入开展。通过持续推动,形成了全市法院上下广泛重视、各部门通力合作的氛围。至 2017 年 3 月 5 日前,全市所有法院都成立了司法救助委员会。院长陈敏、常务副院长李忠林、分管副院长张德生都参与到了司法救助具体工作中,多次参与司法救助款入户发放工作。

二、落实救助前移,实施精准救助

将司法救助工作重心从信访环节前移至诉讼、执行环节,既是最高人民法院的要求,也是司法救助本质的体现。桂林中院通过在各审判业务部门设置司法救助联络员,使这一要求得到了较好落实。审判过程中出现的具有急迫困难的刑事被害人、道路交通事故及工伤事故等受害人均及时得到了救助。2017 年 3 月,广西壮族自治区高级人民法院黄克院长担任二审审判长的一个刑事案件,造成一家 3 人死亡,留下 3 位寡妇、4 位未成年子女(其中 2 位不满 2 周岁)和一位 70 多岁的老人。这个案件在审理过程中,司法救助联络员了解到被告人一审已被判处死刑,个人没有可供赔偿的财产,便指导案件受害人亲属申请国家司法救助,桂林中院及时启动救助程序,给予 8 位申请人共计 7 万元救助金,及时缓解了申请人的急迫困难。这个案例,最高人民法院赔偿办刘合华主任来我院调研时,亲自为申请人发放救助金并与申请人进行了座谈。2017 年 9 月,桂林市荔浦县一对年近七旬的老夫妇,其唯一的儿子被其打工工厂的同事故意杀害,申请工伤待遇受阻。案件审理时,行政审判庭的司法救助联络员发现这对夫妇无收入来源、丧事也是举债办理的,身体状况又差,而刑事被告人已被执行死刑,生效判决确定的赔偿分文未得,便及时指导这对夫妇申请国家司法救助,桂林中院最终决定给予其救助 2.5 万元。桂林中院坚持每个案件都入户调查,摸清救助对象的真实情况并根据调查所得的第一手资料决定救助数额,使真正困难的申请人能得到及时有效的救助;坚持上门立案、上门发放求助金,努力减轻申请人的负担。上门立案、上门发放救助金达 90% 以上;坚持区别施救,重点救助老弱病残困难群众，对见义勇为等体现正能量的行为给予特别关照。获得救助者中老弱病残困难申请人占80%以上。资源县4位为扑救山火而负伤的申请人，人均医疗费达近百万之巨，桂林中院根据其见义勇为的壮举，按照民事判决确定的数额实施全额救助，发放了实施司法救助以来最大的一笔救助金共计28万元。

三、强化联动机制，形成整体合力

司法救助资金数量有限，只能解决申请人急迫的、暂时的困难，但救助对象的困难往往是长期的、多方面的，桂林中院积极探索司法救助联动机制，努力争取上级的支持，充分发挥县（区）、乡（镇）相关部门的协同配合作用，取得了较好的效果。一是实施救助前向受救助对象所在县（区）、乡（镇）政法委、政府通报情况、征求意见，争取当地党委政府支持，完善救助方案。二是对资金需求大、后续困难多的案件，积极争取自治区高院的支持，对县（区）也提出配套的要求，尽量保证申请人解决当前困难所需的资金。三是对没有生活来源的孤寡老人、未成年人及其他有特殊困难的申请积极协调民政等部门落实低保措施，解决申请人的长期困难。四是对因伤致残的申请人，积极向当地政府或残疾人相关机构提出就业培训、安排工作等建议。2017年5月，桂林中院协调化解全州县下肢瘫痪又溃疡的申请人蒋荣贵长期进京上访一案，较好地运用了联动救助机制。具体由市级出资4万元、县级承诺出资20万元、当地镇政府给予落实低保等配套保障措施，以每年分两次各发放1万元救助金的方式，解决了申请人长期的基本生活问题。兴安县因车辆事故致下身瘫痪的20岁的学生文罗救助案，也是在执行得款15万元再由市、县分别提供8万元、2万元共计25万元，同时由当地政府作出帮助培训劳动技能等安排后结案的。去年以来，桂林中院所办案件中，由市、县二级出资联动救助实施的案件达6件，协调办理低保等帮扶11案17人。还有一件正在办理过程中的平乐县陶桂英申请救助案，方案确定由自治区高级人民法院、市救助基金、市中级人民法院、县政府三级四部门共同筹资35万元，各方都已作出资金承诺。

四、制定工作规范，提高办案质量

以《最高法院意见》为依据，结合近几年来的工作实际，桂林中院制定了《桂林市中级人民法院国家司法救助工作手册》，将司法救助工作的制度、职责、规范、实务等方面内容具体化，从立案、案件材料、审查标准、审理流程、归档等方面进行规范。在此基础上，对全市法院从事司法救助案件的工作人员进行业务培训，统一了全市法院的司法救助案件审理工作。从2017年3月1日起，桂林市法院所有司法救助案件都纳入法院办案系统进行流程管理，实现案件审理的司法化。按照年初的安排于8月底对全市法院开展司法救助工作情况进行了评查，全市各法院较好地落实了《工作手册》设置的规范，都实现了在上半年至少规范办理1件司法救助案件的要求。

五、加大宣传力度，拓宽经费来源

桂林中院在认真开展司法救助工作的同时，加大宣传力度，使党的惠民政策深入人心。据初步统计，《人民法院报》《广西日报》《广西政法报》等报刊、广西电视台以及部分不同层级的网络媒体对司法救助工作的开展情况进行报道达80余次。尤其是2017年以来，中央电视台《经济与法》栏目关注了桂林市国家司法救助工作的开展情况，除10月16日以《劫难之后》为题对桂林市法院救助资源县4位见义勇为者申请救助案和兴安县因车祸至下肢瘫痪学生申请救助案进行报道外，还在桂林市阳朔县法院、龙胜县法院选取利用国家司法救助制度切实解决群众困难、化解社会矛盾的案例进行拍摄，年内将会播出。

广辟资金来源是工作的另一个重要内容。一方面，桂林中院积极与市、县政法委联系，用符合救助条件的案件将掌握在两级政法委手中的救助资金物尽其用。另一方面，积极协助市政法委开辟救助经费来源，争取自治区额外转移支付救助资金90万元。桂林市政法委通过设置绩效考评指标、会议要求等方式，促使各县(区)政府将自治区转移支付的各县(区)10万~20万元及应当配套的20万~30万元落实到位。此外，桂林中院还积极指导县(区)法院争取资金设立自己的司法救助基金。这些措施，使市法院可利用和实际使用的救助资金比2016年大幅增加。

积极践行人权司法保障理念 勇于探索基层法院国家司法救助工作

（辽宁北镇法院经验交流材料）

《最高人民法院关于加强和规范人民法院国家司法救助工作的意见》（以下简称《意见》）于2016年10月1日正式实行，北镇市人民法院严格贯彻落实《意见》精神，勇于探索基层法院司法救助工作运行机制，充分发挥国家司法救助在保障民生、维护社会稳定和促进和谐方面的积极作用，实实在在地让人民群众体会到党的温暖和社会的公平正义。

一、组织保障，勇于实践率先发力

北镇市人民法院认真贯彻党的十八大和十八届三中、四中全会精神，一直把司法救助工作作为一项民心民生工程，作为法院联系群众的纽带和社会保障体系的重要组成部分。2016年10月8日，按照中央政法委、财政部、最高人民法院、最高人民检察院、公安部、司法部联合印发的《关于建立完善国家司法救助制度的意见（试行）》和最高人民法院《意见》要求，紧密结合北镇市人民法院实际，在全省率先成立了基层法院国家司法救助委员会，由院长担任救助委员会主任，分管副院长及立案、刑事审判、民事审判、行政审判、审判监督、执行、信访和财务等部门负责人担任委员，参照审判委员会的工作模式讨论决定司法救助案件和救助资金的管理与使用等事项，办公室设在行政庭，负责日常工作，办理国家司法救助案件。在院党组高度重视和统筹部署下，形成了全院司法救助“一盘棋”的工作格局，各个部门协调配合，顺畅运行。合理有力的组织体系，为顺利开展国家司法救助工作提供了强有力的保障。

二、主动作为，党委政府放权助力

党委领导和政府支持是开展国家司法救助工作的坚强后盾，是救助工作取得实效的有力保障。在最高人民法院《意见》实行前，司法救助资金申请程序复杂、审查环节多、审批周期长、救助金额有限、“审批者不了解案件，了解案件者不审批”，随意性较大。国家司法救助委员会成立后，院党组主动向市委、市政府汇报最高人民法院、省高级人民法院司法救助工作的相关文件精神。围绕“救助案件司法化、救助制度法治化”的目标要求，市委、市政府高度重视，积极助力法院将国家司法救助工作落到实处，市委政法委不再行使救助资金的审批权，将司法救助资金全部纳入法院财政预算。2016年，北镇市财政拨付法院国家司法救助金50万元，2017年财政预算国家司法救助金70万元。市委、市政府对法院“花小钱、办大事、树公信、促和谐”的救助工作成效给予了充分肯定。现在北镇市司法救助工作改变了过去突击发放救助金或者一案一审批的情况，实现了由行政审批模式向案件审查模式的转变，司法救助资金使用从权力制约走向规则制约，实现了司法救助工作从人治到法治的转化。

三、精准救助，严把“三关”措施得力

北镇市人民法院按照最高人民法院《意见》要求，将司法救助工作抓实做细。

(一)救助程序前置化，严把救助对象入口关

北镇市人民法院司法救助工作受“天津模式”的启发，将司法救助贯穿于审判、执行的各个环节。只要符合救助条件，适合在哪个阶段救助，就在哪个阶段救助到位，有效预防当事人从依法维权演变为法院被动维稳情况的发生。审判、执行案件的承办法官主动作为，发现符合救助立案条件的，向当事人充分释明告知，引导当事人按照规定准备申请材料，及时启动救助程序，使审判执行工作与司法救助无缝对接。例如，杜某和其丈夫孙某与婆婆何某抚恤金、丧葬费纠纷一案，一、二审驳回杜某起诉后，杜某不服申请再审，案经辽宁省高级人民法院复查，发回重审。承办法官在审理该案过程中，发现杜某其生活困难急需救助，便向其释明可以通过司法救助解决生活急需，杜某表示愿意接受国家司法救助并息诉服判。遂启动司法救助程序，决定对杜某进行司法救助。实践证明，救助阶段前置化，有利于把握最佳救

助时机，通过“救早、救小”，实现矛盾纠纷的“化早、化小”，取得了成本低、见效快的效果。

（二）救助程序司法化，严把救助案件审查关

北镇市人民法院将司法救助案件与其他类型案件一样正式立案审查，以严谨公正的司法程序保障救助申请人的合法权益。主要分为以下几个步骤：(1)申请。申请司法救助有两个途径：一是依申请提出。救助申请人直接向立案庭提出司法救助申请，提交申请书及相关材料，包括生活困难证明、诊断证明等材料。二是依职权提出。原案件承办法官①认为符合司法救助对象条件的，主动告知救助申请人提出申请。鉴于目前当事人对司法救助工作的知悉程度，申请方式以依职权提出较多。(2)立案受理。立案庭对申请材料初步审查后，认为符合立案条件的，根据救助案件的类型及所处的阶段，分别立案受理。对不符合立案条件的告知不予受理或作出不予受理决定。立案材料通过电子扫描形成电子档案，供其他司法机关共享使用②。(3)实体审查。司法救助案件审查遵循“双关联原则”，既审查申请人提交的证据是否具有真实性、合法性，又审查申请人的“困急难”是否与法院审理、执行案件有关联性。根据救助申请人实际遭受的损失、本人有无过错及过错程度、损害后果及其家庭经济状况等因素，结合维持当地基本生活水平所必需的生活支出，决定是否救助及确定救助金额。对案情较为复杂的案件均组织听证。案经合议庭合议后，提交司法救助委员会讨论，原案件承办人列席司法救助委员会会议，介绍案情并可以提出建议。对不符合救助条件的申请人坚决不予救助。例如，救助申请人于某机动车事故责任纠纷案，于某负此次交通事故的主要责任。北镇市人民法院判决被告赔偿于某 9 万余元。法院执行措施已经穷尽，于某请求的赔偿款仍无法执行到位。于某以身体残疾、生活困难为由申请司法救助。司法救助委员会认为，根据最高人民法院《意见》第 4 条第 1 项规定，救助申请人对案件发生有重大过错的，一般不予救助。由于于某负此次事故的主要责任，对案件发生有重大过错，故对于某作出不予救助的决定。(4)作出决定并送达。承办法官根据司法救

① 原案件承办法官，指民事、刑事、行政、赔偿、执行、信访等案件的办案法官。

② 共享使用，是指司法救助工作在各司法机关联动配合，前提是共享救助档案材料。

助委员会讨论意见作出司法救助决定书,救助决定书先向申请人送达,申请人收到决定书日期为送达日期,送达日期同为司法救助案件的结案日期。(5)救助金发放。司法救助决定书送达救助申请人后,承办法官将决定书送交本院办公室,由办公室到政府财政部门办理救助金,承办法官通知申请人到法院领取救助金。申请人领取救助金时,承办法官向其释明救助金的性质、准予救助的理由、骗取救助金的法律后果,并签订司法救助承诺书,必要时,邀请救助申请人户籍所在地或者经常居住地村(居)民委员会或者所在单位的工作人员到场见证救助金发放过程,发款及签订承诺息访材料全程录像,存卷归档①。

(三)救助资金专向化,严守司法救助宗旨关

采取发放救助金的方式对弱势群体的司法救助,旨在保障特困群体行使诉讼权利,促进社会和谐与社会公平。国家司法救助并非法院替代刑事被告人、民事被告、被执行人承担赔偿责任,当事人应正确对待诉讼风险,不能期待通过司法救助弥补其损失,不能以司法救助替代社会保障。更重要的是,不能以司法救助作为息诉息访的一种手段。要杜绝以访索钱、以救助金息事宁人的现象发生。例如,苏某曾于2014年得到北镇市人民法院司法救助金2万元。在党的十九大召开期间,苏某采取频繁上访的方式,继续向我院申请司法救助。根据最高人民法院《意见》第2条“对同一案件的同一救助申请人只进行一次性国家司法救助”的规定,北镇市人民法院对苏某的申请不予受理。又如,上访人范某向该院申请司法救助,经审查认为,范某生活的急迫困难非案件原因所致,该院耐心向其告知不予受理的理由并联系当地镇政府,建议对其危房进行维修。

2016年10月至今,北镇市人民法院共受理国家司法救助案件18件,作出司法救助决定16件,不予救助2件,发放救助金58万元,彰显了党和政府对人民群众的亲切关怀。

四、公开透明,阳光运行监督有力

北镇市人民法院遵循权力制约原则,把司法救助工作置于全方位监督

① 《意见》第13条规定:“决定救助的,应当在七个工作日内按照相关财务规定办理手续。在收到财政部门拨付的救助金后,应当在二个工作日内通知救助申请人领取救助金。”

之下。建立了《司法救助工作台账》,每月向上级法院报送司法救助情况表,接受上级法院监督和财政、审计部门的专项审计,实时备查,确保专款专用。主动接受纪检、监察部门监督,有效预防司法救助违规违纪问题发生。每半年,邀请人大代表、政协委员、人民监督员监督评议司法救助工作,不断改进司法救助工作方式方法,确保司法救助工作在阳光下运行,公平公正,实现其功能作用。

新时代,呼唤人民法院新的历史使命和新的责任担当。北镇市人民法院按照最高人民法院的工作要求进一步做好国家司法救助工作,将使这项民心民生工程更好地服务困难群众,为发挥司法在多元化纠纷解决中的推动、引领和保障作用作出更大努力。

【本辑专稿】

第三次全国法院国家赔偿案件评查报告

自1995年1月1日《国家赔偿法》施行22年来,全国各级人民法院认真贯彻执行《国家赔偿法》,依法审理了一大批国家赔偿案件,组建了一支国家赔偿工作专业队伍,建立了一系列的审判规则和工作机制。国家赔偿审判在救济私权、规范公权、维护公平正义、提升司法公信力、化解社会矛盾、推动社会主义民主和法治建设等方面的作用已然显现。但是,国家赔偿审判依然面临诸多问题:第一,矛盾长期存在。人民群众日益增长的司法需求与国家赔偿审判权利救济功能的有限性之间的矛盾,贯穿于国家赔偿工作的方方面面。第二,重心发生转移。国家赔偿审判在经历了艰难起步和大胆的实践探索后,重心已从一元工作重心(国家赔偿)转向二元工作重心(国家赔偿与司法救助并重)转移。第三,问题繁杂多样。国家赔偿审判较刑事、民事、行政审判起步晚,面临的困难和问题较多,比如立法与司法、制度与机制、局部与全局、案件类型新旧更迭等问题。对这些问题的把握和解决直接影响到国家赔偿审判工作的开展,具有重要的理论价值和现实意义。鉴于此,最高人民法院赔偿办决定开展第三次全国法院国家赔偿案件评查,将评查与调研相结合,目的是:(1)准确认识国家赔偿审判现状,通过深入观察和分析目前国家赔偿领域存在的问题,探寻原因与症结所在;(2)总结实践中有益的经验,加以提升和推广;(3)研究采取切实可行的措施以解决问题,为今后的工作提供有意义的思路和建议。

为了顺利完成评查及调研任务,此次采取了一般性调研与特定调研相结合,定性分析与定量分析相结合等方式。本次评查集中体现了以下原则:(1)实事求是的原则。一切从实际出发,力求结论和观点有理有据,对策和建议注重实效。(2)理论实践相结合的原则。对国家赔偿审判所涉及的主要问题、重点领域进行理论上的回应,对司法实践中的新问题进行前瞻性分析,通过理论研究推动实践发展。第一个阶段:2017年7月,组织部署12个省、市、自治区高级人民法院对本辖区所有中级以上人民法院2014年至2016年的国家赔偿案件(含确认案件)进行自查,共评查案件5151件,对国家赔偿案件中的主要问题进行了梳理和汇总。通过广泛收集数据和信息,对全国各省市的国家赔偿工作有了概括性的了解。第二个阶段:2017年8月至10月,最高人民法院赔偿办组织了6个评查小组,分赴辽宁、黑龙江、陕西、新疆、江苏、上海、四川、广东、山西、安徽、云南、宁夏等12个省、市、自治区进行实地重点评查和调研,随机抽查800件案卷、召开座谈会。在上述工作的基础上,最终形成了本评查报告。

一、案件评查基本概况

各评查小组主要做了以下工作:一是分别听取各被评查高院赔偿案件自查报告,并召开座谈会听取高院及部分中院有关负责同志就国家赔偿及司法救助工作情况的报告;二是在各评查高院提交的案件中,每个省随机抽取70件案件进行了认真评查,按评查标准填写了个案评查表,确定了抽查案件的质量等级;三是归纳总结各省国家赔偿审判工作的亮点和经验,对案件评查中发现的不足和问题向各高院进行了当面反馈,并就如何改进、提高国家赔偿审判工作提出具体意见与建议。

(一)有关评查数据统计情况

根据统计,2014~2016年12个被评查省、市、自治区中级以上人民法院共审结各类国家赔偿案件(含确认)5151件(2014年1048件,2015年2030件,2016年2073件),其中确认案件有216件,不确认违法196件(如图1)。

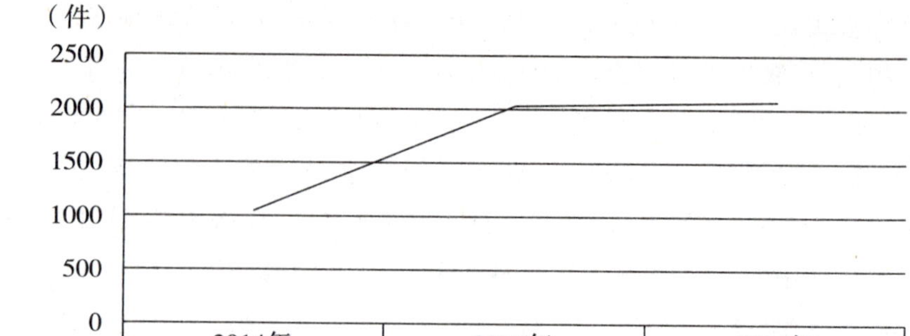

	2014年	2015年	2016年
案件数量	1048	2030	2073

图1　三年国家赔偿案件情况

从案件类型来看,刑事赔偿案件2747件,占53.33%;非刑事司法赔偿案件2270件,占44.07%;其他类型134件,占2.6%(如图2)。

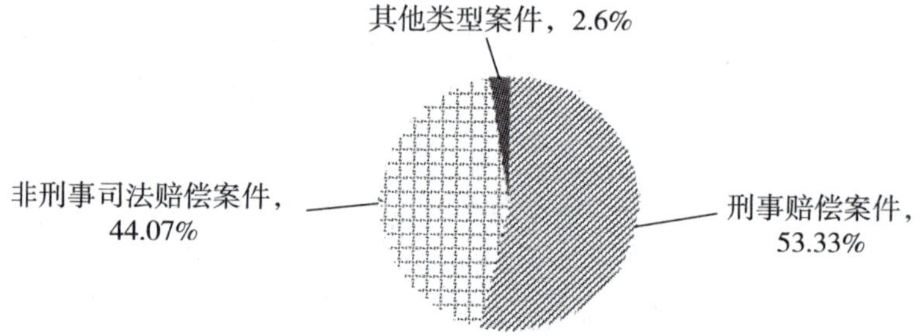

图2　案件类型分布图

从赔偿义务机关来看,人民法院作为赔偿义务机关的3834件,占74.43%;检察机关作为赔偿义务机关的326件,占6.33%;公安机关作为赔偿义务机关的882件,占17.12%;监狱管理机关作为赔偿义务机关的68件,占1.32%;其他机关作为义务机关41件,占0.8%(如图3)。

从案由分布来看,违法刑事拘留赔偿案件420件,占8.15%;无罪逮捕赔偿案件295件,占5.73%;二审无罪赔偿案件256件,占4.97%;重审无罪赔偿案件272件,占5.28%;再审无罪赔偿案件408件,占7.92%;刑讯逼供致伤致死赔偿案件49件,占0.95%;殴打虐待致伤致死赔偿案件170件,占3.3%;违法使用武器、警械致伤致死案件49件,占0.95%;刑事违法查封、扣押、冻结、追缴赔偿案件 249 件，占 4.83%；错判罚金、没收财产赔偿案件 25 件，占 0.49%；违法司法拘留案件 109 件，占 2.12%；违法司法罚款案件 19 件，占 0.37%；违法保全案件 340 件，占 6.61%；错误执行案件 1690 件，占 32.81%；案由为其他的案件 800 件，占 15.53%（如图 4）。

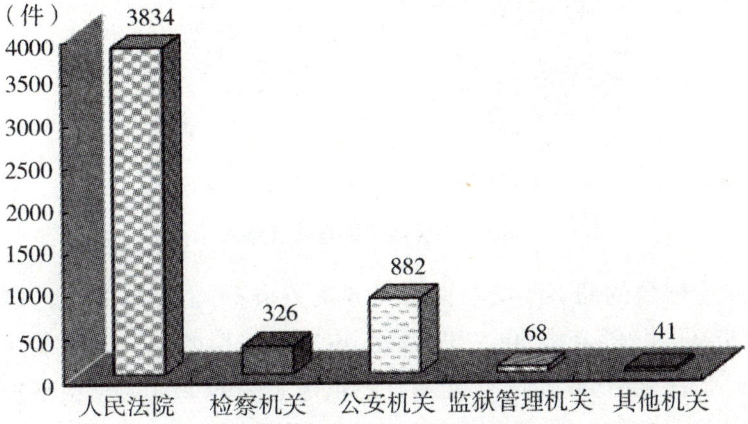

图 3　赔偿义务机关分布情况

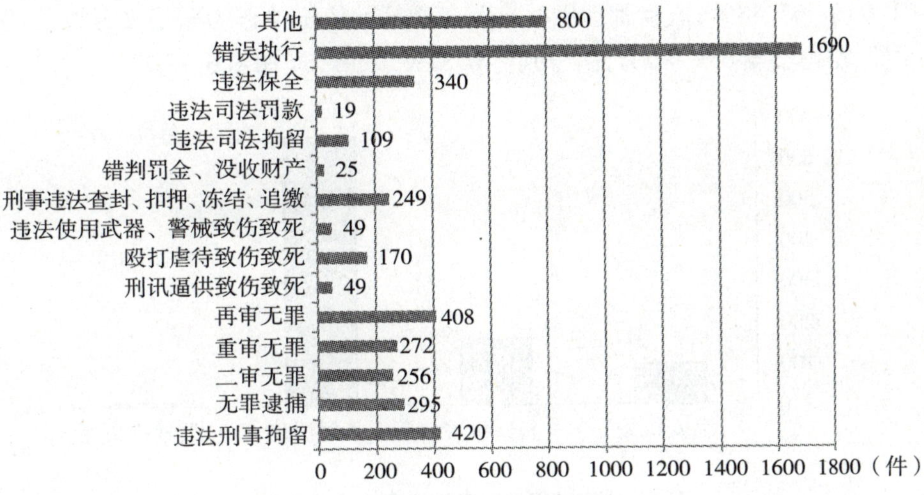

图 4　案由分布情况表

从是否给予赔偿来看，决定赔偿案件 1106 件，决定不赔偿案件 2784 件，以其他方式结案 1055 件。决定赔偿的 1106 件案件中，刑事赔偿案件 922

件,赔偿金额21421.20万元;非刑事司法赔偿案件184件,赔偿金额6028.48万元。决定赔偿金总额27449.68万元(如图5)。

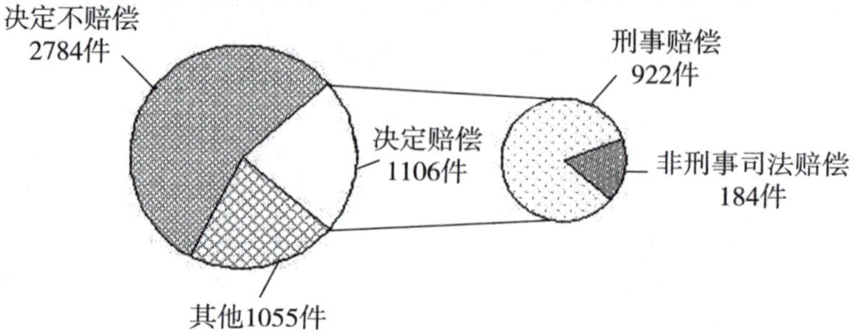

图5　是否给予赔偿案件情况

从决定赔偿的刑事赔偿案件的义务机关来看,公安机关作为赔偿义务机关的98件,赔偿金额5065.37万元,占决定赔偿的刑事赔偿案件总数的10.63%、占决定赔偿的刑事赔偿案件赔偿金总额的23.65%;检察机关作为赔偿义务机关的161件,赔偿金额1696.97万元,分别占17.46%、7.92%;人民法院作为赔偿义务机关的655件,赔偿金额14026.11万元,分别占71.04%、65.48%;监狱管理机关或看守所等其他机关作为赔偿义务机关的8件,赔偿金额632.74万元,分别占0.87%、2.95%(如图6、图7)。

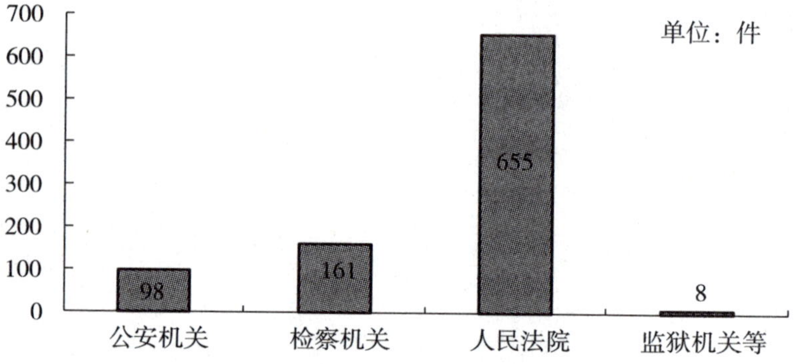

图6　决定赔偿的刑事赔偿案件数分布情况

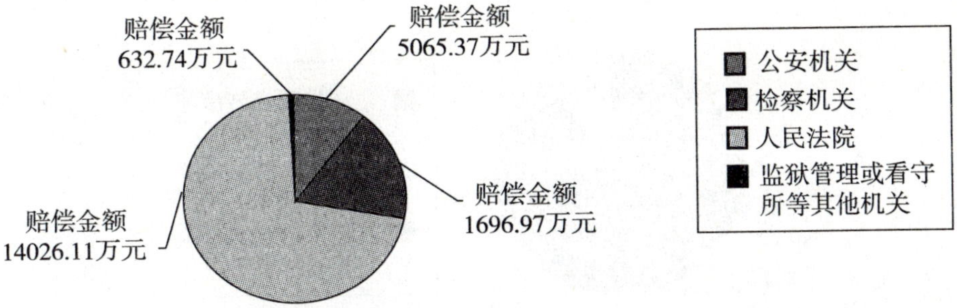

图7　决定赔偿的刑事赔偿案件赔偿金额

从决定赔偿的非刑事司法赔偿案件的案由来看，违法司法拘留和罚款决定赔偿的16件，赔偿金额81.86万元，分别占决定赔偿的非刑事司法赔偿案件总数的8.70%、占决定赔偿的非刑事司法赔偿案件赔偿金总额的1.36%；违法保全决定赔偿的案件50件，赔偿金额554.33万元，分别占27.71%、9.2%；错误执行决定赔偿的118件，赔偿金额5391.69万元，分别占64.13%、89.44%（如图8、图9）。

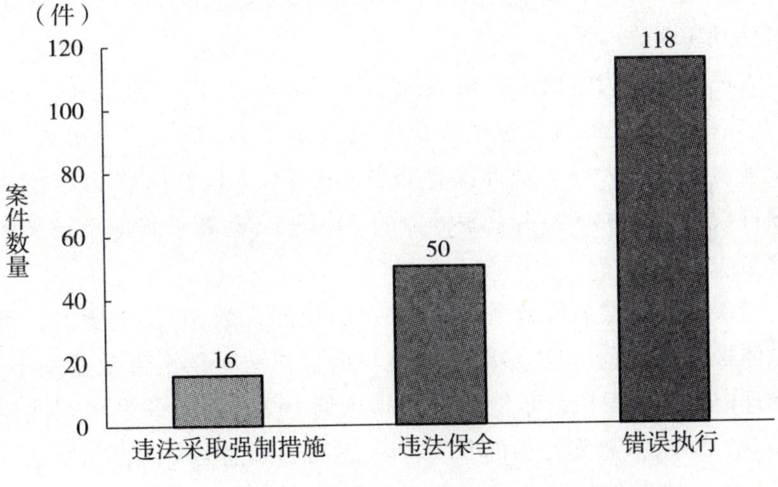

图8　决定赔偿的非刑事司法赔偿案件数量分布情况

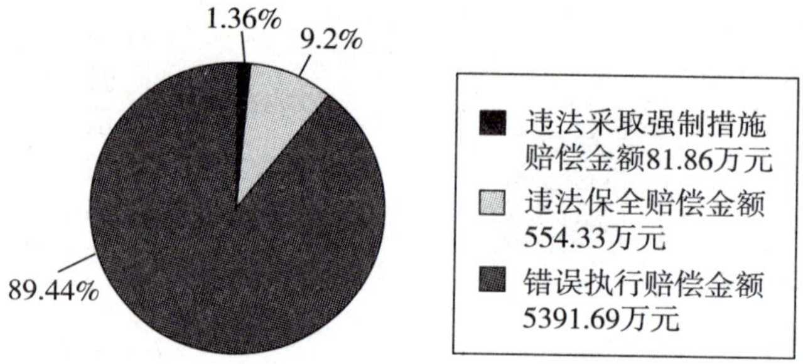

图9 决定赔偿的非刑事司法赔偿案件赔偿金额占比

(二)国家赔偿案件的特点

1. 案件数量大幅上升。根据2015年《最高人民法院关于全面深化人民法院改革的意见》提出的要求,立案审查制改为立案登记制。人民法院国家赔偿案件在2015年、2016年受理审结的案件数量大幅增长。比如,广东、辽宁、黑龙江、江苏、安徽、云南等省中级以上人民法院在2014年受理审结的各类国家赔偿案件数不足70件,但在2015年和2016年受理审结各类国家赔偿案件均超过120件。其中,广东在2015年案件数突破了370件,2016年案件数已达到464件。

2. 人民法院作为赔偿义务机关的案件数最多,所占比重最高。《国家赔偿法》规定的赔偿义务机关包括公安机关、监狱管理机关、检察机关、人民法院和其他机关等五大类。从此次评查数据来看,人民法院作为赔偿义务机关的案件数达到3834件,占总案件数的74.43%,远高于其他赔偿义务机关所占比重。

3. 错误执行赔偿案件数最大,但决定赔偿的件数、赔偿金所占比例均不高。总体来看,非刑事司法赔偿案件数与刑事司法赔偿案件数差别不大,但各省受理审结的错误执行赔偿案件数高达到1690件,占非刑事司法赔偿案件数的74.45%,占总案件数的32.81%,远高于其他类型国家赔偿案件所占的比重。但决定赔偿的错误执行案件只有118件,占决定赔偿的案件总数的10.67%,赔偿金占决定赔偿金总额的19.64%。

4. 刑事赔偿金数额巨大。从此次评查数据来看,12个省、市、自治区中级以上人民法院决定赔偿的刑事赔偿案件922件,赔偿金达到21421.20万元,占总赔偿金额的78.04%,是非刑事司法赔偿案件总赔偿金的3倍多。

二、三年来国家赔偿工作的成效

（一）深化司法公开，进一步提升国家赔偿工作透明度

一是公开听证、质证，提升司法公信力。《国家赔偿法》规定人民法院赔偿委员会以书面审查为原则。评查中发现，各级人民法院在办理国家赔偿案件过程中绝大多数都会认真听取赔偿请求人的请求及赔偿义务机关的申辩和意见，案件质证率明显上升，听证质证水平明显提高。公开听证、质证，既达到了核实证据，查清事实的目的，也极大地提高了司法公信力。如抽查的安徽和山西两省的国家赔偿案件中，大部分（部分不予受理的案件除外）存有争议或疑难复杂的案件均进行了听证和质证程序。

二是加强制度建设，确保国家赔偿案件处理更加公正透明。如辽宁、黑龙江建立了赔偿案件立案标准、审理程序、赔偿委员会工作规则等一系列工作规范和工作机制，注重用制度约束、规范案件处理工作。如陕西、新疆等地法院在立案审查环节，做到在 7 日内送达受理通知书、廉政监督卡。

三是依托法院信息化建设成果，大力提升赔偿工作透明度。积极推进国家赔偿办案程序、时限环节和法律文书上网公开工作。人民法院将裁判文书上网公示，接受社会公众的监督，可以更好地促进了审理程序合法、规范地开展，实体问题公正、正确地处理，促使审判水平的提高。部分省法院的国家赔偿案件法律文书上网率达 100%。

（二）践行司法为民，加强对赔偿请求人权益的保护力度

三年来，各地人民法院都更加注重向有利于当事人取得赔偿、有利于赔偿请求权保护的方向倾斜，加大了对赔偿请求人请求权的保护力度。一是在请求权时效上，只要赔偿请求人曾经有向相关部门提出过投诉、信访及举报，均可以适用请求权的中断，一些地方对十几年甚至二十几年前因民事或行政执行行为而引发的国家赔偿申请，也予以立案审查。二是在举证责任分配制度上，对于公权力机关的举证要求较之前更高，对于发生在监狱、看守所内的意外死亡或伤残、基本上都要求公权力机关对其行为合法性进行举证，对举证不能或存疑的情形，一律以有利于赔偿请求人的角度作出裁判。三是对存在人身羁押情形应予赔偿人身自由赔偿金时，普遍会酌情考虑给予相应的精神损害赔偿金，并且在精神损害赔偿酌定的同时，对生活确实困难、家庭确实受到影响的赔偿请求人，告知其有申请司法救助的权利，

同时联系民政或基层政府给予帮扶或救助。四是在一些错误执行或非法扣押中,确属营运车辆或确实产生了实际花费的项目,仍按照实际情形予以赔偿或补偿,诸如查封中的看护工人工资、营运车辆线路损失、租房费等。

(三)努力化解矛盾,重视国家赔偿案件的调解或协调工作

近年来,在国家赔偿案件审理过程中,各地人民法院更加注重调处机制的灵活运用,审理中适时或多次做协调化解工作,以自身更加细致、体贴、规范的司法服务情怀,让赔偿申请人感受到司法程序的公平和法官处事的公正。

在国家赔偿工作坚持调解优先的做法,对于未来可能产生的涉诉敏感重大舆情,能够起到"消防栓"的作用。赔偿案件的特点决定了几乎所有案件,人民法院赔偿委员会都要与赔偿义务机关、复议机关进行协调。有的义务机关、复议机关不支持、不配合,甚至不理睬;有的义务机关、复议机关不提供基本的案件材料;有的赔偿义务机关拒不执行法院赔偿委员会生效决定。调解成为案件审理中,尤其是瑕疵案件处理中必经的工作环节。

三年来,赔偿案件调解结案率明显上升,对于存在调处可能的案件,各级法院均首先考虑通过调解工作,先向赔偿义务机关指明其在当初案件形成过程中因为各种原因造成的瑕疵、不当或存在的问题,使其能够从思想上接受给予赔偿请求人适当补偿的意见,再与赔偿请求人沟通,指明其自身也存在的部分过错情形。告知其自身原因造成当初的违法过错扩大的后果,是要自行承担扩大部分的损失,同时告知只要是合理的诉求,会尽量予以照顾和保护,但超出法定赔偿范围的情形,也不能基于同情而无原则退让。如部分省份被评查的案件中,超过20%协调成功;超过55%的案件,赔偿义务机关进行过协调,并将调处过程详细记录归档;部分法院调撤率超了50%。国家赔偿案件在协调处理结案后,赔偿请求人普遍对处理国家赔偿案件的法官评价客观,这在很大程度上消减或消除了他们在之前诉讼阶段或信访申诉阶段中内心累积的对社会的怨气,以及对人民法院和法官的负面评价。看似平常的调处、息诉、释法工作,对于平和当事人的心境、坚定依法寻求救济的信心、化解信访压力,预防社会矛盾激化,都有十分重要的作用。

(四)运用司法建议,促进公权力机关规范行使职权

司法建议针对案件中有关单位和管理部门在制度上、工作上所存在的

问题,建议他们健全规章制度,堵塞漏洞,进行科学管理,提出改进和完善管理工作的建议。司法建议是法律赋予人民法院的重要职责,是人民法院工作的重要组成部分,是充分发挥审判职能作用的重要方式。司法建议也是人民法院实现国家赔偿审判职能的一项措施或方式,是参与社会治安综合治理系统工程的一个重要手段。

近年来,由于普法的深入及司法信息化向全社会的大范围覆盖,公民对于自身合法权益的维护意识空前提升。《最高人民法院、最高人民检察院关于办理刑事赔偿案件适用法律若干问题的解释》《最高人民法院关于人民法院赔偿委员会适用质证程序审理国家赔偿案件的规定》《最高人民法院关于国家赔偿监督程序若干问题的解释》等保障国家赔偿请求人权益的新规定的出台,公民对于一些未能通过纪检、信访等途径释怀的司法程序中发生的其他边缘性问题,诸如服刑犯在劳动改造中受伤、法官是否存在违纪等涉诉、涉公权力机关是否侵权等问题也试图通过国家赔偿程序进行反映。各地法院在国家赔偿案件审理中常常可以敏感地发现公权力机关在行使职权时的不审慎之处。各地法院在国家赔偿案件的审理报告及决定文书中不再像过去只简单引用法律条文,而是更加注重文书的说理性,更加注重明辨是非、释法清责。不仅如此,各地法院对于审查中发现的有关公权力机关,尤其是人民法院自身在执行工作中做的不当之处,也更多地尝试通过发司法建议函的方式促使公权力机关加以改进,从而彰显司法的公正性、权益的保障性及权力的监督性。

三、当前人民法院国家赔偿工作存在的主要问题及原因

(一)程序方面

1. 立案阶段存在的问题。国家赔偿案件属于立案登记制的案件范围,因此,案件须具备立案审批手续。评查中发现,有的案件的立案审批表内容填写不全,有的案件没有立案通知书,有的法院以廉政通知书形式告知当事人权利义务。

部分案件的案号、案由不规范。案号使用不规范主要体现在有些案件“法赔”和“委赔”混用。如(2016)×法赔1号,应为(2016)×委赔1号。也有的案件案号登记错误。案由使用不规范主要体现在违法刑事拘留赔偿写成错误拘留赔偿,无罪逮捕赔偿写成错误逮捕赔偿。刑事违法查封、扣押、冻结、追缴赔偿是可以根据案件具体情形选择性适用其中某种情形,但在部分法院的案件中是四种情形堆砌使用。

2. 审理阶段存在的问题。在一些有听证、质证程序的案件中,协调处理过程未留痕,没有得到充分体现。有的案件在质证时未归纳争议焦点,记录存在漏字、错字、语句不通顺的情形。有的案件虽然作了大量的调查和协调工作,但卷内无相应材料,反映不出所做工作的情况。

有的案件审理报告过于简单;有的审查报告承办人没有签名;有的赔偿请求人撤诉案件,缺少必要的存档材料;有的案件合议庭或赔偿委员会讨论记录存在签名不完整等情形;有的案件合议庭记录过于简单。有的案件实质性化解工作做得不够,程序性处理的说服力较差,后续存在申诉可能。

上述问题产生的原因:(1)法治意识和思维淡薄。不少司法机关对《国家赔偿法》的意义和作用缺乏准确认知,对赔偿请求人诉权保护的观念不强,对国家赔偿工作存在抵触心理,担心赔偿案件损害单位形象,降低社会评价,不愿承认错误,不愿依法赔偿。(2)赔偿义务机关普遍担心承担国家赔偿责任后,会影响本单位的绩效考核。有的地方规定,赔偿金达到一定数额的,检察机关将立案追究有关机关工作人员的刑事责任。因此,赔偿义务机关有意规避承担国家赔偿责任。(3)未正确把握立案审查标准,混淆诉权和胜诉权,将实体性的获得国家赔偿标准取代程序性的申请国家赔偿标准,人为提高了赔偿案件的受理门槛。这种情况在2015年《最高人民法院关于人民法院登记立案若干问题的规定》(法释〔2015〕8号)通过施行后,全国法院实施立案登记制后已得到了大幅改善。

(二)实体方面

1. 错误理解和适用法律。

(1)错引、漏引法律条文。如因刑事诉讼程序未终结而不予受理的,有的案件未引用《最高人民法院关于适用〈中华人民共和国国家赔偿法〉若干问题的解释(一)》第7条"赔偿请求人认为行使侦查、检察、审判职权的机关以及看守所、监狱管理机关及其工作人员在行使职权时有修正的国家赔偿法第十七条第(一)、(二)、(三)项、第十八条规定情形的,应当在刑事诉讼程序终结后提出赔偿请求"之规定,以阐明国家赔偿案件应不予受理的法理。有的国家赔偿案件决定不予受理的,未引用《最高人民法院关于人民法院赔偿委员会审理国家赔偿案件程序的规定》第3条“赔偿委员会收到赔偿申请，经审查认为符合申请条件的，应当在七日内立案，并通知赔偿请求人、赔偿义务机关和复议机关；认为不符合申请条件的，应当在七日内决定不予受理；立案后发现不符合申请条件的，决定驳回申请”之规定，而是简单地以赔偿申请不符合《国家赔偿法》第17条、第18条、第38条或《最高人民法院关于国家赔偿案件立案工作的规定》第1条之规定，决定不予受理。

（2）有的法院存在以时效问题处理案件的片面化倾向。有的中级法院习惯于以超过时效为由简单驳回赔偿请求人的请求，在有的并不属于法院赔偿范围的案件中，如赔偿请求人对公安机关的刑事不予立案决定申请国家赔偿，而公安机关决定不予受理，人民法院在处理时以时效问题解决，难以说服赔偿请求人。

（3）处理结果正确但裁判理由错误。不少案件虽然最终处理结果没有问题，但是出现裁判理由错误的情形。如某中院办理的一起国家赔偿案件，赔偿请求人以国家赔偿法实施前再审改判无罪为由提出赔偿请求，该院以请求超过诉讼时效予以驳回错误，应以国家赔偿法没有溯及力，案件不属于《国家赔偿法》调整范围为由予以驳回。又如，确赔合一后，有的法院以法院执行行为未被撤销或者确认执行错误，赔偿请求人要求赔偿无依据为由驳回申请，理由错误。修正的《国家赔偿法》对刑事赔偿案件规定确赔程序合一，已不再要求先行确认违法。

（4）自赔案件应予实体审查而以不予受理处理。有的法院在审理自赔案件时，基本未进行实体审查，即便进行了实体审查，最终也以不予受理驳回赔偿请求人的国家赔偿申请，实体问题程序化处理，明显不当。

2. 裁判结果有误。（1）关于侵犯人身自由权的国家赔偿，计算羁押天数错误的情形依然存在，对拘留时间的计算标准尚未统一。（2）有的案件遗漏赔偿请求人的申请事项。如赔偿请求人申请赔偿精神损害抚慰金，而该案确实应当支付精神损害抚慰金，人民法院未依法决定支持赔偿请求人的该项赔偿请求。又如，赔偿请求人申请返还罚金的利息的，而该案确实应当返还罚金且支付利息，人民法院在决定返还罚金时未支持赔偿请求人要求同时赔偿利息的请求。（3）有的案件对直接损失的认定不准确。

上述问题产生的原因：（1）司法能力不足。有的法官认定证据的能力、适用法律的能力等有待于进一步提高。(2)司法作风不佳。有的法官责任心不强,重实体轻程序,重办案数量轻办案质量。(3)审判工作制度还需进一步完善。虽然近几年来,最高人民法院和各高级人民法院已经制定了一系列的规范性文件,但尚未完全落实到位,在中级法院和基层法院层面执行不佳。

(三)裁判文书方面

1. 裁判文书说理不充分。从评查案件情况看,存在裁判文书说理不充分的情况,某些法院的国家赔偿案件普遍存在这个问题。有些案件只是简单的说理甚至不说理,不具说服力。如某错误执行赔偿案件,仅以人民法院不存在违法行为为由直接驳回赔偿请求人的申请,没有说理;如另一起错误执行赔偿案件,法院执行时有生效判决,后该判决被撤销,法院之前的执行行为不属于错误执行的情形,若进一步阐明此种情形依法应当执行回转,同时,对赔偿请求人的权益实质是否受损予以评价,裁判才能更具说服力;又如,某违法刑事拘留赔偿案件,赔偿请求人以违法刑事拘留为由提出赔偿申请,人民法院仅以现有证据不能证明公安机关刑事拘留措施违法为由驳回申请,说服力不足。若文书中将公安机关以"不追究刑责"为由释放赔偿请求人一并写入裁判理由,则更具说服力。此外,有些案件对赔偿申请人的申请事由未全面回复,仅回复部分诉求,没有做到释法析理,令人服判息诉。

2. 裁判文书说理不当或不说理。个别案件的赔偿决定书说理性不强,尤其是不予赔偿的理由较为简单。如赔偿请求人除请求支付限制人身自由赔偿金外,还请求支付子女抚养费、无住房补助费等,决定书主文驳回了关于抚养费、住房补助费等请求,而在文书的理由部分未阐述驳回该项赔偿请求的理由。

3. 裁判文书引用法条过于简单,少数案件存在明显遗漏的情况。部分案件的法律文书中,对于赔偿或不予赔偿的结论,仅仅引用国家赔偿法及其司法解释的程序性条文,没有引用据以作出实体处理的规范依据。有的案件直接引用最高人民法院出台的司法解释某条某项,遗漏了法律条文的原则规定。

4. 裁判文书存在的其他问题。如自赔案件的裁判文书以赔偿委员会的名义作出。又如,赔偿委员会作出决定的尾部错误,即赔偿委员会作出的决定，未在文书尾部写明“本决定是生效决定”，却错误地写上“30 日内向上一级人民法院赔偿委员申请作出赔偿决定”。

上述问题产生的原因：(1)法官专业化程度不高。一些法官裁判说理的能力不足，审理国家赔偿案件的专业知识与司法技能有待加强。(2)有的法官、书记员工作责任心不强，工作粗枝大叶，导致法律文书出现错别字等低级错误。(3)制度监督缺失。裁判文书签署后，文书的校对及送达等工作缺乏有效的监督机制。

(四)案件执行方面

2010 年《国家赔偿法》修改，将消除影响、恢复名誉、赔礼道歉规定为独立的国家赔偿责任，并改变了原先“机关垫付、财政核销”的赔偿金支付方式。随后国务院的《国家赔偿费用管理条例》进一步明确了赔偿金的支付程序，加强了赔偿费用的支付保障。国家赔偿决定的执行情况得到了改善，但仍有相当一部分案件不能执行到位，大大降低了赔偿请求人对法律和国家机关的信任，损害了司法权威。如财政部门不能在国家赔偿法及国家赔偿费用管理条例规定的 15 日内完成费用支付。又如，对侵权行为影响的范围以及采取什么形式消除影响、恢复名誉、赔礼道歉的问题，赔偿请求人与赔偿义务机关存在争议。有的赔偿请求人要求赔偿义务机关在 CCTV、中央级的报纸、互联网上或其他有重要影响的媒体上为其恢复名誉、消除影响、赔礼道歉。个别中院出现了因赔偿请求人对赔偿义务机关履行赔偿决定书中关于“在侵权影响范围恢复名誉、消除影响、赔礼道歉”判项主文的方式不满意，向人民法院申请强制执行。虽然该强制执行申请受理后以赔偿义务机关已履行“在侵权影响范围恢复名誉、消除影响、赔礼道歉”的义务驳回，但对于该强制执行申请是否应受理，受理后如何审查，审查立案的法官、执行局的法官以及审理赔偿案件的法官存在认识上的分歧。

上述问题产生的原因：(1)政府机关对国家赔偿费用支出的审批程序复杂、环节较多。(2)没有权威的指导性意见规范“在侵权影响范围恢复名誉、消除影响、赔礼道歉”的履行方式。

(五)案卷归档方面

有的案件的案卷里缺失立案审批表、立案通知书和证物袋。如有的案件卷内基本上没有立案通知书和证物袋入卷。有的案件卷宗封面信息不完整,少数案件还存在正副卷材料混装情况。有的案件缺少合议庭笔录或合议庭笔录、赔偿委员会记录不完整。有的案件的受理案件通知书送达回证未入卷。还有个另案件因审理过程中和另案合并审理,在该案卷宗中缺失证据材料、审理报告、合议笔录等材料,仅以工作说明形式注明详见另一案的情形,不符合档案装订管理规范。

上述问题产生的原因:有的法官、书记员工作责任心不强,重办案轻归档,不认真按照案卷档案管理有关规范整理和检查卷宗。

(六)追偿追责问题

追偿追责是国家赔偿制度的有机组成部分,体现了对负有重大责任工作人员的惩戒。追偿追责与赔偿具有程序上的连接性,并且追偿可弥补赔偿的不足,而追责可使有故意或重大过失的责任人员被问责。但追偿追责制度在实践中执行力偏弱。《国家赔偿法》对国家赔偿后追偿和追责作了原则性的规定,但由于追偿和追责的具体标准、实施主体、操作程序等尚未明确,导致目前决定赔偿的国家赔偿案件在事后的追偿追责方面,被问责被追偿的情况屈指可数。

上述问题产生的原因:(1)追偿追责制度存在较多空白。关于国家赔偿追偿、追责制度的法律规定过于原则,可操作性不强,只是笼统地规定应当对造成国家赔偿的责任人员进行追偿,至于如何追偿,追偿的具体标准、操作程序、法律责任以及救济程序等都未明确规定。(2)被追偿追责人的责任难认定。《国家赔偿法》和司法解释均没有明确责任认定应由哪个机关或哪个部门来负责,导致意见不统一,是现实中困扰赔偿追偿追责工作的主要问题之一。(3)错案中的责任人难以确定。对绝大多数决定赔偿案件来说,无论是行政机关行政行为违法、检察机关错拘错捕、法院错判错执,造成错误的原因相对来说比较复杂,在现行的行政执法体制和审判执行权运行机制下,并非每一个决定赔偿案件的办案人员就是责任人。(4)追偿追责的标准不统一。《国家赔偿法》和《国家赔偿费用管理条例》等没有明确规定国家追偿的标准,各省市区在执行条例所确定的追偿标准上又没有形成共识,在司法实践中难以准确把握。

四、对策与建议

解决上述问题将是一个系统工程,基本思路是:认真贯彻党的十八大、十九大会议精神，认真贯彻习近平总书记系列讲话精神，高度重视国家赔偿工作在推进法治中国建设中的特殊地位与作用，紧紧围绕"让人民群众在每一个司法案件中都感受到公平正义"这个核心目标，紧扣司法为民、公正司法的工作主线，加强执法办案，采取便民利民措施，使受到侵害的权利切实得到保护和救济。深化司法改革，将国家赔偿工作纳入中央关于深化司法体制改革的总体部署中，完善人权司法保障制度。

（一）将法治思维更好地融入国家赔偿工作

国家赔偿工作存在的问题在很大程度上是对国家赔偿制度认识不到位或有所偏差导致的。人民法院的国家赔偿工作，是以法治思维的法治方式处理官民矛盾，调和公权力与私权利冲突的法律手段，是评价法治国家建设水平和国家治理现代化程度的重要指标之一。国家赔偿工作与国家治理现代化的改革目标高度契合，是人民法院在平安中国、法治中国建设中发挥作用的重要保障。做好国家赔偿工作，既是加强人权司法保障，落实司法为民、公正司法的使命所需，也是完善权力运行机制、加强对司法活动法律监督的内在要义。充分发挥国家赔偿职能作用，不仅能传递尊重和保障人权的温度，更能加强依法监督公权的力度，促使国家工作人员养成依法行使职权、权责一致、违法必究的现代公权意识。人民法院国家赔偿工作要秉持法治思维，以权利救济作为价值追求，不断提升司法权利救济的能力和水平。

（二）大力提升国家赔偿审判质效

国家赔偿案件要坚持法律原则和法律底线，以法律作为公正司法的基本标准。依法严格执行修正的《国家赔偿法》，对人民群众的国家赔偿请求及时受理；准确理解适用国家赔偿法及其司法解释、规范性文件，依法支持赔偿请求人合理合法的诉求，该赔即赔，不该赔的坚决不赔。立足国家赔偿纠纷矛盾复杂、影响重大的实际，强化大局观念和为民意识，积极争取各方支持，妥善处理疑难复杂案件、新类型案件、群体性案件、代表委员关注案件及领导督办案件。深化国家赔偿司法公开，加大裁判文书公开上网力度，实现国家赔偿结案法律文书全部公开上网。扩大程序公开，尝试引进人民法院特约监督员、人民陪审员参与国家赔偿听证、质证活动，促进国家赔偿审理过程公正透明。规范司法行为，进一步完善审判管理机制，对立案、审判、执行、卷宗归档等各环节，以及听证质证、合议、赔偿委员会讨论等各项程序要有规范、有监督，强化公正司法的工作机制保障。

(三)加强调查研究，统一国家赔偿案件法律适用标准

加强公正司法、推进依法治国是新时期人民法院肩负的重要历史使命。人民法院国家赔偿工作要紧紧围绕法治建设需求，统一法律适用标准和司法裁量尺度，提高国家赔偿工作质量，提升司法公信力，不断提高国家赔偿规范化、法治化水平。以问题为导向，找准国家赔偿与大政方针的结合点，与司法改革的切入点，在系统研究国家赔偿审判的基本理念、价值目标、发展规划、自身建设等重大理论问题的同时，在国家赔偿司法实践中统一刑事与非刑事司法赔偿案件裁量标准，完善国家赔偿法律适用规范体系。如对执行程序是否终结的判断标准、违法司法拘留的要件、错误执行行为与损害事实之间是否存在因果关系的判断标准等重大疑难问题，尽快统一裁量尺度。

(四)强化国家赔偿审判管理

建立健全国家赔偿审判监督机制，是确保国家赔偿工作良性运转的重要保障，也是评价国家赔偿工作水平高低的重要标准。认真总结国家赔偿案件的经验和问题，使案件评查制度化、常态化。建立健全国家赔偿工作管理机制，对于立案、调查、质证、案件合议与研究、法律文书签批、文书校对、送达、卷宗装订归档等各个环节都需要确定要求和标准，明确责任加以规范。通过审判管理系统实现立案、分案、审限、结案、归档等关键节点的监督控制，把好案件的质量关。

(五)完善执行机制，规范赔偿决定的执行

进一步加强与各级政府、人大、财政、公安、司法、监狱等部门的沟通协调，召开国家赔偿工作联席会，整合全社会的力量，对实践中的普遍现象、疑难问题以及赔偿费用的支付方式等进行研讨总结，为当事人畅通赔偿渠道，为国家赔偿工作的顺利开展奠定基础。推动解决国家赔偿决定执行难问题，指导下级法院与当地政府联合出台关于国家赔偿决定执行的规范性文件，探索试行解决国家赔偿决定执行难的制度机制。

(六)探索解决刑事赔偿追偿追责问题

经济追偿、行政问责和刑事追责是约束、追究和制裁违法违纪工作人员的重要措施，不能束之高阁，弃之不用。公务人员执行职务行使权力是受国

家委托，国家应当对公务人员的违法行为承担风险责任，而公务人员在执行职务行使权力时，应对可能造成的损害极尽注意的义务，若违反职务上的义务，理应承担责任。如果完全由国家承担责任，公务人员得不到应有的惩罚与追究，结果就是可能放纵有过错的公务人员。探索建立符合法治标准和法治原则的国家赔偿追偿追责实施机制，力求追偿追责制度得到真正的落实。本着“有权必有责，用权受监督，违法要担责”，从明确追偿追责的主体，准确界定被追偿追责人，统一追偿追责的标准等角度，着力破解《国家赔偿法》实施中人民群众反映的“追偿难、追责难”的顽疾。

（七）加强国家赔偿队伍建设，提高国家赔偿队伍司法能力

继续推进高、中级人民法院赔偿委员会（办公室）的实体化改组，根据履行法定职能和实际承担任务的需要配齐配强审判人员，同时保持国家赔偿队伍的稳定和可持续发展。加强业务培训力度，为一线赔偿法官创造更多的学习和交流机会，提高培训的针对性和实效性。加强对国家赔偿法官的理想信念教育，不断提高政治素养。国家赔偿法官应增强大局观念和责任意识，始终着眼于维持人民群众的根本利益来开展工作，努力建设一支政治鉴定、能力过硬、作风优良、勇于担当、清正廉洁的高素质的国家赔偿队伍。

【裁判文书】

第二届全国法院优秀国家赔偿文书获奖文书选登

一等奖(3篇)

1.(2015)湘高法委赔字第7号国家赔偿决定书

——湖南省高级人民法院赔偿委员会

湖南省高级人民法院赔偿委员会
国家赔偿决定书

(2015)湘高法委赔字第7号

赔偿请求人:张南华,男,汉族,1962年9月4日出生。

赔偿请求人:常德市南华房地产开发有限公司。住所地:常德市武陵区洞庭大道(美景大厦705室)。

法定代表人:陈代新,经理。

赔偿请求人:常德市华南置业有限公司。住所地:常德市武陵区护城乡政府大院内。

法定代表人:张南华,经理。

以上三赔偿请求人的共同委托代理人:薛宏志,湖南联合创业律师事务所律师。

以上三赔偿请求人的共同委托代理人:王恒明,湖南协平律师事务所律师。

赔偿义务机关:常德市公安局。住所地:常德市武陵区柳叶大道2998号。

法定代表人:胡丘陵,局长。

委托代理人:鲁华,该局工作人员。

委托代理人:田芳,湖南合策律师事务所律师。

复议机关:湖南省公安厅。住所地:长沙市芙蓉区八一路110号。

法定代表人:黄关春,厅长。

赔偿请求人张南华、常德市南华房地产开发有限公司(以下简称南华公司)、常德市华南置业有限公司(以下简称华南置业公司)因刑事违法查封、扣押、冻结、追缴申请常德市公安局国家赔偿一案,不服湖南省公安厅湘公赔复字(2015)第1号刑事赔偿复议决定,向本院赔偿委员会申请作出赔偿决定。本院赔偿委员会依法受理后,于2015年7月22日组织双方当事人进行了质证。赔偿请求人张南华,张南华、南华公司、华南置业公司的委托代理人薛宏志、王恒明,赔偿义务机关常德市公安局的委托代理人鲁华、田芳,复议机关湖南省公安厅的工作人员谭勇等到庭参加质证。本案现已审理终结。

张南华、南华公司、华南置业公司于2014年10月31日向常德市公安局申请国家赔偿,常德市公安局逾期未作决定。张南华、南华公司、华南置业公司于同年12月30日向湖南省公安厅申请复议。湖南省公安厅经审查认为:(1)根据《中华人民共和国国家赔偿法》(以下简称《国家赔偿法》)第21条第3款的规定,张南华请求支付精神损害抚慰金的赔偿义务机关不是常德市公安局;(2)南华公司对于凯特国际项目投资的盈亏与公安机关扣押印章的行为没有直接因果关系,应当与合作开发的瑞祥房地产开发有限公司(以下简称瑞祥公司)进行结算;常德市公安局扣押的南华公司防伪合同章依法应当予以追回,返还给张南华;(3)常德堂皇置业有限公司的黄选乐将已经查封的蓝湖郡小区商品房对外出售,属于其个人行为,与常德市公安局查封房产的行为没有因果关系;(4)常德市公安局在办案过程中并未涉及皂果安置小区建设工程转让、人员解散、资金处理,华南置业公司代建皂果安置小区资金投入的损失不属于国家赔偿范围;(5)常德市公安局应当赔偿追缴张南华及其亲属资金1265.77万元的利息,利率按一年期整存整取存款2.25%

的标准计算;常德市公安局从张南华借贷关系人徐学林、舒德春等人处追缴的资金1133万元,因资金持有人为徐学林、舒德春等人,张南华不具有申请赔偿的主体资格。综上,湖南省公安厅以张南华为申请人,常德市公安局为被申请人作出湘公赔复字(2015)第1号刑事赔偿复议决定:常德市公安局赔偿张南华追缴的1265.77万元银行同期存款利息113.128501万元,将南华公司防伪合同章收回并返还张南华,其他请求不予赔偿。

张南华等不服复议决定,向本院赔偿委员会申请作出赔偿决定,请求:(1)变更湘公赔复字(2015)第1号刑事赔偿复议决定;(2)由常德市公安局将违法扣押的南华公司公章返还,赔偿由于违法扣押公章且在扣押期间违法使用公章出售瑞祥·凯特国际商居小区商品房而给张南华和南华公司造成的直接经济损失4506万元;(3)赔偿张南华等三请求人被追缴资金的利息3734888.90元;(4)赔偿张南华精神损害抚慰金10万元;(5)赔偿张南华、华南置业公司在皂果公寓楼安置小区代建项目中的直接损失1300万元;(6)赔偿张南华在非法羁押期间所支付的律师费、生活费、差旅费等损失230万元;(7)赔偿张南华在常德市蓝湖郡小区25套商品房被非法查封、非法处置的直接损失16102540元;(8)向张南华赔礼道歉,依法追究办案责任人员龚剑的法律责任。理由如下:

1.2009年12月10日,常德市公安局以张南华涉嫌非法经营罪对其刑事拘留,后检察机关决定不起诉张南华。张南华因此共被无辜羁押1079天,妻子明冬云也被无辜羁押334天。上述行为给赔偿请求人张南华身心和精神造成巨大损害,常德市公安局应依照《国家赔偿法》第35条的规定给予精神抚慰金。

2.张南华被无辜羁押后,南华公司、华南置业公司的全部公章被扣押,导致上述两公司无法进行年检,被工商行政管理部门吊销营业执照。同时,常德市公安局的办案人员龚剑将扣押的公章违法交给姚武使用,并非法擅自变卖南华公司的财产,使张南华、南华公司对瑞祥·凯特国际商居小区的全部投入及二公司的人、财、物灭失,其损失远远超过4506万元。

3.常德市公安局违法收缴资金2398.77万元,这其中包含从徐学林等人处追缴的1133万元,均属于张南华,全部资金所生利息均应赔偿给张南华。湘公赔复字(2015)第1号刑事赔偿复议决定只对其中的1265.77万元资金按照1年银行定期存款利率2.25%支付利息错误，应当以3年银行定期存款利率4.15%支付上述全部资金的利息。

4.华南置业公司承接的皂果公寓楼安置小区开发建设工程项目，被常德市公安局办案人员强制无偿转让他人，全部工作人员被解散，项目账上资金全部被扣划，导致该项目无法进行，公司的资金投入及合法回报无法收回，直接损失高达1300万元。

5.张南华被无辜羁押后，为维护自己的合法权益，聘请律师，向各级领导、部门汇报情况，以及在押期间的生活费用，共花费230万元。

6.常德市公安局违法对张南华已经常德市房地产管理局备案登记的42套商品房查封，造成当时无法办理产权权属登记。后在查封期间，房屋资产被常德堂皇置业有限公司非法出售、转让，从而造成赔偿请求人的巨额损失。

7.上述损失，是常德市公安局错误拘留、逮捕、羁押、查封、冻结、扣押、追缴等所致，也是龚剑等办案人员徇私枉法所造成，常德市公安局应当向赔偿请求人公开赔礼道歉，并依法追究违法办案人员龚剑个人的责任。

8.常德市公安局的违法行为，不仅造成张南华及家人身心、财产的损害，而且还给南华公司、华南置业公司的财产造成严重损失，湘公赔复字(2015)第1号刑事赔偿复议决定不列上述两公司为申请人错误。

常德市公安局答辩称，赔偿请求人的赔偿请求缺乏事实及法律依据，湘公赔复字(2015)第1号刑事赔偿复议决定认定事实清楚，适用法律正确，应当依法维持。理由如下：

1.在瑞祥·凯特国际商居小区项目的开发中，南华公司与瑞祥公司签订协议，约定合作开发。常德市公安局扣押南华公司公章后，为保护南华公司和大多数业主的利益，才将公章交给了南华公司的合作方瑞祥公司和姚武。常德市公安局并没有使用南华公司公章，而瑞祥公司和姚武使用公章出售商品房，如果造成南华公司的损失，应当由南华公司向瑞祥公司和姚武主张权利，而不能由常德市公安局进行赔偿。故赔偿请求人要求赔偿"扣押期间违法使用公章出售瑞祥·凯特国际商居小区商品房而给张南华和南华公司造成的直接经济损失4506万元"的请求不应得到支持。

2.常德市公安局已将大多数扣押的公章返还，但其中一枚南华公司的合同公章被姚武遗失,无法返还。南华公司可以依法向公安机关申请雕刻一枚新的合同章以方便其经营管理之用。

3. 常德市公安局没有对皂果公寓楼安置小区项目实施查封;也没有将该项目强制无偿转让他人、解散公司人员、发放解散费。该项目的转让,完全是委托方结算后对代建方重新选择的自主行为,常德市公安局没有实施任何干涉行为。若代建方确实对该项目存在资金投入,应当依据代建合同向委托方主张民事权利,而不是要求常德市公安局国家赔偿。故赔偿请求人要求赔偿"在皂果公寓楼安置小区代建项目中的直接损失1300万元"没有依据。

4. 常德堂皇置业有限公司的黄选乐私下将常德市公安局查封的常德市蓝湖郡小区25套商品房出售他人,其行为与常德市公安局的查封行为不存在任何关系,常德市公安局解封时,房产依然登记备案在张南华及其亲友名下,保持着查封前的原状。另外,上述房屋登记备案在张南华及其亲友名下,是源于常德堂皇置业有限公司与张南华及南华公司的抵账协议,并不存在商品房买卖合同关系,是虚假登记备案。故常德市公安局的行为没有给张南华造成损失,张南华请求赔偿"在常德市蓝湖郡小区25套商品房被非法查封、非法处置的直接损失16102540元"没有依据。

5. 常德市公安局在办案期间向徐学林等人追缴了张南华的债权共计1133万元,上述资金持有人是徐学林等人。后常德市公安局将上述资金支付给张南华,是基于徐学林等人的同意和授权,并非认可上述追缴资金属于张南华。故对上述资金有权请求支付利息的也只能是徐学林等人,张南华无请求的主体资格。

6. 张南华主张的律师费、生活费、差旅费等损失230万元不属于国家赔偿的范围;赔偿请求人要求追究违法办案人员龚剑个人的责任不符合国家赔偿法的规定,其请求应予驳回。

7. 按照国家赔偿法的规定,对于张南华有关赔偿精神损害抚慰金10万元、赔礼道歉等请求事项,常德市公安局不是赔偿义务机关,检察机关已对赔偿请求人的该项请求作出了赔偿决定,赔偿请求人再次提出该请求,依法不能得到支持。

本院赔偿委员会经审查,以下证据可以作为认定本案事实的依据:

(1)南华公司和华南置业公司的营业执照、组织机构代码证、企业注册登记资料;(2)南华公司与瑞祥公司的《房地产联合开发协议书》及《补充协议书》;(3)瑞祥·凯特国际商居小区的商品房预售许可证、国有土地使用权证、建设用地规划许可证、建设工程施工许可证、建设工程规划许可证;(4)皂果公寓楼安置小区委托代建合同、皂果公寓楼安置小区一期施工补充合同、皂果公寓楼安置小区后续工程委托代建合同;(5)常德堂皇置业有限公司的承诺书、部分常德仲裁委员会裁决书;(6)常公刑拘字(2009)0061号拘留证、(2011)武刑初字第77号取保候审决定书、湘常武检刑不诉(2013)27号不起诉决定书、(2011)武刑初字第77号刑事裁定书、常德市看守所释放证明书;(7)常德市公安局扣押物品、文件清单,常德市公安局向常德市检察院移交物品清单;(8)常德市公安局扣押收缴张南华、华南置业公司、南华公司相关印章的凭证,常德市公安局、常德市武陵区法院发还收缴的相关印章的凭证,常德市公安局就南华公司合同章对姚武的询问笔录;(9)常德市公安局关于查封张南华及其家属房产的函、关于解除张南华相关房产查封的函;(10)常德市武陵区公寓楼安置工作领导小组会议纪要(一)、皂果公寓楼安置小区一期工程清算表、常德市武陵区公寓楼安置工作领导小组会议纪要(二);(11)张友福、高启典、湖南东汉房地产开发有限公司徐学林、常德市德达房地产开发有限公司舒德春等人的证明材料、情况说明及张南华的领条;(12)常德市人民检察院常检控申赔决(2014)2号刑事赔偿决定书等。

经审理查明:2005年6月,南华公司成立,法定代表人为张南华。2009年6月15日,该公司法定代表人变更为陈代新。南华公司成立后,于2005年10月前后获得常德市常德大道与武陵大道西北角交汇处一宗国有土地的使用权。同年11月,张南华代表南华公司与瑞祥公司签订《房地产联合开发协议书》,约定:南华公司与瑞祥公司联合开发瑞祥·凯特国际商居小区项目;南华公司以获得的上述国有土地使用权作价入股,不参与项目的管理和运作,并以投入金额收取固定回报。此后,南华公司与瑞祥公司开始以南华公司的名义开发瑞祥·凯特国际商居小区项目。张南华还向有关企业与个人放贷。2006年7月以来,常德堂皇置业有限公司陆续向张南华借款。2008年11月12日,常德堂皇置业有限公司因借款到期无力偿还,向张南华出具《承诺书》,承诺以该公司开发的蓝湖郡小区部分商品房抵账。在此前后,张南华以本人及亲友的名义与常德堂皇置业有限公司签订蓝湖郡小区部分商品房预售合同,并到房产管理部门进行了备案。

2009年3月,华南置业公司成立,法定代表人为蔡文建。同年5月,该公司法定代表人变更为张南华。2009年6月,南华公司与常德市武陵区人民政府成立的武陵区公寓楼安置工作领导小组办公室签订《公寓楼安置小区委托代建合同》,受托代建常德市武陵区皂果公寓楼安置小区。后实际受托代建的为华南置业公司。

2009年12月9日,常德市公安局以涉嫌非法经营罪对张南华立案侦查,次日对其刑事拘留。2010年1月5日,常德市人民检察院批准逮捕张南华。在案件侦查期间,常德市公安局于2009年12月至2010年10月期间,先后追缴张南华及其关系人13笔资金共计2398.77万元。其中,追缴张南华资金1065.77万元,从华南置业公司扣划200万元,从张南华借贷关系人高启典、湖南东汉房地产开发有限公司徐学林等人处追缴资金1133万元。2009年12月10日,常德市公安局扣押了张南华及南华公司、华南置业公司相关印章16枚,并于2010年10月12日将扣押的南华公司行政章、财务章、防伪合同章交给瑞祥公司姚武办理房产相关手续。其余扣押的13枚印章则随案进行了移送。2009年12月16日,常德市公安局对预售合同备案在张南华及其亲友名下的蓝湖郡小区42套商品房进行查封(实际查封39套)。

常德市公安局在对张南华侦查期间,武陵区公寓楼安置工作领导小组于2010年1月21日就华南置业公司代建的皂果公寓楼安置小区第一期工程结算的问题召开专题工作会议。会议认为,因华南置业公司法定代表人张南华不能正常履行结算工作,决定由武陵区公寓楼安置工作领导小组办公室牵头组织华南置业公司等相关各方拿出结算方案,报批后实施。此后,武陵区公寓楼安置工作领导小组办公室组织相关各方对皂果公寓楼安置小区第一期工程进行了结算,但张南华不同意结算结果。2010年3月19日,武陵区公寓楼安置工作领导小组再次召开专题工作会议。会议认为,华南置业公司法定代表人张南华因不能正常履行代建合同,张南华本人自愿提出申请中止代建合同。决定中止华南置业公司对皂果公寓楼安置小区后续工程的代建合同,同意常德德达房地产开发有限公司作为皂果公寓楼安置小区后续工程的代建业主。同年3月22日，武陵区公寓楼安置工作领导小组办公室与常德德达房地产开发有限公司签订《皂果公寓楼安置小区后续工程委托代建合同》。

2010年7月6日，常德市公安局将张南华涉嫌非法经营罪案移送常德市人民检察院审查起诉。2011年1月29日，常德市人民检察院将该案指定常德市武陵区人民检察院审查起诉。同年2月18日，常德市武陵区人民检察院以张南华涉嫌非法经营罪向常德市武陵区人民法院提起公诉。2012年11月22日，常德市武陵区人民法院决定对张南华取保候审。2013年6月3日，常德市武陵区人民检察院撤回起诉，并于同月12日作出湘常武检刑不诉(2013)27号不起诉决定书，认为张南华的行为具有一定社会危害性，但尚不能以非法经营罪定罪处罚，也不构成其他犯罪，依照《中华人民共和国刑事诉讼法》第173条第1款的规定，决定对张南华不起诉，并决定公安机关在侦查中查封、扣押、冻结的财物应当依法处理。

常德市武陵区人民法院在对张南华涉嫌非法经营罪案审理期间，于2013年5月7日将张南华案随案移送的13枚印章退还给了张南华。常德市武陵区人民检察院对张南华作出不起诉决定后，常德市公安局于2014年1月3日从姚武处收回了南华公司行政章、财务章，并于2014年8月5日将该2枚印章退还给张南华。另一枚原交给姚武的南华公司防伪合同章，姚武则声称已遗失。2014年1月16日，常德市公安局将此前查封的预售合同备案在张南华及其亲友名下的蓝湖郡小区商品房全部解封。解封后上述房产的预售合同仍然备案在张南华及其亲友名下，与查封时没有改变。2014年1月至7月，常德市公安局先后将在侦查中追缴的资金2398.77万元退还张南华。其中从高启典、湖南东汉房地产开发有限公司徐学林等人处追缴的资金1133万元，高启典、湖南东汉房地产开发有限公司徐学林等人出具证明，证实该1133万元是张南华借贷给他们几人的，同意由公安局直接退还给张南华。

2014年5月23日，张南华向常德市人民检察院提起国家赔偿申请。常德市人民检察院于2014年7月22日作出常检控申赔决(2014)2号刑事赔偿决定，认为张南华被错误羁押1079天，该院作为赔偿义务机关应当予以赔偿，但没有证据证明侵权行为造成了张南华严重精神损害的后果，据此，决定:赔偿张南华赔偿金216544.51元;在宣布决定书时对张南华赔礼道歉;对张南华精神损害抚慰金10万元的请求,不予支持。2014年10月31日,张南华、南华公司、华南置业公司向常德市公安局申请国家赔偿,常德市公安局逾期未作决定。同年12月30日,张南华等向湖南省公安厅申请复议。湖南省公安厅经审查于2015年4月9日作出湘公赔复字(2015)第1号刑事赔偿复议决定,复议决定未将南华公司、华南置业公司列为申请人。张南华等不服复议决定,向本院赔偿委员会提出赔偿申请。

另查明,在常德市公安局将扣押的南华公司印章交姚武使用期间,张南华认为姚武违法使用南华公司印章,造成南华公司在瑞祥·凯特国际商居小区项目中巨大的损失,但南华公司与瑞祥公司尚未就瑞祥·凯特国际商居小区项目进行结算,也未就上述损失寻求仲裁或诉讼。

在常德市公安局查封蓝湖郡小区商品房期间,常德堂皇置业有限公司黄选乐将部分查封的房产对外出售,现张南华与常德堂皇置业有限公司就商品房买卖合同纠纷在常德市仲裁委员会、常德市中级人民法院进行仲裁、诉讼。2013年1月前后,常德市仲裁委员会裁定张南华以本人及亲友的名义与常德堂皇置业有限公司签订的蓝湖郡小区部分商品房预售合同不成立。

南华公司、华南置业公司因未进行年检,均于2011年9月16日被常德市工商行政管理局吊销企业营业执照。但两公司均尚未进行清算,未依法办理工商注销登记。

本院赔偿委员会认为:

1.关于本案的赔偿请求人和赔偿义务机关的问题。根据《国家赔偿法》第18条第1项的规定,行使侦查、检察、审判职权的机关以及看守所、监狱管理机关及其工作人员在行使职权时有违法对财产采取查封、扣押、冻结、追缴等措施的,受害人有取得赔偿的权利。本案中,常德市公安局在侦查张南华涉嫌非法经营罪一案中,对张南华、南华公司、华南置业公司的财产采取了查封、扣押、冻结、追缴等措施,此后检察机关对张南华作出不起诉决定,常德市公安局的上述行为已没有了合法依据。据此,张南华、南华公司、华南置业公司有取得赔偿的权利。虽然南华公司、华南置业公司被吊销企业营业执照,但是根据《最高人民法院关于企业法人营业执照被吊销后,其民事诉讼地位如何确定的复函》中“企业法人被吊销营业执照后至被注销登记前，该企业法人仍应视为存续，可以自己的名义进行诉讼活动”的批复规定，南华公司、华南置业公司仍应视为存续，可以以自己的名义申请国家赔偿。湖南省公安厅在对张南华、南华公司、华南置业公司提出赔偿的复议程序中，未将南华公司、华南置业公司列为申请人不当。根据《国家赔偿法》第21条“行使侦查、检察、审判职权的机关以及看守所、监狱管理机关及其工作人员在行使职权时侵犯公民、法人和其他组织的合法权益造成损害的，该机关为赔偿义务机关”的规定，本案中，常德市公安局在侦查张南华涉嫌非法经营罪一案中，对张南华、南华公司、华南置业公司的财产采取了查封、扣押、冻结、追缴等措施，故常德市公安局为本案的赔偿义务机关。

2. 关于追缴资金及利息的赔偿问题。本案中，常德市公安局先后追缴张南华资金1065.77万元，从华南置业公司扣划200万元，从张南华借贷关系人高启典、湖南东汉房地产开发有限公司徐学林等人处追缴资金1133万元，共计2398.77万元。其中从高启典、湖南东汉房地产开发有限公司徐学林等人处追缴的资金1133万元，高启典、湖南东汉房地产开发有限公司徐学林等人出具证明，证实该1133万元是张南华借给他们几人的，同意由公安局直接退还给张南华。由此可见，该1133万元与常德市公安局所追缴张南华资金1065.77万元，合计2198.77万元，均属于常德市公安局追缴的张南华的资金。而从华南置业公司扣划的200万元，因企业法人的财产是独立的，则应明确为华南置业公司所有。根据《国家赔偿法》第18条第1项、第36条第1项的规定，常德市公安局应当分别将上述资金返还张南华和华南置业公司。鉴于常德市公安局已将上述资金全部返还给了张南华，华南置业公司对此不持异议，本院赔偿委员会予以认可。根据《国家赔偿法》第36条第7项“返还执行的罚款或者罚金、追缴或者没收的金钱，解除冻结的存款或者汇款的，应当支付银行同期存款利息”的规定，常德市公安局还应分别支付张南华、华南置业公司上述资金的银行同期存款利息。经委托有关部门计算，张南华上述2198.77万元被追缴资金的银行同期存款利息为2396269.94元，华南置业公司被扣划的200万元资金的银行同期存款利息为232500元。湖南省公安厅湘公赔复字(2015)第1号刑事赔偿复议决定只对追缴张南华的资金1065.77万元支付利息，且利息的计算上也不恰当，应予以纠正。

3. 关于扣押公章的损失赔偿问题。本案中,常德市公安局在侦查张南华涉嫌非法经营罪一案中,扣押了张南华、南华公司等印章16枚,根据《国家赔偿法》第36条第2项"查封、扣押、冻结财产的,解除对财产的查封、扣押、冻结,造成财产损坏或者灭失的,依照本条第3项、第4项的规定赔偿"的规定,相关单位对上述扣押的16枚印章已返还15枚,另外一枚南华公司的防伪合同章也应当返还给南华公司,如确实无法返还,则应按照上述规定,协助南华公司重新申请和制作相应印章并支付所需费用。至于赔偿请求人提出,常德市公安局于2010年10月12日将扣押的南华公司行政章、财务章、防伪合同章交给瑞祥公司姚武办理房产相关手续,导致南华公司在瑞祥·凯特国际商居小区项目中重大损失应予赔偿的问题,根据1996年修正的《中华人民共和国刑事诉讼法》第114条第2款"对于扣押的物品、文件,要妥善保管或者封存,不得使用或者损毁"及2007年修正的《公安机关办理刑事案件程序规定》第217条"对于扣押的物品、文件、邮件、电子邮件、电报,应当指派专人妥善保管,不得使用、调换、损毁或者自行处理"的规定,常德市公安局对上述印章保管不善也是违法的,如果造成了损害后果,则依法应当在自己的责任范围内承担赔偿责任。但由于南华公司与瑞祥公司尚未就瑞祥·凯特国际商居小区项目进行结算,也未就相关损失进行仲裁或诉讼,从而南华公司在该项目中有没有损失,有多大的损失均无法确定。故对赔偿请求人的该项赔偿请求予以驳回。

4. 关于皂果公寓楼安置小区代建项目中的损失问题。在皂果公寓楼安置小区代建项目中,与南华公司签订委托代建合同的是常德市武陵区人民政府成立的武陵区公寓楼安置工作领导小组办公室。合同签订后,实际受托代建的为华南置业公司。之后,与华南置业公司中止合同,并委托其他公司代建项目后期工程的仍然是武陵区公寓楼安置工作领导小组办公室。上述活动,是南华公司、华南置业公司与常德市武陵区人民政府之间的商业合同活动,并没有证据证明有常德市公安局违法行使职权行为参与上述活动,常德市公安局与上述商业活动并无直接的因果关系。由于赔偿请求人请求的皂果公寓楼安置小区代建项目中的损失并不是常德市公安局的违法职权行为造成,故赔偿请求人请求常德市公安局赔偿该损失没有依据,不予支持。

5. 关于张南华在常德市蓝湖郡小区25套商品房的损失问题。常德市公安局在侦查张南华涉嫌非法经营罪一案中，对预售合同备案在张南华及其亲友名下的部分蓝湖郡小区商品房进行了查封，根据《国家赔偿法》第36条第2项"查封、扣押、冻结财产的，解除对财产的查封、扣押、冻结，造成财产损坏或者灭失的，依照本条第三项、第四项的规定赔偿"的规定，常德市公安局于2014年1月16日将查封的房产全部解封并无不当。赔偿请求人认为，在常德市公安局查封期间，常德堂皇置业有限公司黄选乐将部分查封的房产对外出售，从而造成张南华的损失，要求常德市公安局赔偿上述损失。本院赔偿委员会认为，常德市公安局对涉案房产的查封，主要是限制房产在房产管理部门的过户转让。经查，上述备案预售合同在常德市公安局查封期间并没有发生改变合同备案登记的情形，查封没有失去效力。至于在查封期间，常德堂皇置业有限公司黄选乐擅自将部分查封的房产对外出售，属于另一法律关系，现张南华与常德堂皇置业有限公司就有关的商品房买卖合同纠纷正在进行仲裁、诉讼。如果张南华有损失，也并不是常德市公安局的查封造成。故张南华请求常德市公安局赔偿在常德市蓝湖郡小区25套商品房的损失没有依据，不予支持。

6. 关于精神损害赔偿的问题。《国家赔偿法》第35条规定，"有本法第三条或者第十七条规定情形之一，致人精神损害的，应当在侵权行为影响的范围内，为受害人消除影响，恢复名誉，赔礼道歉；造成严重后果的，应当支付相应的精神损害抚慰金"。该条规定应当支付相应的精神损害抚慰金的情形，只局限于侵犯人身权。本案中，对张南华作出逮捕决定的机关为常德市人民检察院，因此该院是对侵犯张南华人身权承担赔偿责任的赔偿义务机关。该院已经作出常检控申赔决(2014)2号刑事赔偿决定，对侵犯张南华人身权的行为作出了赔偿决定，并对侵犯人身权造成的精神损害作出处理。赔偿请求人再次就同一案件事实要求常德市公安局赔偿精神损害抚慰金、赔礼道歉没有依据，不予支持。

7. 关于律师费、生活费、差旅费及追究办案人员责任等其他赔偿请求问题。我国国家赔偿是实行法定赔偿原则，即赔偿范围、赔偿方式、赔偿金额等均由国家赔偿法作出明文规定，上述赔偿请求均不属于《国家赔偿法》规定的赔偿范围，应予以驳回。

综上,赔偿请求人请求常德市公安局支付被追缴资金的利息及返还扣押的南华公司印章的赔偿请求,依法应予支持;赔偿请求人的其他赔偿请求没有事实和法律依据,不予支持。湘公赔复字(2015)第 1 号刑事赔偿复议决定未将南华公司、华南置业公司列为申请人,对追缴资金的数额、权利人的认定及利息计算不当,应予纠正。依据《最高人民法院关于人民法院赔偿委员会审理国家赔偿案件程序的规定》第 19 条第 3 项的规定,决定如下:

1. 撤销湖南省公安厅湘公赔复字(2015)第 1 号刑事赔偿复议决定;

2. 由常德市公安局支付张南华被追缴资金 2198.77 万元的银行同期存款利息 2396269.94 元;

3. 由常德市公安局支付常德市华南置业有限公司被扣划资金 200 万元的银行同期存款利息 232500 元;

4. 由常德市公安局返还常德市南华房地产开发有限公司的防伪合同章,如确实无法返还,则协助常德市南华房地产开发有限公司重新申请和制作相应印章,并支付所需费用;

5. 驳回赔偿请求人张南华、常德市南华房地产开发有限公司、常德市华南置业有限公司的其他赔偿请求。

本决定为发生法律效力的决定。

二〇一五年九月十八日

2.(2017)黑委赔12号国家赔偿决定书

——黑龙江省高级人民法院赔偿委员会

黑龙江省高级人民法院赔偿委员会
国家赔偿决定书

(2017)黑委赔12号

赔偿请求人:苗景顺,男,汉族,1934年9月10日出生。

赔偿请求人:陈玉萍,女,汉族,1970年3月2日出生。

赔偿请求人:苗雨阳,男,汉族,2000年3月6日出生。

赔偿请求人:苗秋峰,男,汉族,1968年2月15日出生。

委托代理人:苗秋玲,女,汉族,1973年3月14日出生。

赔偿义务机关:黑龙江省牡丹江监狱。住所地:黑龙江省牡丹江市东安区江南开发区。

法定代表人:马玉飞,该监狱监狱长。

委托代理人:王世喜,该监狱政策法规办科员。

委托代理人:张艳,黑龙江张艳律师事务所律师。

复议机关:黑龙江省监狱管理局。住所地:黑龙江省哈尔滨市南岗区汉广街79号。

法定代表人:宋恩,该局局长。

委托代理人:张晶,该局政策法规处科员。

苗景顺、陈玉萍、苗雨阳、苗秋峰以放纵他人殴打致人死亡为由申请黑龙江省牡丹江监狱(以下简称牡丹江监狱)国家赔偿一案,苗景顺因其子苗秋成于牡丹江监狱服刑期间死亡,向牡丹江监狱申请国家赔偿。牡丹江监狱作出的黑牡狱法规办(2009)2号答复函认为,苗秋成系受罪犯赵玉泉伤害致死,监狱民警的违法行为与苗秋成死亡之间不存在直接因果关系,受害方已经通过刑事附带民事判决受偿,本案不属于刑事赔偿范围,故不予赔偿。苗景顺不服,向黑龙江省监狱管理局(以下简称监狱管理局)申请复议,监狱管理局作出黑狱复决(2009)3号复议决定,认为本案不属于刑事赔偿范围,维持了牡丹江监狱答复函作出的决定。苗景顺、陈玉萍、苗雨阳、苗秋峰不服,向本院赔偿委员会申请作出赔偿决定,本院赔偿委员会依法对本案进行了审理,于2017年5月16日组织了质证,现已审理终结。

赔偿请求人苗景顺、陈玉萍、苗雨阳、苗秋峰认为,牡丹江监狱违法使用赵玉泉作为犯人小组组长,放纵被害人苗秋成被殴打,且未尽到及时救治的义务,造成苗秋成死亡,应承担国家赔偿责任。据此提出下列赔偿请求:(1)撤销监狱管理局黑狱复决(2009)3号复议决定。(2)牡丹江监狱支付死亡赔偿金、丧葬费1264820元,死者生前赡养人(母)生活费227912元,死者生前抚养人(儿)生活费427335元,死者生前扶养人(兄)生活费569780元,死者医疗费3906元,精神损失费1000000元,合计3493753元。

赔偿义务机关牡丹江监狱答辩称:(1)赵玉泉作为犯人杂工符合法律规定。(2)因本案属于突发事件,案发后监狱进行了紧急施救,致苗秋成死亡的赵玉泉在刑事附带民事判决中已经被判负民事赔偿责任,申请人无权再次主张赔偿,故牡丹江监狱对于本案不应承担责任。

复议机关监狱管理局的答辩意见同赔偿义务机关牡丹江监狱。

2017年5月16日,本院赔偿委员会对本案组织了质证。赔偿请求人苗景顺、苗秋峰,委托代理人苗秋玲,赔偿义务机关牡丹江监狱的委托代理人王世喜、张艳,复议机关监狱管理局的委托代理人张晶参加了质证。

根据《国家赔偿法》第26条第2款的规定,被羁押人在羁押期间死亡或者丧失行为能力的,赔偿义务机关的行为与被羁押人的死亡或者丧失行为能力是否存在因果关系,赔偿义务机关应当提供证据。本案中,苗秋成于牡丹江监狱服刑期间死亡,属于上述法律规定的举证责任倒置的情形,赔偿义务机关牡丹江监狱应当对自己的行为与苗秋成的死亡是否存在因果关系承担举证责任。

赔偿义务机关牡丹江监狱为证明自己的主张,举示了下列证据:

证据1.(2008)宁刑初字第175号刑事判决书,欲证明虽然焦立明构成犯罪,但是判决书中没有认定其放纵殴打这一事实,所以不在国家赔偿范围之内。

证据2. 黑龙江省司法厅劳改局黑司劳狱字(1988)5号文件,欲证明赵玉泉作为犯人小组长符合规定。

赔偿请求人一方对赔偿义务机关牡丹江监狱举示的证据,提出了下列质证意见:对于两份证据的真实性没有异议,但对证明的问题有异议。证据1中已经确定了焦立明没有进行瞭望,其行为构成玩忽职守罪,这已经是对其违法行为的确认。另外,对该份判决书认定的事实也不认同。证据2的内容是犯人杂工的条件,赵玉泉的职务不是杂工,是犯人小组长。

复议机关监狱管理局对赔偿义务机关牡丹江监狱举示的证据无异议。

复议机关监狱管理局未针对本案举示证据。

赔偿请求人为证明自己的主张,举示了下列证据:

证据1. 宁安市人民检察院对牡丹江监狱第一监区管教员赵明辉的询问笔录一份,欲证明四个问题:(1)赵玉泉是犯人小组长。(2)平时车间有三名警察在场,案发当时牡丹江监狱警力不足,监狱对苗秋成的死亡负有不可推卸的管理责任。(3)焦立明的职责是负责分监区的工作,安排生产改造、人事安排等事项。(4)汝建斌的职责是负责通向车间的大门,对车辆人员进行安检。

证据2. 牡丹江监狱对赵玉泉第一次的询问笔录一份,认为该证据反映出赵玉泉当时跟着去医院了,且该笔录的日期距事发相隔十天时间,欲证明焦立明在案发之后帮助当事人消灭伪造证据,隐瞒案情,谎称苗秋成是疾病死亡。

证据3. 宁安市人民检察院2007年对当时车间犯人做的询问笔录,欲证明焦立明一向纵容赵玉泉殴打犯人,且案发时仅有焦立明一人在场,赵玉泉打苗秋成时焦立明看着不制止,放纵赵玉泉殴打苗秋成。

证据4. 牡丹江监狱对于3·24事件的发案报告一份,报告称苗秋成受伤原因不明,被送到不治疗脑病的心血管医院。欲证明牡丹江监狱存在未尽及时救治义务的责任。

证据5. 监狱管理局的复议决定书一份,欲证明赔偿请求人在法定期限内申请了复议。

证据6. 焦立明被判决犯玩忽职守罪的法律文书,欲证明焦立明构成玩忽职守罪。

证据7.苗秋成之母兰耀珍的火化证明复印件,欲证明苗秋成之母兰耀珍死亡时间。

证据8.苗秋峰的残疾证,欲证明苗秋峰属于苗秋成生前扶养的丧失劳动能力的被扶养人。

证据9.牡丹江市统计局发布的2016年牡丹江市城镇居民人均可支配收入标准和国家统计局发布的2015年全国在岗职工平均工资标准。欲证明死亡赔偿金和生前扶养人扶养费的计算标准。

证据10.到黑龙江省高级人民法院申请国家赔偿的材料、来访人员登记表、上访日记等,欲证明赔偿请求人申请国家赔偿符合国家赔偿法关于时效的规定。

证据11.苗雨阳的身份证复印件,欲证明苗雨阳的身份和年龄,属于苗秋成生前抚养的被抚养人。

证据12.国家赔偿案例一份,欲证明本案应当参照该案例作出国家赔偿决定。

赔偿义务机关牡丹江监狱对赔偿请求人一方举示的证据,提出了下列质证意见:

对证据1的真实性无异议,对证明的第二个问题有异议。该证据不能证明赔偿义务机关警力不足,虽然确实应该有三名干警在场,但赵明辉是有事请假暂时离开,法律没有禁止干警请假的行为。

对证据2的真实性无异议,但对证明的问题有异议。该观点系赔偿请求人一方主观推断,没有根据。笔录与事发相隔有段时间是因监狱狱侦科调查之后形成卷宗才能移交检察院,是正常办案程序,不是发生案件就能批捕拘留。另外,犯人的观点不能代表监狱。赵玉泉跟着去看病是因为一般情况下都是组长杂工帮着抬,在保证他们不能逃跑的情况下由他们做这个事情。

对证据3的真实性无异议,但对证明的问题有异议。干警对犯人有教育管教的责任,工作过程中可能导致犯人有一些积怨,所以犯人所述不一定是真实的,而已经生效的判决所认定的事实可以直接作为证据使用,焦立明的判决中已经认定案发当时焦立明与汝建斌在核算犯人百分,都在现场,赔偿请求人举示的证言均未被法院采信，焦立明的判决中也并未认定赔偿请求人要证明的问题。

对证据4的真实性无异议，但对证明的问题有异议。心血管医院是距离事发现场最近的医院，这份证据可以证实牡丹江监狱将苗秋成送往了最近也是最先能够救治的场所，尽到了及时救治的义务。

对证据5无异议。

对证据6无异议。

对证据7真实性无异议，对证明的问题有异议。认为该证据不能证明死亡时间，且计算赡养费的时间不应当是8年，因为即使从火化时间算，从苗秋成死亡至兰耀珍死亡也不满8年。

对证据8的真实性无异议，对证明的问题有异议。(1)听力二级残的情况下戴上助听器可以听到声音，不能证明苗秋峰丧失了行为能力。(2)苗秋成与苗秋峰之间不存在扶养关系。(3)计算扶养费的基础以牡丹江市2016年可支配收入作为基础是错误的，应当以最低生活保障为基数。

对证据9的真实性无异议，对证明的问题有异议。认为计算标准应当根据国家赔偿法的规定计算。

对证据10无异议。

对证据11的真实性无异议，对证明的问题有异议。认为抚养费的计算标准应当以最低生活保障为基础，且因苗雨阳有母亲，抚养费数额应当减半。

对证据12的真实性无异议，对证明的问题有异议。本案和该案例不具有可比性，本案不是殴打虐待，是玩忽职守疏于瞭望。

复议机关监狱管理局对赔偿请求人一方举示的证据，提出了下列质证意见：

对证据1、证据2的真实性无异议，对证据反映的内容认为没有事实依据，且与本案无关。对证据3的质证意见同赔偿义务机关，且认为与本案无关。对证据4的质证意见同赔偿义务机关。对证据5、证据6、证据7无异议。对证据8、证据9的质证意见同赔偿义务机关。对证据10无异议。对证据11、证据12的质证意见同赔偿义务机关。

为进一步查清案件事实，按照本院赔偿委员会要求，赔偿请求人补充提交了下列证据:(1)陈玉萍再婚的结婚证一份,欲证明陈玉萍现在的婚姻状况和再婚时间。(2)牡丹江市西安区温春镇立新村民委员会出具的火化时间证明一份,欲证明兰耀珍的死亡时间和火化时间是同一天。(3)牡丹江市第五高级中学出具的苗雨阳现在该学校高二七班就读的证明一份,欲证明苗雨阳现为学生。(4)苗雨阳和陈玉萍的户籍,欲证明苗雨阳现与其母共同生活及苗雨阳的户别。(5)苗秋峰的低保证,欲证明苗秋峰初次领取低保的时间及生活状况。(6)(2008)牡刑一初字第 36 号判决,欲证明赔偿请求人一方在苗秋成死亡前支付了 2331 元医药费。2017 年 5 月 26 日,本院赔偿委员会组织赔偿请求人、赔偿义务机关、复议机关对补充的证据进行了证据交换,赔偿请求人苗景顺、陈玉萍及委托代理人苗秋玲,赔偿义务机关牡丹江监狱的委托代理人王世喜,复议机关监狱管理局的委托代理人张晶参加了本次证据交换。赔偿义务机关和复议机关对赔偿请求人补充的证据及证明的问题无异议。另外,赔偿请求人补充提交牡丹江监狱的立案审批表一份,欲作为第一次质证中证据 2 的补强,赔偿义务机关及复议机关的质证意见与第一次质证时一致。

本院赔偿委员会综合双方举示的证据认定如下:

牡丹江监狱举示的证据 1 中,该判决认定负责监管罪犯劳动生产安全的原牡丹江监狱二十二监区四分监区监区长焦立明在苗秋成被殴打时未尽监管职责,未进行巡视和瞭望,并判处焦立明犯玩忽职守罪。《国家赔偿法》第 17 条第 4 项规定中包含了怠于行使法定职责造成损害的行为,本案中焦立明在行使职权行为时存在疏于监管的行为,属于《国家赔偿法》规定的侵权行为范围,故牡丹江监狱欲以该项证据证明本案不属于国家赔偿范围的主张本院赔偿委员会不予采信。

牡丹江监狱举示的证据 2 具有真实性,合法性,且与本案具有关联性,本院赔偿委员会予以采信。

赔偿请求人举示的证据 2 中,牡丹江监狱在事发时令赵玉泉与其他人共同送受害人苗秋成去医院的行为及牡丹江监狱在案发后对案件进行立案和调查的过程不能充分证明赔偿请求人的主张,本院赔偿委员会不予采信。

证据 3 中,因询问笔录的内容在该案生效法律文书中并未予以认定,本院赔偿委员会不予采信。

证据4中,该报告内容为苗秋成昏倒后,监狱工作人员将苗秋成送往离监狱最近的心血管医院救治,经检查后医生认为不是心脏问题,必须转到综合性医院予以救治。因苗秋成始终处于昏迷状态,为尽快对苗秋成进行救治,又将苗秋成送往离心血管医院最近的红旗医院救治。后又在苗秋成家属的要求下,转到脑科医院进行头部手术,2003年3月28日8时30分许,苗秋成医治无效死亡。从该报告的内容看,牡丹江监狱在苗秋成伤情不明的情况下,将苗秋成送往最近的医院进行救治的行为不存在未尽及时救助义务的情形,故对赔偿请求人欲通过该报告证明的问题,本院不予采信。

证据8中,苗秋峰的残疾证显示,苗秋峰为听力二级残,该残疾程度不属于法律规定的丧失劳动能力的情形,故苗秋峰以其为苗秋成生前抚养的无劳动能力的人为由,要求牡丹江监狱支付其抚养费的主张,本院不予采信。

证据9中,因《国家赔偿法》及相关法律规定对死亡赔偿金和死者生前扶养人生活费的计算基础有明确规定,故对赔偿请求人提出的以牡丹江市统计局发布的2016年牡丹江市城镇居民人均可支配收入标准作为生前扶养人生活费计算标准的主张,本院赔偿委员会不予采信。

证据12中,该案例与本案实际情况存在差异,不具有关联性,本院赔偿委员会不予采信。

赔偿请求人举示的其他证据具有真实性,合法性,且与本案具有关联性,本院赔偿委员会予以采信。

经审理查明,2003年3月24日14时30分许,牡丹江监狱二十二监区四分监区在牡丹江市第二毛纺厂修布车间出外役,该监区担任犯人小组长的服刑人员赵玉泉因他人举报服刑人员苗秋成挑容易修的布匹,将苗秋成叫到修布机旁边的过道上,辱骂训斥后用拳击打其头部数分钟,直到将其打倒在地,其倒地后脑枕部摔在地上导致昏迷。在此期间,车间内负责监管罪犯劳动生产安全的原牡丹江监狱二十二监区四分监区监区长焦立明未尽监管职责,未进行巡视和瞭望,直至苗秋成被打倒昏迷后才组织人员将苗秋成送往医院救治,苗秋成经抢救无效于2003年3月28日死亡。

2003年10月16日,牡丹江市东安区人民检察院(以下简称东安区检察院)以(2003)154号起诉书向牡丹江市东安区人民法院(以下简称东安区法院)提起公诉,指控被告人赵玉泉犯故意伤害罪。在诉讼过程中,苗景顺、兰耀珍、陈玉萍、苗雨阳对赵玉泉、牡丹江监狱提起附带民事诉讼,牡丹江监狱对苗景顺提出反诉。2003年11月13日,东安区法院作出(2003)东刑初字第164号刑事附带民事判决,判决:(1)被告人赵玉泉犯故意伤害罪,判处有期徒刑12年,前犯因故意伤害罪没有执行的刑期为有期徒刑3年4个月零28天,剥夺政治权利3年。决定执行的刑期为有期徒刑14年,剥夺政治权利3年。(2)被告人赵玉泉赔偿附带民事诉讼原告人苗景顺、兰耀珍、陈玉萍、苗雨阳死亡赔偿金共38244元;赔偿苗景顺、兰耀珍医药费2331元;赔偿兰耀珍赡养费9561元;赔偿苗雨阳抚育费22946.40元。上述款项共计人民币73082.40元,被告人赵玉泉于本判决发生效力后30日内履行完毕。(3)驳回附带民事原告人苗景顺、兰耀珍、陈玉萍、苗雨阳对附带民事被告牡丹江监狱的诉讼请求。(4)驳回附带民事被告(反诉原告)牡丹江监狱对附带民事原告人苗景顺(反诉被告)的反诉请求。

宣判后,赵玉泉、苗景顺、兰耀珍、苗雨阳不服,向牡丹江市中级人民法院(以下简称牡丹江中院)提出上诉,2003年12月24日,牡丹江中院作出(2003)牡刑一终字第52号刑事附带民事裁定,裁定驳回上诉,维持原判。该裁定发生法律效力后,牡丹江市人民检察院(以下简称牡丹江市检察院)于2008年2月21日作出《关于对罪犯赵玉泉故意伤害一案按照审判监督程序重新审理的建议函》,认为原审判决生效后,被害人苗秋成亲属多次申诉,检察机关在调查该案涉及的职务犯罪线索中发现原案证据、案情有新的变化,依据《刑事诉讼法》的有关规定,建议牡丹江中院按照审判监督程序重新审理此案。2008年5月12日,牡丹江中院作出(2008)牡申刑复字第5号再审决定,决定本案由牡丹江中院另行组成合议庭进行再审。2008年6月19日,牡丹江中院作出(2008)牡监刑再终字第4号刑事附带民事裁定,裁定:(1)撤销牡丹江中院(2003)牡刑一终字第52号刑事附带民事裁定和东安区法院(2003)东刑初字第164号刑事附带民事判决;(2)发回原审人民法院重新审判。本案发回重审后,东安区检察院撤回起诉,并于2008年7月21日报送牡丹江市检察院审查起诉。2008年9月16日,牡丹江市检察院以牡检刑诉(2008)34号起诉书向牡丹江中院提起公诉,指控被告人赵玉泉犯故意伤害罪。2008年10月23日,牡丹江中院作出(2008)牡刑一初字第36号刑事判决,判决赵玉泉犯故意伤害罪,判处死刑,缓期2年执行,剥夺政治权利终身。

2008 年 11 月 18 日，宁安市人民法院（以下简称宁安法院）作出（2008）宁刑初字第 175 号刑事判决，判处焦立明犯玩忽职守罪，免予刑事处罚。2012 年 9 月 27 日，宁安法院作出（2012）宁申刑复字第 1 号再审决定，决定对本案进行再审。2013 年 4 月 18 日，宁安法院作出（2012）宁刑再字第 1 号刑事裁定，维持宁安法院（2008）宁刑初字第 175 号判决。

苗景顺据此向牡丹江监狱申请国家赔偿。牡丹江监狱作出黑牡狱法规办（2009）2 号答复函，对苗景顺不予赔偿。苗景顺不服，向监狱管理局申请复议，监狱管理局作出黑狱复决（2009）3 号刑事赔偿复议决定，维持黑牡狱法规办（2009）2 号答复函的决定。苗景顺、陈玉萍、苗雨阳、苗秋峰不服，向本院赔偿委员会申请作出赔偿决定。

另查明，关于苗秋成的死亡原因，牡丹江市人民检察院法医学尸体检验鉴定书结论为：苗秋成生前系外力作用致颅脑损伤死亡。黑龙江省司法鉴定委员会司法医学尸体检验鉴定书结论为：苗秋成头部受拳击造成颅脑损伤使其摔倒，导致颅骨骨折、脑挫裂伤、小脑扁桃体疝死亡。黑龙江省人民检察院法医学文证审查意见书结论为：（1）死者苗秋成头部损伤系多处打击形成；（2）其头部一次向后倒地，可以形成多处骨折。

还查明，苗秋成之父苗景顺为退休教师，退休工资每月 4100 元。苗秋成之母兰耀珍于 2010 年 8 月 6 日死亡。陈玉萍在苗秋成死亡后，于 2009 年 4 月 1 日再婚。苗秋成之子苗雨阳于 2000 年 3 月 6 日出生。苗秋成之兄苗秋峰为听力二级残。苗景顺与兰耀珍育有子女 5 人，分别为苗秋杰、苗秋媛、苗秋峰、苗秋成、苗秋玲。

本院赔偿委员会认为，关于本案赔偿请求人的适格问题，根据《国家赔偿法》第 6 条第 2 款、第 20 条，《最高人民法院、最高人民检察院关于办理刑事赔偿案件适用法律若干问题的解释》第 9 条第 1 款的规定，受害的公民死亡，其继承人和其他有扶养关系的亲属有权要求赔偿。本案中，苗秋成于牡丹江监狱服刑期间死亡，其父苗景顺、其母兰耀珍、其前妻陈玉萍、其子苗雨阳有权以继承人身份申请国家赔偿，其兄苗秋峰亦可以被扶养人身份申请国家赔偿。因兰耀珍已于 2010 年 8 月 6 日死亡，故本案赔偿请求人应为苗景顺、陈玉萍、苗雨阳、苗秋峰。

关于牡丹江监狱是否应当承担赔偿责任问题。苗秋成在牡丹江监狱服刑期间,被其他服刑人员殴打致死,监狱管理人员焦立明因未及时制止,存在疏于监管的行为并被判处犯玩忽职守罪免予刑事处罚,故牡丹江监狱未尽到监管职责与苗秋成的死亡之间存在一定联系,牡丹江监狱应当承担相应的赔偿责任。根据《国家赔偿法》第17条第4项的规定,本案应综合考虑该怠于履行职责的行为在损害发生过程和结果中所起的作用等因素,适当确定赔偿比例和数额。

关于赔偿请求人提出的死亡赔偿金、丧葬费的赔偿请求。根据《国家赔偿法》第34条第1款第3项的规定,造成死亡的,应当支付死亡赔偿金、丧葬费,总额为国家上年度职工年平均工资的20倍。根据《最高人民法院、最高人民检察院关于办理刑事赔偿案件适用法律若干问题的解释》第21条第1款的规定,《国家赔偿法》第34条规定的上年度,是指赔偿义务机关作出赔偿决定时的上一年度,故本案死亡赔偿金、丧葬费总额应当按照国家统计局2017年5月27日公布的2016年城镇非私营单位就业人员年平均工资数额67569元计算,即67569元×20年=1351380元。牡丹江监狱应当承担因疏于监管产生的相应的国家赔偿责任,支付苗景顺、陈玉萍、苗雨阳死亡赔偿金、丧葬费405414元。

关于赔偿请求人提出的精神损害抚慰金的赔偿请求。根据《国家赔偿法》第35条的规定,有《国家赔偿法》第3条或者第17条规定情形之一,致人精神损害并造成严重后果的,应当支付相应的精神损害抚慰金。本案中,苗秋成因侵权行为而死亡,牡丹江监狱对于苗秋成的死亡负有疏于监管的责任,应当认定侵权行为致人精神损害并且造成严重后果,故本案赔偿请求人提出的精神损害抚慰金的赔偿请求,符合法律规定,应予支持。关于精神损害抚慰金的数额,综合考量精神损害事实和严重后果的具体情况,侵权机关及其工作人员的违法、过错程度,侵权的手段、方式等具体情节,赔偿请求人、赔偿义务机关住所地平均生活水平等因素,牡丹江监狱应支付赔偿请求人苗景顺、陈玉萍、苗雨阳精神损害抚慰金60000元。

关于赔偿请求人提出的对死者生前扶养人生活费的赔偿请求。根据《国家赔偿法》第34条第1款第3项的规定,造成死亡的,应当支付死亡赔偿金、丧葬费。对死者生前扶养的无劳动能力的人,还应当支付生活费。故本案中赔偿请求人有权请求赔偿义务机关牡丹江监狱支付死者生前扶养的无劳动能力的人的生活费。本案中，赔偿请求人要求赔偿义务机关牡丹江监狱支付死者苗秋成母亲兰耀珍、儿子苗雨阳和兄长苗秋峰的生活费。经查，苗秋成之子苗雨阳于2000年3月6日出生，属于法律规定的苗秋成依法应当承担抚养义务的未成年人，其母兰耀珍生前亦符合法律规定的苗秋成依法应当承担扶养义务的情形。其兄苗秋峰除听力二级残外，无其他身体上之残疾，依法不属于死者苗秋成生前应当承担扶养义务的丧失劳动能力的人，苗秋峰以其为苗秋成生前扶养的无劳动能力的人为由，要求牡丹江监狱支付其扶养费的主张，本院赔偿委员会不予支持。故本案中依法符合死者苗秋成生前扶养人条件的为其子苗雨阳和其母兰耀珍。根据《国家赔偿法》第34条第2款的规定，生活费的发放标准，参照当地最低生活保障标准执行。被抚养人是未成年人的，生活费给付至18周岁止；其他无劳动能力的人，生活费给付至死亡时止。《最高人民法院 最高人民检察院关于办理刑事赔偿案件适用法律若干问题的解释》第18条第1款规定，对扶养的无劳动能力人的生活费发放标准，参照作出赔偿决定时被扶养人住所地所属省级人民政府确定的最低生活保障标准执行。经查，黑龙江省2017年城市最低生活保障标准为500元/月。本案中，因苗雨阳属于苗秋成生前扶养的未成年人，故对其的扶养费应支付至18周岁。苗秋成于2003年3月28日死亡，苗雨阳于2000年3月6日出生，自苗秋成死亡至苗雨阳18周岁共15年，生活费总额为90000元，苗秋成应承担一半的生活费即45000元，牡丹江监狱按照其侵权行为的相应赔偿责任应支付苗雨阳生活费15000元。兰耀珍属于苗秋成生前负有扶养义务的被扶养人，其于2010年8月6日死亡。自苗秋成死亡至兰耀珍死亡共7年5个月，生活费总额为44500元。因苗景顺与兰耀珍共育有子女5人，苗秋成应承担其中五分之一的扶养义务，具体承担的扶养费数额为8900元，牡丹江监狱按照其侵权行为的相应赔偿责任应支付兰耀珍生活费2670元。

关于赔偿请求人提出的苗秋成死亡前医疗费的赔偿请求。因对苗秋成死亡前赔偿请求人一方为救治苗秋成支付了2331元医疗费的事实各方皆无异议，故牡丹江监狱应支付赔偿请求人医疗费2331元。

综上，依照《国家赔偿法》第6条第2款、第17条第4项、第20条、第21

条第1款、第26条第2款、第34条第1款第3项、第2款、第35条、《最高人民法院、最高人民检察院关于办理刑事赔偿案件适用法律若干问题的解释》第9条第1款、第2款、第18条第1款、第21条第1款、《最高人民法院关于人民法院赔偿委员会审理国家赔偿案件程序的规定》第19条第3项的规定，决定如下：

1. 撤销黑龙江省监狱管理局黑狱复决(2009)3号刑事赔偿复议决定和黑龙江省牡丹江监狱黑牡狱法规办(2009)2号答复函；

2. 黑龙江省牡丹江监狱支付苗景顺、陈玉萍、苗雨阳死亡赔偿金、丧葬费405414元；

3. 黑龙江省牡丹江监狱向苗景顺、陈玉萍、苗雨阳赔礼道歉，并支付精神损害抚慰金60000元；

4. 黑龙江省牡丹江监狱支付苗雨阳生活费15000元，支付兰耀珍生活费2670元；

5. 黑龙江省牡丹江监狱支付苗景顺、陈玉萍、苗雨阳医疗费2331元；

6. 驳回苗景顺、陈玉萍、苗雨阳的其他国家赔偿请求。

7. 驳回苗秋峰的国家赔偿请求。

本决定为发生法律效力的决定。

二〇一七年七月二十四日

3.(2017)鄂08委赔1号国家赔偿决定书

——湖北省荆门中级人民法院赔偿委员会

湖北省荆门市中级人民法院赔偿委员会
国家赔偿决定书

(2017)鄂08委赔1号

赔偿请求人:荆门市龙魁公路客运有限公司。住所地:湖北省荆门市虎牙关大道(原荆门市第二看守所汽车修理厂)。

法定代表人:王永奎(曾用名王永魁),经理。

委托代理人:王永旺,男,1955年2月4日出生,汉族,湖北省沙洋县人,系沙洋县五里铺镇初级中学退休教师。

赔偿义务机关:湖北省荆门市东宝区人民法院。住所地:荆门市象山二路19号。

法定代表人:汪明,院长。

委托代理人:欧本雄,男,系湖北省荆门市东宝区人民法院专委。

荆门市龙魁公路客运有限公司(以下简称荆门龙魁公司)因违法保全、错误执行赔偿申请湖北省荆门市东宝区人民法院(以下简称东宝法院)国家赔偿一案,以东宝法院逾期不作出决定为由,于2017年1月4日向本院赔偿委员会申请作出赔偿决定。本院赔偿委员会依法对本案进行了审理,于2017年2月13日起先后进行五次质证,荆门龙魁公司法定代表人王永奎、委托代理人王永旺,东宝法院委托代理人欧本雄参加了质证。2017年3月27日,本委调取关联案件卷宗,调卷期间不计入审理期限。本案现已审理终结。

荆门龙魁公司申请事项:(1)确认东宝法院查封、扣押荆门龙魁公司鄂H03448、鄂H03050、鄂H03051、鄂H03052、鄂H03055、鄂H03056、鄂H03057、鄂H03058、鄂H03059号大客车的行为违法(三次行文裁定执行查封扣押)。(2)解除对上述车辆的查封、扣押,返还车辆。(3)赔偿因查封扣押车辆造成的经济损失11000万元,用于支付贷款本金和利息、工人工资、退还押金和利息、办公费、场地租金、水电费、差旅费。(4)退还130313.3元营运单,如果营运单作废或者灭失,则照价赔偿。理由:(1)东宝法院严重超标的额查封、扣押荆门龙魁公司的九辆大客车。荆门龙魁公司与李从容债务纠纷案件中,欠李从容43.8万元,东宝法院三次行文查封、扣押荆门龙魁公司价值2100万元的九辆大客车,属超标的额查封、扣押,对超标的额部分财产应及时解除查封、扣押。(2)东宝法院违法查封、扣押车辆长达十年,给荆门龙魁公司造成经济损失,应予赔偿。东宝法院因李从容债务纠纷案,在2008年春又作出民事裁定查封、扣押荆门龙魁公司鄂H03051、鄂H03052、鄂H03055、鄂H03056、鄂H03057、鄂H03059号大客车,并擅自将上述车辆交给李从容保管、使用,用营运收入冲抵借款长达十年至今,违反了查封、扣押财产的期限一般不得超过30日等法律规定,给荆门龙魁公司造成经济损失达11000万元以上。(3)扣押车辆手续不合法,且因保管不善导致车辆严重毁损。①东宝法院扣押车辆时没有通知当事人到场,没有制作并交付查封、扣押决定书和清单。②2007年起,东宝法院违法保全查封、扣押的鄂H03448、鄂H03050、鄂H03058号大客车被放置在停车场无人看管,已经报废。③东宝法院擅自将荆门龙魁公司的鄂H03051、鄂H03052、鄂H03055、鄂H03056、鄂H03057、鄂H03059号六辆大客车交给李从容使用至今,导致价值严重折损。根据查封、扣押的相关规定,申请执行人保管的,保管人不得使用。(4)现执行程序终结,具备申请国家赔偿的条件。自2007年春运车辆被违法保全查封、扣押后,在荆门龙魁公司的努力下,东宝法院于2016年4月26日作出(2007)东漳执字第3-2号执行裁定,终结(2007)东漳民初字第1号民事调解书的执行。(5)东宝法院(2007)东漳民初字第79号民事调解书第二项约定:"关于营运单130313.3元由双方委托法院执行,若能执行完毕则抵扣被告借款130313.3元。"东宝法院应当说明执行情况,若未予执行,须将营运单返还荆门龙魁公司,若营运单已超过法律规定的诉讼时效,东宝法院应予赔偿。

东宝法院答辩称,李从容申请采取财产保全措施查封车辆,因有其他法院查封在前,该院通知交警车管所查封属于轮候查封,并未实际扣押车辆,不存在侵犯荆门龙魁公司财产权的事实,不应承担赔偿责任。理由:(1)东宝法院裁定轮候查封鄂H03448、鄂H03050、鄂H03058号大客车,程序合法,未实施扣押,不应承担赔偿责任。李从容与荆门龙魁公司借款合同纠纷一案,该院漳河法庭于2007年6月22日受理。同年7月19日,李从容提出财产保全申请,要求对荆门龙魁公司鄂H03448、鄂H03050、鄂H03058号大客车予以查封、扣押,并提供担保。同年7月20日,该院作出民事裁定,查封上述车辆,向荆门龙魁公司公告送达,向荆门市交警车管所送达了协助执行通知书,注明"查封被告荆门市龙魁公路客运有限公司所有的牌号为鄂H03448、鄂H03050、鄂H03058号大客车",没有扣押车辆。李从容在询问笔录中表明,荆门龙魁公司法定代表人将上述车辆的证件及钥匙交其经营还债,并由其保管。后经审理,双方达成协议调解结案。因荆门龙魁公司未履行民事调解书确定的义务,李从容申请执行,该院在执行中发现上述车辆被其他多家法院查封,该案没有实际执行。(2)关于鄂H03051、鄂H03052、鄂H03055、鄂H03056、鄂H03057、鄂H03059号大客车,荆门龙魁公司没有证据证实东宝法院扣押后交由李从容保管、使用至今。(3)对涉案的鄂H03448、鄂H03050、鄂H03058号大客车,李从容于2011年4月18日提出申请,以多家法院查封、扣押,无法处理为由,要求解除对上述车辆的保全。次日,东宝法院解除对上述车辆的查封。(4)荆门龙魁公司提出11000万元的赔偿数额无依据。荆门龙魁公司营业执照及道路运输许可证最后一次年检均在2006年5月,荆门顺通客运站证实,自2007年2月15日,该公司客运车辆即已处于停运状态,其所主张营运损失无依据。

荆门龙魁公司提交如下证据:

A1. 东宝法院(2007)东漳民初字79-1号民事裁定书复印件,证明东宝法院扣押了荆门龙魁公司鄂H03448、鄂H03050、鄂H03058号大客车。

A2. 王必圣、徐士红、廖荣、王梅花于2014年7月7日共同签名的证明,王必圣2012年11月19日、2014年7月8日出具的证明,王梅花出具的证明材料,徐士红2014年7月8日出具的证明,廖荣2011年12月8日出具的证明复印件、2014年7月15日出具的证明,贾红星2010年11月29日出具的证明复印件,王必圣的证言,荆门龙魁公司《原龙魁公司职工押金工资表》复印件,东宝法院(2007)东漳民初字第79号民事调解书复印件、(2007)东漳民初字第79-1号民事裁定书复印件,荆门中院(2007)荆执他字第00004号民事裁定书复印件;证明东宝法院查封、扣押了荆门龙魁公司的车辆,工人才到政府上访。

A3.荆门市掇刀区人民法院(2011)掇民一初字第54号民事判决书及本院(2012)鄂荆门民一终字第00201号民事判决书复印件,作为车辆营运损失的计算依据,证明车辆营运损失10000万元以上。

A4.鄂H03448、鄂H03050、鄂H03058号大客车的行车证副本复印件,湖北荆门方正资产评估事务所(以下简称荆门方正事务所)报告书第14~17页认定车辆的原始购置全价和车辆残值部分,机动车销售统一发票、车辆购置完税证明复印件,荆门市公路运输管理处《关于同意武汉龙魁公司在荆投资经营旅客运输的批复》复印件,荆门市交通局《关于武汉龙魁公司在荆投资经营旅客运输的报告》复印件,《关于武汉龙魁公路客运有限公司在荆门投资经营公路客运的实施意见》复印件,湖北公路客运(集团)武汉龙魁公路客运有限公司荆门分公司《关于加入"湖北荆门万里交通建设(集团)"的申请》复印件,荆门龙魁公司写给荆门市人民政府《关于"退三还一"改"退二还一"的请示报告》复印件,覃锡昌在2001年5月21日荆门龙魁公司写给荆门市人民政府的《关于"退三还一"改"退二还一"的请示报告》上签字复印件;证明车辆损失,即鄂H03448号大客车原始购置全价为89.4万元,车辆残值2.5万元;鄂H03050、鄂H03058号大客车原始购置全价分别为225.68万元,残值为7.5万元;营运的客运车辆不存在折旧;运力价值6000元/座。

A5.东宝法院(2007)东漳民初字第79号民事调解书(复印件)协议第二项,证明东宝法院拿走了荆门龙魁公司价值为130313.3元的营运单。

A6.荆门龙魁公司企业基本信息及工商登记、变更资料复印件,证明荆门龙魁公司股东为王永奎、王谌。

东宝法院质证称,对证据A1无异议,对证明目的有异议,该证据只能证明该院裁定对鄂H03448、鄂H03050、鄂H03058号大客车实施了财产保全。对证据A2中,东宝法院(2007)东漳民初字第79号民事调解书、(2007)东漳民初字第79-1号民事裁定书、荆门中院(2007)荆执他字第00004号民事裁定书的真实性、合法性无异议,但对证明目的有异议。称该院漳河法庭作出的是轮候查封的法律文书,并没有实际扣押车辆。证据 A2 证明材料所述是李从容带漳河法庭的人去强抢的车辆,不存在、不属实;王必圣的证言是听吕启斌说的,对这些证据的关联性、真实性、合法性均有异议;对荆门龙魁公司出具的《原龙魁公司职工押金工资表》,不清楚,不发表意见。对证据 A3,称与本案无关联。关于本案,有法律文书的是三台车,且是轮候查封,没有扣押。对证据 A4,(1)在鄂 H03448、鄂 H03050、鄂 H03058 三辆车的价值以及有关费用的交纳情况中,对于车辆的购置发票、车辆残值以及配套设施的费用无异议;保险费不确定,车辆座位每个 6000 元的计算标准不清楚,由赔偿委员会依法认定;(2)对单方委托的资产评估或者鉴定报告不认可,但不申请评估、鉴定;(3)车辆本身国家有强制报废期限,需要计算折旧,荆门龙魁公司车辆的营运资格不折旧。证据 A5 所涉卷宗材料里没有 130313.3 元的营运单,调解书的内容没有说明将营运单交给该院去执行的证据,是案件双方当事人的约定。对证据 A6 无异议。

东宝法院提交如下证据:

B1. 东宝法院(2007)东漳民初字第 79－1 号民事裁定书复印件;协助执行通知书复印件;证明东宝法院对鄂 H03448、鄂 H03050、鄂 H03058 号大客车予以了查封,并未实际控制车辆,只是通知交警车管部门予以查封。

B2. 东宝法院在(2007)东漳民初字第 79 号案件中于 2007 年 7 月 19 日对李从容的询问笔录复印件[详见(2007)东漳民初字第 79 号正卷,第 70 页],2011 年 4 月 8 日对李从容的询问笔录复印件[详见(2007)东漳执字 3 号执行卷正卷,第 16～19 页],证明鄂 H03448、鄂 H03050、鄂 H03058 号大客车由荆门龙魁公司法定代表人王永奎交给李从容经营用于清偿债务及李从容扣车的过程。

B3. 对王永奎的两份询问笔录复印件[详见(2007)东漳执字 3 号执行卷正卷,第 11～15 页],证明荆门龙魁公司的车辆被多家法院查封。

B4. 李从容出具的解除财产保全申请书复印件,证明涉案的三辆车自 2007 年 2 月一直扣留在李从容手中,东宝法院未采取扣押措施,由于多家法院查封无法处置,李从容申请解除查封[见(2007)东漳执字 3 号正卷,第 20 页]。

B5. 东宝法院(2007)东漳民初字第 79－2 号民事裁定书复印件,证明东宝法院于 2011 年 4 月 19 日解除了对鄂 H03448、鄂 H03050、鄂 H03058 号大客车的查封。

B6. 工商、运管及荆门市顺通客运有限公司客运中心站运调稽查科出具的证明复印件各一份[详见(2007)东城执字第 36 号执行卷正卷,第 50 页],证明荆门龙魁公司营业执照及道路运输许可证最后一次年检在 2006 年 5 月,自 2007 年 2 月 15 日,该公司客运车辆即已处于停运状态。

B7. 东宝法院(2008)东城民初字第 081 号民事调解书复印件,证明 2008 年 2 月 27 日,荆门龙魁公司用在荆门市顺通客运有限责任公司的待结营运票款 12 万元抵付借款,表明东宝法院(2007)东漳民初字第 79 号民事调解协议第二项仅为案件双方当事人的约定,没有将待结营运单交给该院执行。

荆门龙魁公司质证称,对证据 B1,东宝法院在扣车时,荆门龙魁公司没有收到(2007)东漳民初字第 79 - 1 号民事裁定和协助执行通知书,属于违法,裁定书的内容中有"查封、扣押"的字样,按照法律规定,营运中的车辆只能活封,不能死封、扣押。对证据 B2,车是交给司机的,不可能交给李从容,这个笔录不是查封当时做的,车是漳河法庭来人抢走的。荆门龙魁公司借李从容 56 万余元,2007 年 5 月还完,但在 2 月底 3 月初,李从容找漳河法庭将荆门龙魁公司所有的车辆扣押,而不是询问笔录中所称 5、6 月份。李从容称荆门龙魁公司的车辆被扣的只剩三台,是假话;称荆门龙魁公司将车、钥匙、证件都交给了他,没有证据,这些材料都是事后做假。证据 B3 真实,但东宝法院重复查封错误。对证据 B4,称解除财产保全是因为荆门龙魁公司要东宝法院放车,东宝法院才找李从容提出申请。裁定书上写的是查封、扣押,车是 2007 年 3 月被扣,同年 7 月下的裁定,后又在 2008 年下的一个文,是事后补充文书。证据 B5 只是解除查封裁定,并没有给车,因为东宝法院给不了车,就一直拖到现在。对证据 B6,年审是每年进行一次, 2016 年年审后才能在 2017 年进行营运。对证据 B7 无异议,但认为不能实现证明目的。

本院赔偿委员会依法调取如下证据:

证据 1. 武汉市武昌区人民法院(2007)执字 335 号部分材料。该材料显示 2007 年 5 月 18 日,该院从沈靖手中将鄂 H03052 号车辆扣押至该院;2007 年 6 月 20 日,该院将鄂 H03055 号车辆从武汉电梯工业联合公司扣押至该院;2007 年 9 月 26 日,该院将鄂 H03059 号车辆从韶关市旭升交通服务有限公司修理厂扣押至该院；2008 年 3 月 5 日该院作出裁定，将鄂 H03050、鄂 H03051、鄂 H03052、鄂 H03055、鄂 H03056、鄂 H03057、鄂 H03058、鄂 H03059 号车辆予以查封。

证据 2. 荆门市弘业物流有限公司（以下简称弘业物流公司）出具的说明、本委拍摄的弘业物流公司门房内墙面记载的三辆大客车的信息图片，表明荆门龙魁公司鄂 H03448、鄂 H03050、鄂 H03058 号大客车停放该公司停车场的经过及门房内墙面记载联系人电话。

证据 3.（1）中国人民财产保险股份有限公司荆门分公司办公室证明，根据该公司档案管理办法，2002 年至 2007 年间所有在该公司承保的车辆保险承保业务纸质档案均已销毁，在公司数据库里查询不到荆门龙魁公司鄂 H03448、鄂 H03050、鄂 H03058 号车辆保险承保信息；（2）中国大地财产保险股份有限公司荆门中心支公司出具的说明，表明荆门龙魁公司于 2005 年 12 月 31 日在该公司为鄂 H03448 号车辆保险（保险期间 2006 年 1 月 1 日至 2006 年 12 月 31 日），保单号为 PDAA200542011100000735，收取保费 12076.51 元；鄂 H03050、鄂 H03058 号车辆保险（保险期间 2006 年 1 月 1 日至 2006 年 12 月 31 日），保单号分别为 PDAA200542011100000750、PDAA200542011100000749，各收取保费 32450.31 元；（3）中华联合财产保险股份有限公司荆门中心支公司说明，表明荆门龙魁公司于 2007 年 1 月在该公司为鄂 H03448 号车辆投保交强险（保险期间 2007 年 1 月 4 日至 2008 年 1 月 3 日），保单号为 010742080506033200016，收取保费 3420 元；为鄂 H03050、鄂 H03058 号车辆投保交强险（保险期间 2007 年 1 月 4 日至 2008 年 1 月 3 日），保单号分别为 010742080506033200008、010742080506033200012，各收取保费 4690 元/辆。

证据 4.（1）荆门市交通运输局关于协助调查情况的复函，就“退三还一、退二还一”方式、购买“退三”车辆的价值应否计入更新“还一”车辆的价值、营运车辆“运力价值”等问题作出说明。（2）荆门方正事务所对鄂 H03448、鄂 H03050、鄂 H03058 号车辆原始购置价值的说明，就鄂 H03448 号车辆原始购置价值 89.4 万元，鄂 H03050、鄂 H03058 号车辆原始购置价值组成及计算方法作出说明。

证据 5. 荆门龙魁公司、武汉龙魁公路客运有限公司（吊销，未注销）、武汉龙魁公路客运有限公司荆门分公司(已注销)、湖北公路客运(集团)武汉龙魁公路客运有限公司(吊销,未注销)、湖北公路客运(集团)武汉龙魁公路客运有限公司荆门分公司在国家企业信用信息公示系统(湖北)登记备案信息,证明上述公司的股东信息。

荆门龙魁公司发表质证意见,对证据1、3、4、5无异议,对证据2,认为与该公司没有关系,但证明表述很清楚,是法官和李从容将车送过去的。

东宝法院发表质证意见,对证据1、3、5无异议。对证据2有异议,称:(1)弘业物流公司说"好像还有法院的人一同到我司",这个说法具有不确定性。从核实的情况来看,该院没有实施扣押行为,并没有将车送到停车场去,只是办理了书面的查封手续交到车管部门。(2)每个月交900元停车费一事,该院没有这个开支,也没有报过这个账目。(3)从拍摄图片来看,墙上留有两个电话号码,一个是李从容的(尾数是7777),一个是王姓司机的,如果是该院工作人员去办理,应该会留下该院工作人员的联系方式。对证据4中荆门市交通运输局复函无异议,对荆门方正事务所就车辆原始购置价值组成说明有异议,认为应以荆门龙魁公司提交的票据认定。

经审理查明,李从容与荆门龙魁公司借款合同纠纷一案,东宝法院于2007年6月22日立案受理,同年7月19日,李从容向东宝法院提供担保,申请查封、扣押荆门龙魁公司所有的鄂H03448、鄂H03050、鄂H03058号大客车。东宝法院于同年7月20日作出(2007)东漳初字第79-1号民事裁定,对上述车辆在荆门市车辆管理所进行了动态查封。同年7月21日,东宝法院向荆门龙魁公司公告送达(2007)东漳初字第79-1号民事裁定,告知该公司自公告送达之日起60日内到东宝法院领取法律文书。2007年8月7日,东宝法院根据双方当事人自愿达成的调解协议,依法作出(2007)东漳初字第79号民事调解书予以确认。据民事调解书内容:(1)荆门龙魁公司欠李从容借款本金56.8678万元,于2007年9月10日前一次性支付完毕;(2)关于营运单130313.3元由双方委托法院执行,若能执行完毕则抵扣荆门龙魁公司借款130313.3元。2007年8月10日,荆门龙魁公司委托代理人签收(2007)东漳初字第79号民事调解书。

2007年9月30日,李从容以荆门龙魁公司拒不履行生效民事调解书为由,向东宝法院申请执行。同年10月8日,东宝法院向荆门龙魁公司发出执行通知,要求其履行还款义务。

2011 年 4 月 2 日,荆门龙魁公司以李从容将其停在荆门中心客运站的九辆大客车,从 2007 年春运期间扣停,导致其不能经营,据说是东宝法院裁定扣押为由,要求东宝法院返还九辆大客车。

2011 年 4 月 18 日,李从容以荆门龙魁公司鄂 H03448、鄂 H03050、鄂 H03058 号大客车于 2007 年 2 月停运,一直扣留在其手中,线路牌已被收回,且相继被陕西、武汉、荆门等地法院查封、扣押,导致该三辆车无法处理,东宝法院对上述车辆未采取扣押措施,申请解除对上述车辆的查封。

2011 年 4 月 19 日,东宝法院作出(2007)东漳民初字第 79 -2 号民事裁定,解除对鄂 H03448、鄂 H03050、鄂 H03058 号大客车的查封。2016 年 4 月 6 日,东宝法院作出(2007)东漳执字第 3 -2 号执行裁定,终结(2007)东漳民初字第 79 号民事调解书的本次执行程序。

荆门龙魁公司鄂 H03050、鄂 H03058 号大客车(西安西沃)分别购买于 2001 年 9 月 30 日、10 月 7 日,购买价款为 140 万元/辆,配置款为 43 万元/辆,车辆购置税为 15.73 万元/辆,合计 198.73 万元/辆。鄂 H03448 号大客车(桂林大宇)购买于 2003 年 1 月 22 日,购买价款为 69.5 万元,车辆购置税为 5.6 万元,合计 75.1 万元。鄂 H03050、鄂 H03058 号大客车机动车驾驶证登记日期为 2001 年 12 月,发证日期为 2002 年 1 月 21 日。鄂 H03448 号大客车机动车驾驶证登记日期为 2003 年 2 月,发证日期为 2003 年 2 月 14 日。2007 年 1 月,荆门龙魁公司为鄂 H03050、鄂 H03058 大客车投保交强险(保险期间 2007 年 1 月 4 日至 2008 年 1 月 3 日),交纳保费 4690 元/辆;为鄂 H03448 号大客车投保交强险(保险期间 2007 年 1 月 4 日至 2008 年 1 月 3 日),交纳保费 3420 元。鄂 H03448、鄂 H03050、鄂 H03058 号大客车在 2013 年 7 月 31 日的市场价值为 10 万元。

2007 年 12 月 6 日,鄂 H03448、鄂 H03050、鄂 H03058 号大客车停放在弘业物流公司至今,该公司门房内墙面记载李姓和王姓联系人电话号码。

另查明,荆门龙魁公司尚有其他纠纷涉讼,本案所涉车辆先后被西安市阎良区人民法院、武汉市中级人民法院、武汉市武昌区、江夏区人民法院、荆门市中级人民法院等法院查封或扣押。

2008 年 2 月 27 日,东宝法院就荆门市顺通客运有限责任公司诉荆门龙魁公司借款合同纠纷一案,作出(2008)东城民初字第081号民事调解书确认,(1)荆门龙魁公司偿还荆门市顺通客运有限责任公司借款50.3045万元,用在荆门市顺通客运有限责任公司的票款抵付12万元,其余38.3045万元于2008年3月5日前一次性付清;(2)案件受理费8830元减半收取4415元,财产保全申请费1100元由荆门龙魁公司负担。

2016年8月,东宝法院受理荆门龙魁公司国家赔偿申请,该院逾期未作决定,荆门龙魁公司向本委提出国家赔偿申请,请求依法作出国家赔偿决定。

荆门龙魁公司、武汉龙魁公路客运有限公司股东为王永奎、王谌。

以上事实,有东宝法院(2007)东漳初字第79号卷、(2007)东漳执字第3号执行卷正卷及附件二卷宗、当事人提交的证据、本委调取的证据、质证笔录等证据予以证实。

本院赔偿委员会认为,本案争议在于:(1)东宝法院财产保全行为是否违法;(2)东宝法院是否应返还130313.3元营运单;(3)受理条件;(4)荆门龙魁公司的赔偿请求是否成立。

(一)关于东宝法院财产保全行为

1.查封是否超标的额。(1)东宝法院发生法律效力的(2007)东漳初字第79-1号民事裁定和协助执行通知书表明,该院在审理李从容诉荆门龙魁公司借款合同纠纷一案中,查封荆门龙魁公司鄂H03448、鄂H03050、鄂H03058号大客车。荆门龙魁公司主张东宝法院另查封、扣押了其鄂H03051、鄂H03052、鄂H03055、鄂H03056、鄂H03057、鄂H03059号六辆大客车没有证据证明。荆门龙魁公司称,武汉市武昌区人民法院与东宝法院协商,从上述六辆查封、扣押车辆中转扣三辆大客车用于案件执行,可以间接证明东宝法院查封、扣押六辆大客车的事实,该主张与武汉市武昌区人民法院案件材料记载的查扣车辆时间、地点等事实不符。(2)东宝法院(2007)东漳民初字第79号正卷,第23~53页、(2007)东漳执字第3号执行卷附件二卷宗材料表明,东宝法院对鄂H03448、鄂H03050、鄂H03058号大客车作出保全裁定查封前,车辆已分别被西安市阎良区、武汉市江夏区、武汉市武昌区人民法院、武汉市中级人民法院等法院查封并进行续查封。《最高人民法院关于人民法院民事执行中查封、扣押、冻结财产的规定》第28条规定,对已被人民法院查封、扣押、冻结的财产，其他人民法院可以进行轮候查封、扣押、冻结。查封、扣押、冻结解除的，登记在先的轮候查封、扣押、冻结即自动生效。依照该规定，东宝法院裁定解除车辆查封前，该院实施的查封行为处于轮候等待状态。在前述各法院未解除上述车辆的查封或者查封期限届满效力消灭前，该财产上的轮候查封自始未产生查封的效力，审查查封车辆标的额的条件尚未成就。荆门龙魁公司主张按大客车原始购置支出金额计算查封财产标的额，予以认定东宝法院查封财产严重超过标的额不能成立。

2. 查封车辆是活查封还是死查封。(1)2007 年 7 月 19 日和 2011 年 4 月 8 日，东宝法院询问李从容笔录记载，2007 年 2 月，因其他法院查扣车辆，李从容为了安全和自身利益，将车辆转移保管；2011 年 4 月 18 日，李从容提交的解除财产保全申请内容表明，东宝法院查封的鄂 H03448、鄂 H03050、鄂 H03058 号大客车从 2007 年 2 月起，一直由其扣留。(2)弘业物流公司的说明及本委拍摄的该公司门房内墙面记载的三辆大客车联系人信息图片表明，荆门龙魁公司的上述三辆大客车停放该公司停车场的时间为 2017 年 12 月 6 日，门房内墙面记载的李姓电话号码为李从容使用。《最高人民法院关于人民法院民事执行中查封、扣押、冻结财产的规定》第 8 条规定，查封、扣押动产的，人民法院可以直接控制该项财产。人民法院将查封、扣押的动产交付其他人控制的，应当在该动产上加贴封条或者采取其他足以公示查封、扣押的适当方式。荆门龙魁公司没有证据证明东宝法院查封上述三辆大客车，使用了加贴封条或者采取其他足以公示查封、扣押的方式，故东宝法院对上述车辆的查封属于活查封。荆门龙魁公司主张东宝法院对三辆大客车进行死查封不能成立。

(二)关于 130313.3 元营运单

荆门龙魁公司依据(2007)东漳民初字第 79 号民事调解书第二项“关于营运单 130313.3 元由双方委托法院执行，若能执行完毕则抵扣被告借款 130313.3 元”，主张东宝法院持有该营运单，因此要求返还；若超过其主张债权的诉讼时效，则要求东宝法院予以赔偿。东宝法院称，(1)该院(2007)东漳民初字第 79 号民事调解书第二项系李从容与荆门龙魁公司的协议约定，不能以此推定营运单已交给东宝法院；(2)据东宝法院(2008)东城民初字第 081 号民事调解书第一项，荆门龙魁公司用在荆门市顺通客运有限责任公司的票款12万元,抵付借款50.3045万元中的部分借款。

(2007)东漳民初字第79号民事调解书第二项是案件双方当事人对债权债务履行方式的约定,不能证明东宝法院持有该营运单,并因此侵犯了荆门龙魁公司财产权且造成损害,荆门龙魁公司的主张不能成立。

(三)受理条件

《最高人民法院关于适用〈中华人民共和国国家赔偿法〉若干问题的解释(一)》第8条规定,赔偿请求人认为人民法院有修正的《国家赔偿法》第38条规定情形的,应当在民事、行政诉讼程序或者执行程序终结后提出赔偿请求,但人民法院已依法撤销对妨害诉讼采取的强制措施的情形除外。《最高人民法院关于审理民事、行政诉讼中司法赔偿案件适用法律若干问题的解释》第19条规定:公民、法人或者其他组织依据《国家赔偿法》第38条规定申请国家赔偿的,应当在民事、行政诉讼程序或者执行程序终结后提出,但下列情形除外:(1)人民法院已依法撤销对妨害诉讼的强制措施的;(2)人民法院采取对妨害诉讼的强制措施,造成公民身体伤害或者死亡的;(3)经诉讼程序依法确认不属于被保全人或者被执行人的财产,且无法在相关诉讼程序或者执行程序中予以补救的;(4)人民法院生效法律文书已确认相关行为违法,且无法在相关诉讼程序或者执行程序中予以补救的;(5)赔偿请求人有证据证明其请求与民事、行政诉讼程序或者执行程序无关的;(6)其他情形。赔偿请求人依据前款规定,在民事、行政诉讼程序或者执行程序终结后申请赔偿的,该诉讼程序或者执行程序期间不计入赔偿请求时效。本案中,东宝法院已依法解除对荆门龙魁公司鄂H03448、鄂H03050、鄂H03058号大客车的查封,属于该条第1款第6项规定的其他无须等待执行程序最终终结的情形,荆门龙魁公司申请国家赔偿应予受理。

(四)荆门龙魁公司的赔偿请求是否成立

人民法院在审理民事案件或执行生效法律文书过程中,依法采取查封、扣押等保全措施是其法定职责。就本案,东宝法院根据李从容的申请和财产担保的事实,依法作出(2007)东漳初字第79-1号民事裁定查封荆门龙魁公司鄂H03448、鄂H03050、鄂H03058号大客车,并依照《最高人民法院关于人民法院民事执行中查封、扣押、冻结财产的规定》第1条的规定,向相关职能部门送达了协助执行通知书,载明了查封事项,东宝法院行使上述职权行为合法。荆门龙魁公司主张东宝法院超标的额查封、扣押车辆及采取死查封方式违法,不能成立;其要求东宝法院承担国家赔偿责任的请求,亦不予支持。没有证据表明东宝法院已实际持有荆门龙魁公司营运单,因此,该公司要求返还营运单及赔偿损失的请求,亦不予支持。

荆门龙魁公司质证时口头主张精神损害抚慰金,经本委释明,该公司当即口头撤回该项请求。

依照《国家赔偿法》第2条、第29条第3款、第38条,《最高人民法院关于人民法院赔偿委员会审理国家赔偿案件程序的规定》第19条第4项,《最高人民法院关于审理民事、行政诉讼中司法赔偿案件适用法律若干问题的解释》第19条第1款第6项之规定,经本院赔偿委员会讨论,并提请本院审判委员会讨论,决定如下:

驳回荆门市龙魁公路客运有限公司关于(1)确认湖北省荆门市东宝区人民法院查封、扣押荆门市龙魁公路客运有限公司鄂H03448、鄂H03050、鄂H03051、鄂H03052、鄂H03055、鄂H03056、鄂H03057、鄂H03058、鄂H03059号大客车的行为违法;(2)解除对上述车辆的查封、扣押,返还车辆;(3)赔偿因查封扣押车辆造成的经济损失11000万元;(4)退还130313.3元营运单,如果营运单作废或者灭失,则照价赔偿的国家赔偿申请。

本决定为发生法律效力的决定。

二〇一七年五月二日

二等奖(7篇)

1.(2016)鲁委赔13号国家赔偿决定书

——山东省高级人民法院赔偿委员会

山东省高级人民法院赔偿委员会
国家赔偿决定书

(2016)鲁委赔13号

赔偿请求人:崔璨,女,1977年3月2日出生,汉族。

委托代理人:李文深,山东彰理律师事务所律师。

赔偿义务机关:山东省青岛市中级人民法院。住所地:青岛市崂山区东海东路99号。

法定代表人:祝华,院长。

委托代理人:李国宁、于江涛,该院工作人员。

崔璨申请青岛市中级人民法院(以下简称青岛中院)错误执行国家赔偿一案,青岛中院于2015年7月30日作出(2015)青法赔字第1号决定,以执行未终结为由驳回崔璨的国家赔偿申请。崔璨不服,向本院赔偿委员会申请作出赔偿决定。本院赔偿委员会于2015年12月7日作出(2015)鲁法委赔字第24号决定,撤销(2015)青法赔字第1号决定,指令青岛中院作出决定。青岛中院于2016年4月28日作出(2016)鲁02法赔4号国家赔偿决定。崔璨仍不服,再次申请本院赔偿委员会作出决定。本院赔偿委员会依法对本案进行了审理,现已审理终结。

赔偿请求人崔璨以青岛中院执行中违法送达执行文书、执行法官拒收案款、对执行异议未予答复等为由,向赔偿义务机关青岛中院申请国家赔偿,请求返还被拍卖的房产或者赔偿经济损失3000万元。

赔偿义务机关青岛中院作出(2016)鲁02法赔4号国家赔偿决定认为:(1)关于是否向崔璨送达执行通知及相关文书问题。2007年《民事诉讼法》第84条规定,受送达人下落不明,或者用本节规定的其他方式无法送达的,公告送达。自发出公告之日起,经过60日,即视为送达。该院通过法院专递邮寄或电话通知的方式通知崔璨,在通知不到的情况下,采取公告送达的方式,符合法律规定。(2)关于是否故意向崔璨隐瞒拍卖房产的事实,侵犯其合法权益问题。该院通过随机选取方式选择评估机构及拍卖机构并无不当。从崔璨提交的赔偿申请书可以看出,其在拍卖之前已经知道了房屋将要拍卖的事实,青岛中院不存在故意向其隐瞒拍卖房产的情形。履行生效判决是当事人应当承担的义务,在本案询问过程中崔璨所称的刘世杰并非其在执行阶段的委托代理人,且崔璨与刘世杰均未到青岛中院缴纳案款,不存在执行法官拒收崔璨的案款,造成拍卖行为既成事实的情形。(3)关于崔璨主张其提交异议申请,青岛青岛中院未予答复的问题。崔璨在案件执行过程中提出异议系其个人权利,对执行异议是否应给予答复不属于赔偿案件的审查范围,不予审查。(2009)青执一字第146号执行案件中,评估、拍卖过程合法有效,整个执行过程不存在违反法律规定的情形。决定驳回赔偿请求人崔璨的国家赔偿申请。

赔偿请求人崔璨申请本院赔偿委员会决定由青岛中院返还房产或者赔偿损失3000万元,称:青岛中院在(2009)青执一字第146号案件执行过程中,违反程序,严重损害了请求人作为被执行人的合法权益。(1)未依法送达执行通知书、选取评估机构和拍卖机构通知、评估报告、选择拍卖公告范围及媒体的通知、拍卖通知,侵害了请求人的知情权、异议权、选择权以及参与拍卖权等权利,属于严重违法。(2)明知请求人的常住地址是济南,将拍卖公告登载在青岛当地报纸《青岛早报》故意向请求人隐瞒拍卖房产的事实,违反执行程序。(3)请求人偶然知道了房产即将被拍卖的不确定消息后,即便明知执行法院的行为违法,仍然希望通过法律程序行使权利,请求人在拍卖开始前已经联系执行法官要求主动还款,由于执行法官的不配合,并以种种借口拒受请求人的案款,最终造成房产被拍卖的既成事实。(4)关于请求人的执行异议申请,青岛中院一直未给予审查和答复,造成请求人房产被裁定过户。(2016)鲁02法赔4号决定认为“不属于赔偿案件的审查范围”于法无据。

赔偿义务机关青岛中院述称,执行中是以EMS特快专递方式向崔璨送达的执行通知书,邮件退回后在《人民法院报》刊登公告送达,符合法律规定。在拍卖程序中,执行局及司法鉴定管理处均是通过发特快专递或电话通知的方式通知崔璨,在通知不到的情况下,采取了公告送达。执行卷宗中的材料可以看出,已电话联系到崔璨等人,崔璨应该知道涉案房产进行拍卖的情况,但崔璨一直不予配合。执行程序合法,不应赔偿。

赔偿请求人向本院赔偿委员会提交了刘世杰出具的证明及录音整理材料,用以证明执行法官不配合崔璨交纳执行款、拒收案款。本院赔偿委员会经审查认为,从以上证据内容看,执行法官同意崔璨把执行款汇到青岛中院账户,未表示拒收案款,崔璨提交的证据不能证明其主张。

本院赔偿委员会经审理查明:赔偿请求人崔璨与吴汰、张良、青岛天地物业中介公司房屋买卖合同纠纷一案,山东省高级人民法院二审判令崔璨支付张良、吴汰剩余购房款300万元,张良、吴汰将青岛市崂山区东海路金都碧海山庄135号、136号别墅交付给崔璨。该案一、二审判决书载明崔璨的住址为济南市历下区中润世纪城4-1-502。

因崔璨未履行生效判决,张良、吴汰向青岛中院提出强制执行申请。青岛中院于2009年7月2日立案,于7月21日查封了金都碧海山庄135号别墅,并作出(2009)青执一字第146号执行通知书,以EMS法院特快专递方式向崔璨送达,送达地址为济南市春天花园8-1-402,手机号为13854616177。后该特快专递被退回,退回理由为“投递数次无人,留条自取(已电联),逾期未领”。青岛中院于2009年9月1日在《人民法院报》刊登公告,向崔璨送达该执行通知书。

2010年4月30日,申请执行人张良、吴汰提出评估申请。青岛中院于2010年5月31日通过EMS法院特快专递向崔璨送达通知书,通知其拟通过计算机随机选取鉴定机构。该特快专递被退回,原因为“逾期未取”。青岛中院根据摇号结果选定了评估机构,经评估涉案房产价值为1052.67万元。2010年7月1日,青岛中院通过EMS法院特快专递向崔璨送达评估报告及评估异议告知书。2010 年 7 月 3 日，特快专递被退回，原因为“迁移新址不明”。以上特快专递送达地址均为济南市历下区中润世纪城 4－1－502。2010 年 8 月 4 日，青岛中院在《人民法院报》刊登公告，向崔璨送达该评估报告。

2010 年 11 月 11 日，申请执行人申请拍卖此房产。青岛中院在《人民法院报》刊登公告，告知崔璨法院将依据申请拍卖查封房产。2011 年 1 月 19 日，青岛中院摇号选定了拍卖机构。2011 年 2 月 10 日，拍卖机构在《青岛早报》刊登公告，定于 2 月 25 日拍卖。2011 年 2 月 25 日，买受人以 1052.67 万元竞买成功，并交付了全部拍卖款项。2011 年 7 月 11 日，青岛中院作出(2009)青执一字第 146 号民事裁定，继续查封金都碧海山庄 135 号别墅。

2013 年 11 月 4 日，青岛中院作出(2009)青执一字第 146－1 号执行裁定，裁定该别墅的所有权及相应其他权利归买受人。其后，申请执行人领取了执行款 300 万元及 2009 年 6 月 27 日至 2011 年 3 月 2 日的迟延履行金 580662.4 元。

另查明，崔璨在控告执行法官的控告信中自认于 2011 年 2 月 21 日从朋友处得知查封房产即将拍卖，但其未实际交纳执行款。崔璨主张于 2011 年 8 月初向青岛中院邮寄了执行异议申请书，青岛中院以没有收到邮寄的异议材料为由于 2013 年 6 月向崔璨邮寄送达了提交证据通知，该邮件被签收(邮寄地址为济南市历下区春天花园 8 号楼 1 单元 402)。

还查明，2013 年 12 月 2 日，青岛市地方税务局崂山分局作出《协助征税通知书》，请求青岛中院从拍卖价款中协助征收税款 800029.2 元。青岛中院向崔璨及代理人邮寄送达该征税通知，送达地址为济南市历下区中润世纪城 4－1－502，特快专递被退回。2014 年 4 月 10 日，青岛中院向崔璨邮寄送达尽快领回剩余执行款项通知，送达地址为济南市历下区中润世纪城 4－1－502，特快专递被退回。2015 年 5 月 25 日，崔璨向青岛中院申请国家赔偿时确认的住址是济南市历下区中润世纪城 4－1－502。

本院赔偿委员会认为：

一、关于青岛中院执行程序中向崔璨送达法律文书是否合法问题

2007 年修正的《民事诉讼法》第 80 条规定：“直接送达诉讼文书有困难的，可以委托其他人民法院代为送达，或者邮寄送达。”崔璨是(2009)青执一

字第146号执行案件的被执行人,其在民事诉讼中确认的住址为济南市历下区中润世纪城4-1-502,对于居住在异地的被执行人,青岛中院向其邮寄送达法律文书符合前述法律规定。

(2009)青执一字第146号执行案件受理后,青岛中院将执行通知书邮寄至济南市春天花园8-1-402,不是被执行人崔璨在民事诉讼中确认的住址,确有不妥。但青岛中院在EMS特快专递上标注了崔璨的手机号,且投递工作人员注明"已电联",邮件没有投递成功的原因是"逾期未领",因此崔璨对该法院送达行为是知晓的。其后,青岛中院向被执行人崔璨送达选取评估机构通知、评估报告及异议告知书,特快专递邮寄地址均为崔璨在诉讼中确认的住址。而邮件被退回的原因是"逾期未取""迁移新址不明",投递不成的原因在于崔璨本人。

《最高人民法院关于以法院专递方式邮寄送达民事诉讼文书的若干规定》第11条第1款规定:"因受送达人自己提供或者确认的送达地址不准确、拒不提供送达地址、送达地址变更未及时告知人民法院、受送达人本人或者受送达人指定的代收人拒绝签收,导致诉讼文书未能被受送达人实际接收的,文书退回之日视为送达之日。"据此,青岛中院邮寄送达的前述法律文书依法应视为送达崔璨。崔璨认为执行法院2010年7月1日向其邮寄送达评估报告时没有在邮件中注明其手机号,导致其没有收到该邮件,理由不能成立。该邮件被退回的原因是"迁移新址不明",根本原因是送达地址变更未及时告知人民法院,与是否备注手机号没有必然因果关系。

2007年《民事诉讼法》第84条规定:"受送达人下落不明,或者用本节规定的其他方式无法送达的,公告送达。"在崔璨迁移新址不明的情况下,青岛中院在《人民法院报》公告送达拍卖决定符合法律规定。

二、关于执行法院是否故意向崔璨隐瞒拍卖房产问题

青岛中院在受理执行案件后,向被执行人崔璨邮寄送达了执行通知书、评估报告及异议告知书,在全部被退回的情况下,又采取了公告送达。后崔璨迁移新址不明,青岛中院通过公告向其送达拍卖决定,拍卖机构在《青岛早报》公告了拍卖信息。崔璨亦自认在拍卖前从朋友处得知其房屋将要被拍卖。《最高人民法院关于人民法院民事执行中拍卖、变卖财产的规定》第12条规定,拍卖公告的范围及媒体由当事人双方协商确定;协商不成的,由

人民法院确定。在无法向崔瓅送达,进而无法组织协商的情况下,执行法院有权确定拍卖公告的范围和媒体。拍卖房产坐落于青岛市,在《青岛早报》公告拍卖信息并不违法,未影响崔瓅的实体权利。因此,崔瓅主张执行法院故意向其隐瞒拍卖房产的事实不存在。

三、关于执行法官不配合崔瓅交款及未依法处理执行异议问题

履行生效判决是崔瓅应承担的法律义务。崔瓅自认房产被拍卖前获知拍卖信息,但未实际交纳执行款,不知道法院账户不是未履行法定义务的合法理由。其主张执行法官不予配合,拒收案款,未能证明,本院赔偿委员会不予支持。

我国民事诉讼法规定了当事人、利害关系人对执行行为的异议权,对于书面提出异议的,人民法院应当审查和处理。《最高人民法院关于适用〈中华人民共和国民事诉讼法〉执行程序若干问题的解释》第 5 条第 1 款规定:“执行过程中,当事人、利害关系人认为执行法院的执行行为违反法律规定的,可以依照民事诉讼法第二百零二条的规定提出异议。”本案崔瓅的房产于 2011 年 2 月 25 日被拍卖,其主张于 2011 年 8 月向青岛中院邮寄了异议材料,不符合前述司法解释关于在“执行过程中”提出异议的规定。崔瓅认为青岛中院对执行异议处理错误的理由不成立。

综上,赔偿请求人崔瓅提出的赔偿事实和理由不成立,本院赔偿委员会不予支持。青岛中院作出的(2016)鲁 02 法赔 4 号国家赔偿决定认定事实清楚,适用法律正确,本院赔偿委员会依法予以维持。依照《最高人民法院关于人民法院赔偿委员会审理国家赔偿案件程序的规定》第 19 条第 1 项之规定,决定如下:

维持青岛市中级人民法院赔偿委员会(2016)鲁 02 法赔 4 号国家赔偿决定。

本决定为发生法律效力的决定。

二〇一六年七月七日

2.(2016)闽02委赔1号国家赔偿决定书

——福建省厦门市中级人民法院赔偿委员会

福建省厦门市中级人民法院赔偿委员会
国家赔偿决定书

(2016)闽02委赔1号

赔偿请求人:马宗魁,男,1987年6月2日出生,汉族。

赔偿义务机关:厦门市公安局思明分局。住所地:福建省厦门市思明区厦禾路678号。

负责人:林少强,局长。

委托代理人:林玮、蔡建仁,厦门市公安局思明分局工作人员。

赔偿复议机关:厦门市公安局。住所地:福建省厦门市思明区新华路45号。

法定代表人:林锐,局长。

委托代理人:张遂涛、陈茜,厦门市公安局工作人员。

赔偿请求人马宗魁因违法刑事拘留申请厦门市公安局思明分局(以下简称思明公安分局)国家赔偿一案,不服厦门市公安局(以下简称市公安局)2016年5月13日作出的厦公赔复决字(2016)001号刑事赔偿复议决定,于2016年6月14日向本院赔偿委员会申请作出赔偿决定。本院赔偿委员会于2016年8月16日对本案进行公开质证,赔偿请求人马宗魁,赔偿义务机关思明公安分局的委托代理人林玮、蔡建仁,赔偿复议机关市公安局的委托代理人张遂涛、陈茜参加了质证。本案现已审理终结。

赔偿请求人马宗魁称,2015年4月25日,思明公安分局在证据不足的情况下,错误地认为其在吴某森被盗窃一案中有重大作案嫌疑而对其进行3日刑事拘留。2015年4月28日,思明公安分局经过初步侦查,不仅没有及时改正错误,将其释放,反而以案件复杂、情况特殊为由,决定对其延长4日拘留期限。2015年5月2日,思明公安分局因没有确实充分的证据证明其涉嫌犯罪,将其释放。其无故被思明公安分局立案侦查,拘留7日。且在被拘留期间,思明公安分局的民警及协警在讯问过程中,存在对其进行侮辱、辱骂、恐吓等行为。思明公安分局对其进行错误拘留及采取拘留讯问期间对其采取不当行为对其造成了莫大损害。其向思明公安分局提出国家赔偿申请,思明公安分局作出不予赔偿的厦思公赔决字(2016)002号国家赔偿决定。其对该决定不服,向市公安局提出复议申请,市公安局作出厦公赔复决字(2016)001号刑事赔偿复议决定,维持思明公安分局作出的国家赔偿决定。思明公安分局违反刑事诉讼法的规定,在证据不足以指控其涉嫌犯罪的情况下,错误并草率地对其作出刑事拘留决定,限制其人身自由。且将相关材料直接寄送至其老家,致使其名誉受到损坏,给其造成了重大精神压力与精神损害。根据《国家赔偿法》第17条第1项之规定,侦查机关"违反刑事诉讼法的规定对公民采取拘留措施的,或者依照刑事诉讼法规定的条件和程序对公民采取拘留措施,但是拘留时间超过刑事诉讼法规定的时限,其后决定撤销案件、不起诉或者判决宣告无罪终止追究刑事责任的",其作为受害人有权要求思明公安分局进行刑事赔偿。请求:思明公安分局赔偿其精神抚慰金2800元、限制人身自由费700元、生活补助费1150.8元、诉讼费及律师费1780.82元,总计6431.62元。

赔偿义务机关思明公安分局答辩称,(1)思明公安分局对马宗魁涉及的吴某森被盗窃案、张某翔被盗窃案有管辖权。2015年4月25日,筼筜派出所接吴某森报案称被盗窃手机1部,同时吴某森的朋友张某翔也报称抓获一个在1801酒吧舞台意图扒窃手机的嫌疑人马宗魁。两个案件均有犯罪事实发生,需要追究刑事责任,属于思明公安分局管辖范围。根据《刑事诉讼法》第111条之规定,思明公安分局分别立盗窃案进行侦查。(2)思明公安分局对马宗魁采取拘留强制措施,符合法律规定的条件和程序。《刑事诉讼法》第80条规定,"公安机关对于现行犯或者重大嫌疑分子,如果有下列情形之一的,可以先行拘留:……(二)被害人或者在现场亲眼看见的人指认他犯罪的;……"本案在案证据有张某翔的指认,马宗魁有重大盗窃嫌疑,思明公安分局对犯罪嫌疑人马宗魁采取强制拘留措施、拘留后按照法律程序执行、履行通知、讯问等程序,符合法律规定的条件和程序。(3)马宗魁申请的刑事赔偿不属于《国家赔偿法》规定的刑事赔偿范围。2016 年 4 月 25 日,思明公安分局根据《刑法》第 264 条、《刑事诉讼法》第 80 条之规定,因涉嫌盗窃罪决定对马宗魁刑事拘留,2015 年 4 月 8 日,思明公安分局依据《刑事诉讼法》第 89 条第 1 款决定对其延长拘留至 7 日。思明公安分局经调查后,发现证据不足后,依法在法定期限内释放马宗魁,并告知释放理由,没有违反刑事诉讼法规定对马宗魁采取拘留措施,拘留时间没有超过刑事诉讼法规定的时限。综上,本案从立案到决定拘留再延长拘留期限均符履行了法定程序,有相应的法律手续,不存在违法拘留和拘留超过法定期限的情形。思明公安分局作出的不予赔偿决定认定事实清楚,适用法律正确,应予维持。

赔偿复议机关市公安局答辩称,(1)市公安局办理刑事赔偿复议案件程序合法。马宗魁不服思明公安分局作出的国家赔偿决定,于 2016 年 3 月 22 日向市公安局申请复议,市公安局于 3 月 23 日决定受理并组织审理,并于当日向马宗魁送达受理通知书,通知赔偿义务机关思明公安分局提交有关案件材料。经审理,市公安局于 2016 年 5 月 13 日作出厦公赔复决字(2016)001 刑事赔偿复议决定,决定维持思明公安分局作出国家赔偿决定,并于同年 5 月 17 日送达给马宗魁。市公安局严格依照《国家赔偿法》关于刑事赔偿案件受理、审查、报批、送达等有关规定,程序合法。(2)市公安局作出的刑事赔偿复议决定内容正确,适用法律准确。根据在案证据可认定以下事实:2015 年 4 月 25 日,思明公安分局在侦办吴某森被盗窃案时,张某翔指认马宗魁曾于案发当日凌晨在 1801 号酒吧,将手伸到其裤子口袋里,被发现后就跑到吴某森身后站着,靠得很近,之后吴某森发现手机失窃。同时查明马宗魁无业,没有固定收入也没有固定住处,当晚身无分文却穿梭于两个酒吧之间,也未进行消费,具有重大作案嫌疑。思明公安分局遂根据《刑事诉讼法》第 80 条第 2 项之规定,对被指认的实施扒窃的马宗魁刑事拘留 3 日。因马宗魁有重大作案嫌疑,根据《刑事诉讼法》第 89 条第 1 款之规定,思明公安分局于 2015 年 4 月 28 日对其延长拘留 4 日。后因证据不足、无法追究刑事责任,马宗魁于 2015 年 5 月 2 日被释放。思明公安分局对马宗魁刑事拘留符合刑事诉讼法规定的条件、程序和时限。马宗魁自述刑事拘留期间遭到侮辱、恐吓、刑讯逼供,查无证据证明。思明公安分局作出厦思公赔决字

(2016)002 号国家赔偿决定,符合《国家赔偿法》规定。市公安局根据《国家赔偿法》第 17 条、第 25 条第 1 款以及《公安机关办理国家赔偿案件程序规定》第 29 条第 1 款第 1 项的规定,决定予以维持。

经审理查明,2015 年 4 月 25 日凌晨,吴某森报警称当日凌晨其在厦门市思明区湖滨南路 473 号 1801 酒吧舞台被盗苹果 5S 手机 1 部。思明公安分局筼筜派出所民警到达现场后,吴某森及其朋友张某翔指认马宗魁在 1801 酒吧舞台跳舞时盗窃吴某森手机,民警遂将马宗魁口头传唤至筼筜派出所接受调查。吴某森述称,当日凌晨 0 时 40 分许,其与朋友张某翔在 1801 酒吧跳舞后回到座位时发现放在裤袋内的手机被盗。张某翔对其说在跳舞时,马宗魁曾将手伸到张某翔的口袋内,被张某翔发现后,马宗魁就一直站在其身后。两人在酒吧内寻找马宗魁未果。凌晨 1 时 15 分许,张某翔看到马宗魁再次回到 1801 酒吧,两人遂将马宗魁抓获并报警。张某翔述称,当日凌晨 0 时 50 分许,其与吴某森在 1801 酒吧舞台跳舞时,马宗魁将手伸到其的裤子口袋里,其发现后,遂拍打马宗魁的手臂以示警告,马宗魁便站到吴某森身后,靠得很近,没有跳舞、东张西望。吴某森从舞台回到座位时就发现手机失窃,其意识到是马宗魁盗窃了吴某森手机。此时,马宗魁已不见了。约 15 分钟后,其发现马宗魁再次回到 1801 酒吧,遂与吴某森一起要求马宗魁交出手机,但没有找到吴某森的手机。马宗魁述称,2015 年 4 月 24 日 23 时许,其一人到 1801 酒吧玩,并到舞台上跳舞。跳舞时,曾与一名不相识的小伙子握手以示礼貌。之后,其到隔壁的辣蹦酒吧绕了一圈后,再回到 1801 酒吧跳舞时,就有酒吧工作人员及其他客人向其借用手机并称手机被盗,问其是否盗窃手机,其说没有,后被民警带至派出所。

2015 年 4 月 25 日,思明公安分局决定对该案立案侦查,于同日 15 时以马宗魁涉嫌扒窃决定对其刑事拘留 3 日,并于同日 17 时将拘留通知书邮寄送达给马宗魁的父亲。2015 年 4 月 28 日,思明公安分局以有重大作案嫌疑为由,决定延长对马宗魁的拘留期限至 5 月 2 日。2015 年 5 月 2 日,思明公安分局以证据不足,不应追究刑事责任为由,决定对马宗魁予以释放。

2016 年 1 月 15 日,马宗魁以违法刑事拘留为由,向思明公安分局申请国家赔偿。2016 年 3 月 10 日,思明公安分局作出厦思公赔决字(2016)002 号国家赔偿决定,认为:本案犯罪事实发生在该局辖区,且有受害人、在场亲眼看见的人指认马宗魁实施盗窃作案。立案后该局依法开展侦查,并不存在马宗魁反映的错误拘留或警方与协警对其进行侮辱、辱骂、恐吓的情况。马宗魁申请事项不属于《国家赔偿法》的刑事赔偿范围,马宗魁据此提出的刑事赔偿申请不符合法律规定。据此,决定对马宗魁提出的赔偿请求不予赔偿。2016年3月21日,思明公安分局将该赔偿决定书送达给马宗魁。

2016年3月22日,马宗魁向市公安局申请复议。2016年5月13日,市公安局作出厦公赔复决字(2016)001号刑事赔偿复议决定,认为:张某翔指认马宗魁曾于案发当日凌晨在位于厦门市思明区湖滨南路473号1801酒吧,将手伸到其裤子口袋里,被发现后就跑到吴某森身后站着,靠得很近,之后吴某森发现手机失窃。且马宗魁无业,没有固定收入,也没有固定住处,当晚身无分文却穿梭于两个酒吧之间,也未进行消费,具有重大作案嫌疑。思明公安分局对马宗魁刑事拘留符合刑事诉讼法规定的条件、程序和时限、马宗魁自述刑事拘留期间遭到侮辱、恐吓、刑讯逼供,查无证据证明。据此,决定维持思明公安分局作出的厦思公赔决字(2016)002号国家赔偿决定。2016年5月15日,市公安局将该赔偿复议决定书送达给马宗魁。马宗魁不服,于2016年6月14日向本院赔偿委员申请国家赔偿。

上述事实有吴某森被盗窃一案的报案登记、受案登记表、立案决定书、拘留证、拘留通知书、延长拘留期限通知书、释放证明书、释放通知书、马宗魁讯问笔录、吴某森询问笔录、张某翔询问笔录、到案经过,调取证据通知书、调取证据清单、监控视频截图、情况说明、酒吧监控视频、讯问过程同步录音录像,国家赔偿申请书、国家赔偿申请接收凭证、国家赔偿申请受理通知书、国家赔偿决定书、送达回执,国家赔偿申请书(复议)、刑事赔偿复议申请接受凭证、刑事赔偿复议申请受理通知书、提交国家赔偿案件情况通知书、刑事赔偿复议答复书、刑事赔偿复议决定书、送达证等证据予以证实。

本院赔偿委员会认为,根据《国家赔偿法》第17条第1项有关刑事拘留赔偿的规定,综合赔偿请求人的诉请、赔偿义务机关及复议机关的决定和各方的质证意见,本案的焦点在于公安机关对马宗魁的刑事拘留措施是否违反《刑事诉讼法》的规定。

从本案查明的事实来看,民警处警到现场了解案件情况后,依法将马宗魁传唤至筼筜派出所接受讯问,根据被害人陈述、证人证言及马宗魁的陈述,以盗窃案立案侦查,认为马宗魁的情形符合《刑事诉讼法》第 80 条第 2 项规定的"被害人或在场亲眼看见的人指认他犯罪的"情形,决定对马宗魁采取刑事拘留,符合刑事诉讼法规定的拘留条件。

根据《刑事诉讼法》第 83 条、第 84 条、第 89 条规定公安机关采取刑事拘留措施时,必须出具拘留证、及时移送看守所羁押、通知家属、发现拘留不当时立即发放释放证明等程序要求。经审查,现有证据可以证明,思明公安分局在本案中的刑事拘留程序符合前述法律规定。案件侦查中,思明公安分局依照《刑事诉讼法》第 89 条第 1 款的规定,对马宗魁延长拘留期限 4 日。经调查,思明公安分局认为证据不足,不应对马宗魁追究刑事责任,对马宗魁予以释放并发给释放证明,不存在拘留期限超过法定期限的情形。《刑事诉讼法》第 83 条第 2 款规定,拘留后,除无法通知或者涉嫌危害国家安全犯罪、恐怖活动犯罪通知可能有碍侦查的情形以外,公安机关应当在拘留后 24 小时以内,通知被拘留人的家属。本案中,思明公安分局对马宗魁采取刑事拘留措施后,依法在 24 小时内将拘留通知书邮寄给其父亲,通知其家属,并无不当。赔偿请求人称拘留期间,派出所民警和协警在讯问过程中对其进行侮辱、辱骂、恐吓等行为,缺乏证据证明,不予以支持。

综上,思明公安分局对马宗魁采取刑事拘留措施,不属于《国家赔偿法》第 17 条第 1 项规定的违法拘留的情形。马宗魁申请的相关事项及理由,缺乏法律依据,不应予以支持。思明公安分局对其作出不予赔偿决定,市公安局复议予以维持正确,依法应予维持。依据《最高人民法院关于人民法院赔偿委员会审理国家赔偿案件程序的规定》第 19 条第 1 项之规定,决定如下:

维持厦门市公安局作出的厦公赔复决字(2016)001 号刑事赔偿复议决定。

本决定为发生法律效力的决定。

二〇一六年九月七日

附:相关法律条文

1.《中华人民共和国国家赔偿法》

第十七条 行使侦查、检察、审判职权的机关以及看守所、监狱管理机关及其工作人员在行使职权时有下列侵犯人身权情形之一的,受害人有取得赔偿的权利:

(一)违反刑事诉讼法的规定对公民采取拘留措施的,或者依照刑事诉讼法规定的条件和程序对公民采取拘留措施,但是拘留时间超过刑事诉讼法规定的时限,其后决定撤销案件、不起诉或者判决宣告无罪终止追究刑事责任的;

……

2.《中华人民共和国刑事诉讼法》

第八十条 公安机关对于现行犯或者重大嫌疑分子,如果有下列情形之一的,可以先行拘留:

……

(二)被害人或者在场亲眼看见的人指认他犯罪的;

……

第八十三条 公安机关拘留人的时候,必须出示拘留证。

拘留后,应当立即将被拘留人送看守所羁押,至迟不得超过二十四小时。除无法通知或者涉嫌危害国家安全犯罪、恐怖活动犯罪通知可能有碍侦查的情形以外,应当在拘留后二十四小时以内,通知被拘留人的家属。有碍侦查的情形消失以后,应当立即通知被拘留人的家属。

第八十四条 公安机关对被拘留的人,应当在拘留后的二十四小时以内进行讯问。在发现不应当拘留的时候,必须立即释放,发给释放证明。

第八十九条 公安机关对被拘留的人,认为需要逮捕的,应当在拘留后的三日以内,提请人民检察院审查批准。在特殊情况下,提请审查批准的时间可以延长一日至四日。

……

3.《最高人民法院关于人民法院赔偿委员会审理国家赔偿案件程序的规定》

第十九条 赔偿委员会审理赔偿案件应当按照下列情形,分别作出决定:

(一)赔偿义务机关的决定或者复议机关的复议决定认定事实清楚,适用法律正确的,依法予以维持;

……

3.(2016)冀委赔9号国家赔偿决定书

——河北省高级人民法院赔偿委员会

河北省高级人民法院赔偿委员会
国家赔偿决定书

(2016)冀委赔9号

赔偿请求人:周延忠,男,汉族,1968年4月5日出生。

法定代理人:周希儒,男,汉族,1941年11月21日出生,系周延忠之父。

委托代理人:张亮,河北信联律师事务所律师。

赔偿义务机关:河北省沧州市公安局。住所地:河北省沧州市运河区御河路51号。

法定代表人:张清,该局局长。

委托代理人:李泽春,该局法制支队科员。

委托代理人:赵颖,该局法制支队科员。

复议机关:河北省公安厅。住所地:河北省石家庄市桥西区槐安西路276号。

赔偿请求人周延忠以在河北省沧州市看守所羁押期间被殴打虐待致伤为由申请河北省沧州市公安局国家赔偿一案,不服该局沧公赔驳字(2015)001号国家赔偿申请驳回通知书以及河北省公安厅冀公赔复决字(2016)1号刑事赔偿复议决定,向本院赔偿委员会申请作出赔偿决定。本院赔偿委员会依法对本案进行了审理,于2016年5月19日对本案争议的相关问题组织双方进行公开质证,周延忠的法定代理人周希儒及其委托代理人张亮、赔偿义务机关沧州市公安局委托代理人李泽春、赵颖到庭参加了本次质证。本案现已审理终结。

河北省沧州市公安局2015年4月21日作出沧公赔驳字(2015)001号

国家赔偿申请驳回通知书认为,周延忠、周希儒的赔偿请求事项不属于国家赔偿范围,根据《公安机关办理国家赔偿案件程序规定》第10条第1款第3项及第2款的规定,决定驳回申请。周延忠不服,向沧州市中级人民法院申请作出国家赔偿决定,沧州市中级人民法院于2015年5月21日作出(2015)沧法委赔立字第1号不予受理案件决定,以应按照行政赔偿程序处理为由,对赔偿请求人周延忠的国家赔偿申请不予受理。周延忠向沧州市运河区人民法院提起行政赔偿诉讼,沧州市运河区人民法院2015年8月4日作出(2015)运行初字第65号行政裁定,以本案应当属于刑事赔偿范围,而不属于行政赔偿的范围为由,驳回原告周延忠的起诉。周延忠向本院赔偿委员会提出申诉,本院于2015年10月26日函示沧州市中级人民法院复查处理。该院赔偿委员会于2015年12月25日作出(2015)沧法委赔立字第1号通知书,告知周延忠仍应按照国家赔偿法的相关规定享有申请复议的权利。周延忠遂向河北省公安厅提出复议申请。河北省公安厅于2016年3月28日作出冀公赔复决字(2016)1号刑事赔偿复议决定,该决定查明:2009年2月5日,请求人周延忠因涉嫌盗窃,被沧州市公安局运河分局刑事拘留,关押在沧州市看守所,2009年3月4日批准逮捕。2009年4月1日晚,请求人突发疾病,看守所值班民警立即通知值班医生和带班副所长,并拨打120,及时送往沧县医院进行抢救后转中心医院救治。经中心医院检查,初步诊断为脑血管畸形,脑血管瘤出血,并于当晚进行了手术治疗。2009年9月14日,请求人的父亲周希儒向沧州市公安局反映请求人在看守所在押期间脑出血、要求赔偿的信访事项。后又向省公安厅申请复查。两级公安机关相关部门核查后,均认定公安机关无违法违纪问题。2010年3月22日、4月20日,周希儒两次表示接受沧州市公安局的答复意见,接受困难补助15000元。后又领取80000元救助金,表示不再上访。复议机关河北省公安厅认为:周延忠在被羁押期间突发疾病,看守所积极救治,不存在监管不力及延诊误诊以及体罚、虐待、殴打等情况,其就医所需费用不属于国家赔偿范围。根据《国家赔偿法》第17条、第25条的规定,决定维持沧州市公安局作出的沧公赔驳字(2015)001号国家赔偿申请驳回通知书。

赔偿请求人周延忠申请本院赔偿委员会作出赔偿决定,主要提出:(1)由赔偿义务机关沧州市公安局赔偿周延忠医疗费、护理费、住院伙食补助费、营养费、继续治疗费、残疾赔偿金、抚养费、交通费、精神抚慰金等共计813523元。(2)因申请国家赔偿产生的费用由赔偿义务机关承担。理由如下:2009年2月5日,申请人周延忠因涉嫌盗窃,被沧州市公安局运河分局西环刑警队刑事拘留,关押在沧州市看守所。被拘留前,周延忠身体健康。2009年3月13日至18日,看守所警察三次电话告知周延忠家属,周延忠神志不正常,说头痛干不了活。此时,看守所并没有及时对周延忠进行身体检查。同年4月1日,周延忠家属接到看守所通知,周延忠因大面积脑出血,伴有严重呕吐被送往沧州市中心医院救治。根据周延忠叙述,因扎花任务完不成,经常被看守所其他嫌疑犯毒打、虐待。案发当日,周延忠被送往医院时头部有外伤,被褥上仍有血迹。4月2日,公安局通过为周延忠办理取保候审的审批,后家属到看守所取周延忠的相关被褥衣物,被告知被褥已经丢失。后期,周延忠为进行治疗先后进行九次入院,两次开颅手术,其家属多次要求医生诊断病因,均没有结果,另要求做司法鉴定,查明病因,均被拒绝。由此,周延忠在被拘留期间突然成为智力残疾贰级的残障人士,其家属有充分的理由认定看守所人员有监管不力之责,公安人员有刑讯逼供之嫌。赔偿义务机关从未告知有申请复议的权利,以及救济程序,致使案发七年之久,权利未得到救济。根据《国家赔偿法》第17条的规定,周延忠申请沧州市公安局予以国家赔偿。

周延忠提供的证据如下:

证据1.沧州市公安局运河区分局沧公运逮通字(2009)036号逮捕通知书。用于证明周延忠因涉嫌盗窃于2009年3月4日被沧州市公安局运河分局逮捕,羁押于看守所。

证据2.沧州市公安局运河分局沧公运保字(2009)077号取保候审决定书。用于证明周延忠因身患严重疾病于2009年4月2日被取保候审。

证据3.沧州市运河区人民检察院沧运检刑诉(2013)158号起诉书。用于证明2009年2月5日至4月2日周延忠被羁押于沧州市看守所。

证据4.沧州市运河区人民法院(2013)运刑初字第205号刑事判决书。用于证明2009年2月5日至4月2日周延忠被羁押于沧州市看守所。

证据5.沧州市公安局09005号《公安机关处理信访事项答复意见书》。用于证明周延忠被羁押于沧州市看守所期间大面积脑出血,延误治疗,经沧州市中心医院诊断为脑血管畸形、脑动脉瘤破裂。

证据6.河北省公安厅信函。

证据7.河北省公安厅002号《公安机关复查信访事项答复意见书》。用于证明2009年12月23日,河北省公安厅答复公安机关承担周延忠被羁押期间医药费。

证据8.沧州市看守所《快速反应、紧急处置、避免一起在押人员突发病亡事件发生的情况报告》。用于证明2009年2月5日至4月2日,周延忠被羁押于沧州市看守所期间大面积脑出血,看守所延误治疗。

证据9.沧州市第一看守所收条。用于证明周延忠被褥、羽绒服等衣服被看守所没收。

证据10.周希儒2016年4月8日举证材料。用于证明周延忠称其在羁押期间经常被同号犯人暴打,用床铺木板打其头部出血。

证据11.周希儒2016年4月5日申诉控告材料。用于证明周希儒被告知周延忠2009年3月1日至18日头疼厉害,31日沧县医院CT片被毁。

证据12.沧州市中心医院住院病历(2009.4.2~5.6)。用于证明2009年4月2日周延忠在沧州市中心医院住院情况,没有沧县医院的CT诊断报告单。

证据13.沧州市中西医结合医院病历(2010.5.10~5.17)。用于证明周延忠前交通动脉瘤夹闭术后、脑梗死住院治疗。

证据14.沧州市人民医院病历(2011.9.13~11.4)。用于证明周延忠前交通动脉瘤夹闭术后、多发性脑梗死、血管性痴呆、高血压1级住院治疗。

证据15.沧州市中西医结合医院病历(2013.9.13~9.28)。用于证明周延忠动脉瘤术后、脑梗死、血管性痴呆住院治疗。

证据16.沧州市中心医院病历(2013.12.15~2014.1.7)。用于证明周延忠脑梗死、血管性痴呆、高血压3级住院治疗。

证据17.沧州市中心医院、沧州市中西医结合医院、沧州市人民医院门诊、住院票据。用于证明周延忠门诊、住院医疗费用。

证据18.火车票、汽车票、住宿费票据。用于证明周延忠、周希儒支出的交通费、住宿费。

证据19.沧州市中心医院诊断证明书(2011.4.12)。用于证明周延忠前交通动脉瘤夹闭术后。

证据20. 中国人民解放军第464医院CT检查报告单(2011.6.24)。用于证明周延忠左侧大脑中动脉分支稀疏、左侧颅骨改变。

证据21. 沧州市人民医院CT诊断报告单(2013.5.8~9)。用于证明周延忠左侧椎动脉全程管腔纤细、脑积水引流术后等。

证据22. 诊断证明书(2013.10.25)。用于证明周延忠动脉瘤术后、痴呆。

证据23. 解读颅内动脉瘤。用于证明动脉瘤发生的原因、破裂出血的诱因。

证据24. 残疾人证。用于证明周延忠系智力贰级残疾人。

证据25. 沧州市公安局(2015.4.21)国家赔偿申请驳回通知书。

证据26. 沧州市中级人民法院(2015.5.11)不予受理案件决定书。

证据27. 运河区人民法院(2015.8.4)行政裁定书。

证据28. 河北省高级人民法院(2015.10.26)函。

证据29. 沧州市中级人民法院赔偿委员会(2015.12.25)通知书。

证据30. 河北省公安厅刑事赔偿复议决定书。

赔偿义务机关沧州市公安局对上述证据的质证意见如下:对于证据9,收条的真实性没有异议,但和突发疾病没有关联。对于证据10、11的真实性有异议,对于周希儒的举证有异议、对于周延忠对其父的陈述有异议。2009年3月13日至18日没有民警给周延忠家属打电话和收取周延忠家属任何财物。周希儒所述周延忠在羁押期间就存在眼神呆滞、头疼、说话不清的内容是不真实的。不存在殴打以及不及时治疗的情况。对于证据12,2009年4月2日的病历予以认可。对于证据13~22不予认可,与本案无关,不存在关联性。对其他证据的真实性无异议。

赔偿义务机关沧州市公安局答辩认为:(1)请求人所称看守所人员监管不力与事实不符。2009年4月1日21时51分,与请求人周延忠同监室在押人员苏开会通过报警器报告说,本监室周延忠突发头痛,值班医生李邦彦于21时52分赶到202监室,随后带班副所长于树智快速组织好警力后,医生李邦彦通过为请求人测量血压、做心电图,发现请求人血压升高,头痛加剧,副所长于树智马上拨打了沧县医院120求助,120到达后,经医生检查发现,周延忠头痛加剧,并伴有呕吐,120医生决定马上到医院抢救治疗,23时整救护车载着请求人离所前往沧县医院。期间,看守所及时通知请求人家属并先后向市局监管处、驻所监察室报告了情况。到达沧县医院后,请求人已昏迷,医生建议转中心医院救治,于23时56分到达中心医院,经检查发现大面积脑出血,初步诊断为脑血管畸形,脑血管瘤出血,并于当晚进行了手术治疗。事发后,看守所成立了专门调查组,调阅了请求人所在监室的监控录像,并对同监室人员进行了调查取证,请求人周延忠病情纯属突发,其发病后看守所积极采取措施进行救治,不存在延诊误诊以及被体罚、虐待、殴打等情况,看守所不存在监管不力问题。(2)请求人周延忠信访事项已有结论。2009年9月14日,周希儒(周延忠父亲)到市公安局上访,反映请求人周延忠在看守所羁押期间脑出血,要求赔偿,市局信访处于2009年10月30日出具《公安机关处理信访事项答复意见书》,认为看守所不存在不及时治疗问题,拟负担当日就医费用及救助14000元。周希儒向省厅提出复查请求,2009年12月23日省厅出具了答复意见书。2010年3月22日、4月20日周希儒两次表示接受市局答复意见。周希儒于2010年5月28日在《信访案件回访意见书》上签署了“同意公安局意见,我和我的家人不再上访”的意见。期间,鉴于其家庭困难情况运河分局为其申请救助资金捌万元整(80000元),周希儒于2014年8月28日领取了捌万元救助金并签订了息诉罢访保证书。(3)补充说明:一是在2009年3月13日至18日期间没有民警给周延忠家属打电话和收取周延忠家属任何财物。周希儒所述周延忠在羁押期间就存在眼神呆滞、头疼、说话不清的内容是不真实的。二是周延忠的确切发病时间是4月1日,在此之前周延忠偶尔上火服用三黄片,没有不良反应,其意识清醒有权利要求医生对症开药。三是羁押行为与先天脑血管畸形引起的脑血管破裂无因果关系。四是看守所审讯室装有隔离铁栏,运河分局公安民警审讯时无法近距离接触在押人员,不存在刑讯逼供行为。且与本案羁押行为无关。五是周延忠发病后衣物、现金、被褥未领取,时隔一年后周希儒索要,监管民警拟了书面协议,周希儒本人签字并捺手印表示认可。周希儒所述被褥上有血并不属实,且周延忠入院体检记录其全身没有任何淤血、淤点、皮肤黄染,证明其没有外伤。疾病系突发无任何诱因。六是病历记载“4小时”只是推算时间,不准确也不能作为证据证明看守所延误治疗。在押人员与周延忠朝夕相处,也是第一时间发现周延忠发病的人,不能因为特殊身份而否定证言的真实性。综上所述,请求人周延忠在被羁押期间突发疾病,看守所积极救治,不存在监管不力及延诊误诊以及体罚、虐待、殴打等情况,其就医所需费用不属国家赔偿范围,请求依法维持原驳回通知书及刑事赔偿复议决定。

赔偿义务机关沧州市公安局提供的证据如下:

证据1.周延忠国家赔偿申请书;

证据2.周延忠、周希儒身份证复印件;

证据3.国家赔偿案件受理审批表;

证据4.国家赔偿案件审批表;

证据5.沧州市公安局国家赔偿申请驳回通知书;

证据6.国家赔偿申请驳回通知书送达回执;

证据7.周延忠同监室人员于胜利、马腾、苏开会、王成的证明材料;

证据8.沧州市看守所关于周延忠发病后处理情况的报告;

证据9.公安机关处理信访事项答复意见书;

证据10. 2010年3月22日周希儒给张清局长一封公开信;

证据11. 2010年4月20日周希儒给控申处的材料;

证据12. 2010年5月28日信访案件回访意见书;

证据13. 2014年8月28日信访案件回访意见书;

证据14. 2014年8月28日息诉罢访保证书;

证据15.运河公安分局关于周希儒上访问题的情况报告;

证据16.河北省公安厅刑事赔偿复议决定书。

证据17.沧州市看守所羁押人员诊治登记册中周延忠2009年3月20日用药记录;

证据18.沧州市看守所关于周延忠诊治记录的情况说明;

证据19.沧州市看守所收条;

证据20.沧州市看守所干警王益民、何敏义证明材料;

证据21.沧县医院急救站派车单;

证据22.沧县医院院前急救病历。

赔偿请求人一方对上述证据的质证意见为:对证据7的真实性有异议,

这四人在被羁押期间作证其证言不能成立。对证据8不予认可。证据12～14的救助金数额认可,但是因为不签息诉保证书就不给钱,不是真实意思表示。对证据17、18的真实性、客观性、关联性均有异议。所提药物"三黄片"与本案无关,看守所任凭周延忠自己开药说明监管不力、延误治疗。对于证据19真实性有异议。对证据20的真实性、客观性、关联性均有异议。对证据21、22的真实性、客观性、关联性均有异议。沧县医院急救病历人名书写与周延忠不一致。

本院赔偿委员会经审理查明:2009年2月5日,周延忠被沧州市公安局运河分局抓获,经审讯其对伙同王瑞森共同盗窃的犯罪事实供认不讳,同日运河分局对其依法拘留,羁押于沧州市看守所。2009年3月4日,经运河区人民检察院批准逮捕。2009年4月2日因周延忠身患严重疾病,沧州市公安局运河分局作出沧公运保字(2009)077号取保候审决定书,对周延忠取保候审。沧州市运河区人民检察院于2013年8月29日以沧运检刑诉字(2013)第158号起诉书指控被告人周延忠犯盗窃罪。沧州市运河区人民法院于2014年7月18日作出(2013)运刑初字第205号刑事判决,认定:2007年9月21日晚,被告人周延忠伙同王瑞森(已判刑)来到沧州市妇幼保健医院,由周延忠望风,王瑞森趁妇产科2床陪床的姜辉熟睡之机,窃取宏基牌笔记本电脑一台及索尼硬盘一块(经鉴定价值2325元),并将1号床贾相琳拎包一个盗走,包内有现金人民币1100元。该院认为,被告人周延忠以非法占有为目的,秘密窃取他人财物,价值计3425元,数额较大,其行为已构成盗窃罪。公诉机关指控成立。被告人周延忠犯有前科,可酌情从重处罚。被告人周延忠在共同犯罪中起次要和辅助作用,系从犯,可依法从轻处罚。被告人周延忠自愿认罪且智力残疾,可酌情从轻处罚。最终判决:被告人周延忠犯盗窃罪,判处罚金4000元。

另查明,周延忠在沧州市看守所羁押期间,能够遵守监规,无打架斗殴现象,与同监室人员没有矛盾。周延忠曾因上火偶尔服用三黄片,直到发病以前并无异常表现。

据同监室在押人员于胜利、马腾、苏开会、王成证言以及沧州市看守所的情况报告证明,2009年4月1日晚,202监室的周延忠和王成值第一班(21:40－23:20),21时30分时周延忠起来上厕所,准备值班,从厕所回来后周说心脏不好受、头疼厉害，同监在押人员苏开会让于胜利替周延忠值班，让周休息。后来看到周延忠头疼加剧并趴在炕沿上，苏开会于21时51分报警通知值班民警。随即21时52分值班狱医李邦彦首先赶到202监室，通过监室窗口询问病情。带班副所长于树智组织好警力后与狱医李邦彦一同进入202监室，狱医给周延忠测量血压和做心电图检查，发现周延忠心电图异常、血压升高、头痛加剧，请示副所长于树智后，看守所立即拨打了沧县医院120急救电话。沧县医院急救站接到电话时间为22时24分，出车时间为22时25分，救护车于22时35分赶到。在等待120过程中，周延忠头痛加剧，出现呕吐反应。后经120急救医生检查决定马上送医院抢救。当日23时15分救护车载着周延忠到达沧县医院。沧县医院院前急救病历记载疾病名称为：脑出血，主因头痛伴喷射状呕吐40分钟入院。该院建议马上转送沧州市中心医院救治。4月1日23时56分救护车到达沧州市中心医院，在此期间沧州市看守所通知了周延忠家属。

沧州市中心医院住院病案记载：周延忠为4月2日零时进入该院神经外二科治疗，主要诊断为前交通动脉瘤，其他诊断为蛛网膜下腔出血。入院记录显示："主因意识障碍4小时入院，患者于4小时前无明显诱因出现剧烈头疼，伴呕吐呈喷射性，半小时后出现神志不清未经特殊处理而来我院查CT示蛛网膜下腔出血。当天入院体格检查显示：患者神志不清……皮肤及黏膜未见淤点、淤斑及皮肤黏膜黄染……全身淋巴结无肿大……耳廓及鼻正常……口腔、扁桃体、咽部正常……两侧对比呼吸动度一致、肋间隙正常……腹部平软、无压痛。深昏迷、呼吸不规则，双侧瞳孔等大，光反射迟钝，颈强直……蛛网膜下腔出血，颅内血肿，脑血管造影示前交通动脉瘤。"4月2日沧州市中心医院手术记录显示手术经过为："患者平卧于手术台，全麻成功后头偏向右侧、常规碘酒、酒精消毒术后……取左侧额颞皮瓣作切口，依次切开皮肤……翻转固定……颅骨钻孔数枚以锯去除骨瓣约6cm×8cm……显微镜下，于前交通动脉管下方可见一动脉瘤，瘤体较宽，朝下方……动脉瘤破裂大出血……行开放夹夹闭动脉瘤……清除脑室内积血……间断缝合……术毕。"2009年4月3日放射学影像检查报告单诊断：前交通动脉瘤。同日CT诊断报告单印象：右额叶脑出血破入脑室系统及蛛网膜下腔，脑室引流术后改变；两侧基底节区腔隙性脑梗死；左侧上颌窦、两侧筛窦炎。4月

4日术后CT报告所见,左颞部部分颅骨缺如……印象:动脉瘤术后改变,颅内积气;SAH脑室内积血,引流术后改变;筛窦炎。4月6日CT诊断报告单所见:左额颞部部分颅骨缺如……印象:前交通动脉瘤夹闭术后改变,颅内积气较前略有吸收,左额叶术区积血较前略有增多,SAH、脑室内积血,较前未见明显变化;弥漫性脑水肿、脑肿胀;两侧部分筛窦炎。沧州市中心医院10日、18日、27日、5月5日CT报告基本内容同上。2009年5月6日出院记录显示诊疗经过为:患者入院后行双侧脑室外分流术,术后病情平稳后行选择性造影术,术中行前交通动脉瘤夹闭术,术毕给予脱水止血、腰穿等对症治疗。出院情况:患者一般情况尚可,生命体征平稳,无头痛呕吐等症,四肢活动自如,伽愈合良好已拆线,神经系统未见阴性体征。出院医嘱:定期复查,择期行颅骨成型及脑室腹腔分流术。

此后,2010年5月10～17日周延忠在沧州市中西医结合医院住院治疗,诊断为脑梗死、前交通动脉瘤夹闭术后,高血压病2级、高危,脑室腹腔分流术后,给予抗血小板聚集,活血化淤,改善脑循环,营养脑细胞治疗。2010年5月10日该院CT报告单显示:左侧额叶可见部分脑实质缺如,左侧基底节区可见一小片状低密度影,右侧侧脑室可见引流管影,部分颅片缺如。印象:左侧基底节区脑梗塞;前交通动脉瘤术后改变。

2010年8月,沧州市新华区残疾人联合会评定周延忠为智力贰级残疾并为其发放了残疾人证。

2011年6月24日解放军464医院门诊CT检查报告单显示:左侧大脑中动脉分支稀疏、移位,双侧大脑前动脉A2段管壁不规则,局部金属致密影,左侧颞浅动脉部分终末支未显影、左侧颅骨改变,符合头外伤术后改变;脑动脉粥样硬化。

2011年9月13日至10月4日周延忠因多发性脑梗死、血管性痴呆、高血压1级极高危、前交通动脉瘤夹闭术后、脑室腹腔分流术后入住沧州市人民医院,给予改善循环、稳定情绪、控制血压及其他对症治疗,患者病情好转出院。

2012年9月18日沧州市人民医院CT诊断报告单印象:三脑室前方斑片状致密影,左侧额叶软化灶,脑室系统扩张。

2013年5月9日沧州市人民医院CT诊断报告单印象:脑积水引流术后

改变，左额叶软化灶，颅内动脉瘤术后改变，右枕部、左额颞顶部颅骨术后改变。

2013 年 9 月 3 日至 9 月 28 日，周延忠因脑梗死、血管性痴呆、高血压 3 级极高危、慢性结、直肠炎，窦性心动过缓，颅内动脉瘤破裂出血术后、陈旧性肺结核在沧州中西医结合医院住院治疗。该院 9 月 8 日 CT 检查报告单显示诊断意见：左侧额颞顶部术后改变，脑白质脱髓鞘，右侧基底节区腔隙性脑梗死。

2013 年 12 月 15 日至 2014 年 1 月 7 日，同样病因入住沧州市中心医院，给予活血改善循环等治疗。

此外，周延忠为证明动脉瘤发生的原因、破裂出血的诱因，提交的有关专家证明显示：颅内动脉瘤是脑血管病中一种较常见的疾病，但不是平常印象中的肿瘤，而是颅内动脉壁上局部血管的异常病变产生的脑血管瘤样突起，医学上称为动脉瘤，好发于大脑底部大动脉上，常伴有动脉、血管壁结构的薄弱和缺损。先天性发育缺陷因素、高血压、脑动脉硬化、血管炎或外伤与动脉瘤的发生、发展有关。当动脉压骤然升高时，自然容易在解剖结构最薄弱、失去弹性之处破裂。凡某种因素引起周身血压突然急剧升高，都可能成为颅内动脉瘤出血的诱因，情绪波动如过度激动是很重要的诱因，此外尚有头部剧烈的摆动、猛弯腰、急起身和饮酒等。

还查明，2009 年 9 月 14 日，周希儒（周延忠之父）反映周延忠在看守所羁押期间脑出血，要求赔偿。沧州市公安局信访处于 2009 年 10 月 30 日作出编号 09005 号《公安机关处理信访事项答复意见书》，答复意见如下：根据看守所的规定：我们拟负担 4 月 1 日至 2 日变更强制措施前的医疗费用 5331.89 元，扣除当日已付 500 元后，再付给你 4831.89 元。你提出的两次住院门诊费 2000 元、护理工资 1500 元、营养食品费 6000 元、护理人员伙食费 3000 元、交通费 980 元、医药保护品费用 400 元、家属精神损失费 4000 元、今后一次性治疗费用 60000 元等费用于法无据，不予支持。针对你反映的问题，沧州市公安局高度重视，认真核查了具体情况。鉴于你的实际情况，本着对人民高度负责的精神，我们拟救助你 14000 元。周希儒向河北省公安厅提出复查请求，2009 年 12 月 23 日河北省公安厅出具了答复意见书，根据《看守所条例》第 26 条之规定，市看守所只应负担周延忠取保以前，也就是2009年4月2日当天所花医药费5331.89元,扣除交的住院押金500元,还应支付4831.89元。2010年5月28日,沧州市公安局《信访案件回访意见书》载明:(1)公安机关在周延忠患病期间积极予以治疗,经市局、省厅相关部门核查,无违法违纪问题;(2)按照相关规定,报销请求人周延忠在看守所羁押期间发病住院治疗费用4800元,给予周延忠生活困难补助10200元,共计15000元整。周希儒于当日在该回访意见书上签署了"同意公安局意见,我和我的家人不再上访"的意见。其后,因周希儒又多次信访,鉴于其家庭困难情况沧州市公安部门为其申请救助资金80000元整,周希儒于2014年8月28日领取了该笔救助金并签订了息诉罢访保证书。以上两次共计支付周延忠及其父周希儒人民币95000元整。

此外,2010年6月17日,沧州市看守所出具书面说明:周延忠,2009年2月5日至2009年4月2日,在看守所羁押,因突发疾病离所,其自己所带被子、褥子一套、羽绒服一件、西服一套、内衣、内裤一套、夹克衫一件未带走,另剩余现金190元,以上物品和现金总共折合人民币壹仟叁百元(1300元)整,由看守所一次性给付周延忠,两不相欠。以上内容均系手写,双方各执一份。

上述事实,主要有沧州市公安局运河区分局沧公运逮通字(2009)036号逮捕通知书、沧州市公安局运河分局沧公运保字(2009)077号取保候审决定书、沧州市运河区人民检察院沧运检刑诉(2013)158号起诉书、沧州市运河区人民法院(2013)运刑初字第205号刑事判决书、沧州市公安局09005号《公安机关处理信访事项答复意见书》、河北省公安厅信函、河北省公安厅002号公安机关复查信访事项答复意见书、沧州市看守所收条、沧州市中心医院住院病历(2009.4.2~5.6)、沧州市中西医结合医院病历(2010.5.10~5.17)、残疾人证、周延忠同监室人员证明材料、沧州市看守所关于周延忠发病后处理情况的报告、2010年5月28日、2014年8月28日信访案件回访意见书、息诉罢访保证书、河北省公安厅刑事赔偿复议决定书等证据予以证实并记录在卷。

本院赔偿委员会认为,根据《国家赔偿法》第2条、第17条的规定,国家机关和国家机关工作人员行使职权,有本法规定的侵犯公民、法人和其他组织合法权益的情形,造成损害的,受害人有依照本法取得国家赔偿的权利。

同时根据《最高人民法院、最高人民检察院关于办理刑事赔偿案件适用法律若干问题的解释》第10条的规定,赔偿请求人周延忠以在沧州市看守所羁押期间殴打虐待致伤提出国家赔偿申请,该看守所的主管机关即沧州市公安局应当作为赔偿义务机关。周延忠提出的赔偿申请属于国家赔偿案件的受理范围,应予立案受理并依据法律规定对赔偿义务机关的行为是否具有违法性以及是否属于国家赔偿法规定的应予赔偿的情形进行审查。赔偿义务机关沧州市公安局(2015)001号国家赔偿申请驳回通知书以周延忠的请求事项不属于国家赔偿范围为由,不予受理并予以驳回,属程序不当;复议机关河北省公安厅经复议对此予以维持,亦有不妥,应予纠正。

《国家赔偿法》第17条第4项规定,行使侦查、检察、审判职权的机关以及看守所、监狱管理机关及其工作人员在行使职权时有刑讯逼供或者以殴打、虐待等行为或者唆使、放纵他人以殴打、虐待等行为造成公民身体伤害或者死亡的,受害人有取得赔偿的权利。根据上述法律规定并结合本案具体案件情况,本院赔偿委员会分析认为:

首先,赔偿请求人周延忠于2009年4月1日晚所患疾病已有明确的诊断结论,即前交通动脉瘤、蛛网膜下腔出血。结合本案周延忠病发系在沧州市看守所羁押期间,应进一步审查沧州市看守所监管过程中是否存在殴打、虐待或者唆使、放纵他人殴打、虐待等行为导致周延忠损害发生的情形。对此,赔偿义务机关应提供证据证明其监管行为与损害结果的发生之间是否存在因果关系。鉴于此,从赔偿义务机关沧州市公安局提供的周延忠同监四名室友在发病第二天所作书面证言以及沧州市看守所作出的情况报告来看,周延忠发病当日监管秩序正常,不存在同监室人员或看守所工作人员殴打、虐待的情形;并且上述证据与沧州市中心医院2009年4月2日零时住院记录显示发病"无明显诱因"以及周延忠体格检查结果相互印证。综合分析上述证据,可以证明周延忠发病当天体表无淤点、淤斑及皮肤黏膜黄染,耳廓及鼻、口腔体格检查等均正常,没有外伤,不符合刑讯逼供、殴打、虐待等外伤致损的情形。因此,本案现有证据可以排除周延忠因外伤导致其前交通动脉瘤破裂、蛛网膜下腔出血的可能;亦能够证明在其羁押期间不存在被刑讯逼供、殴打、虐待的情形。

关于周延忠、周希儒陈述周延忠被其他在押人员毒打、虐待,以及送往医院时头部有外伤、被褥上有血迹的问题,经查,上述情形只有周希儒父子的陈述,没有相关证人证言、物证予以佐证,同时本案亦无相关责任人员因此被控告和追究责任的记录。且所述外伤与沧州市看守所情况报告、周延忠入院体格检查结果不一致,所述情形无法认定。关于周延忠所述颅骨塌陷系外伤造成的问题,周延忠病发当天入院体检没有关于其颅骨外伤的记录和诊断证明。当天手术记录显示其曾进行开颅手术、锯除了部分颅骨,至2009年5月6日出院时仍未进行颅骨成型手术。这与术后数次CT诊断"左颞部部分颅骨缺如,符合动脉瘤术后改变"的结果相一致。虽然周延忠提交的2011年6月24日解放军464医院门诊CT检查报告单中提到"符合头外伤术后改变",但该证据属于门诊单次检查报告且该结果没有主治医生的诊断结论,且距本案发生时间相隔两年之久,故该证据尚不足以证明周延忠所述颅骨塌陷系外伤造成的情形。

其次,关于沧州市看守所对周延忠是否存在未尽监管责任、是否存在延诊、误诊等不作为致周延忠损害的问题。一方面,在周延忠2009年4月1日发病前,沧州市看守所及同监室人员均证明其身体情况正常,只有因上火服用三黄片的情形,其所患前交通动脉瘤、蛛网膜下腔出血,属于突发疾病,发病前没有明显征兆。这一事实与沧州市中心医院住院病历记载"无明显诱因出现剧烈头疼,伴呕吐"的内容相互印证。看守所不存在发病前延误对周延忠所患疾病进行治疗的问题。另一方面,发病当天,从同监室在押人员证明的发病时间、报告狱警的时间以及看守所工作人员赶到并为周延忠检查身体到通知120救护车送医的时间来看,抢救行为一直处于连续、完整的持续状态,不存在拖延抢救和不予治疗的情形。赔偿义务机关及时处理了突发情况,并转送有救治能力的医院予以及时手术抢救,已经尽到了监管责任,故不能认定赔偿义务机关存在救治不力致周延忠损害发生的违法及过错情形。

关于周希儒所述2009年3月13日至18日,看守所警察三次电话告知其周延忠神志不正常,说头痛干不了活的问题,经查,对此事实只有周希儒的陈述,没有相关证据予以证实,无法认定。关于周希儒所述沧县医院院前急救派车单及急救病历人名书写与周延忠不一致以及CT结果丢失的问题,经查,结合发病当天情况报告、相关证人证言和派车单记录的来电单位及时间,可以认定当天派车单及急救病历系将周延忠名字书写错误,但其内容属实。沧县医院当晚是否存在CT报告单及其结果均无法证实,故应以现有证据认定本案情况,不能以此否定现有证据的内容。关于沧州市中心医院病历记载“患者于4小时前无明显诱因出现剧烈头疼”的问题,考虑到周延忠当时已经昏迷,发病时间只是他人推算,具体时间仍应以本案其他能够相互印证的证据为准,不能因此证明看守所延误治疗。

综上所述,赔偿义务机关沧州市公安局不存在《国家赔偿法》第17条第4项所规定的违法及过错情形,从本案现有证据来看,周延忠的疾病与看守所羁押行为不能形成因果关系。赔偿请求人周延忠提出请求赔偿义务机关赔偿其医疗费、护理费、住院伙食补助费、营养费、继续治疗费、残疾赔偿金、抚养费、交通费、精神抚慰金等共计813523元的请求,缺乏事实及法律依据,本院赔偿委员会不予支持。赔偿义务机关沧州市公安局的答辩意见,本院赔偿委员会予以采纳。此外,赔偿义务机关在周延忠发病后已经两次通过信访程序支付其部分医药费并给予周延忠及其父周希儒救助金共计人民币95000元,体现了对伤者的抚恤及关怀。依照《国家赔偿法》第17条第4项以及《最高人民法院关于人民法院赔偿委员会审理国家赔偿案件程序的规定》第19条第2项、第20条、第21条之规定,本院赔偿委员会决定如下:

1. 撤销复议机关河北省公安厅冀公赔复决字(2016)1号刑事赔偿复议决定以及赔偿义务机关河北省沧州市公安局沧公赔驳字(2015)001号国家赔偿申请驳回通知书;

2. 驳回赔偿请求人周延忠关于以在河北省沧州市看守所羁押期间被殴打虐待致伤为由申请河北省沧州市公安局予以赔偿的国家赔偿请求。

本决定为发生法律效力的决定。

二〇一七年三月十七日

附:相关法律条文

1.《中华人民共和国国家赔偿法》

第十七条 行使侦查、检察、审判职权的机关以及看守所、监狱管理机关及其工作人

员在行使职权时有下列侵犯人身权情形之一的,受害人有取得赔偿的权利:

(一)违反刑事诉讼法的规定对公民采取拘留措施的,或者依照刑事诉讼法规定的条件和程序对公民采取拘留措施,但是拘留时间超过刑事诉讼法规定的时限,其后决定撤销案件、不起诉或者判决宣告无罪终止追究刑事责任的;

(二)对公民采取逮捕措施后,决定撤销案件、不起诉或者判决宣告无罪终止追究刑事责任的;

(三)依照审判监督程序再审改判无罪,原判刑罚已经执行的;

(四)刑讯逼供或者以殴打、虐待等行为或者唆使、放纵他人以殴打、虐待等行为造成公民身体伤害或者死亡的;

(五)违法使用武器、警械造成公民身体伤害或者死亡的。

2.《最高人民法院关于人民法院赔偿委员会审理国家赔偿案件程序的规定》

第十九条 赔偿委员会审理赔偿案件应当按照下列情形,分别作出决定:

(一)赔偿义务机关的决定或者复议机关的复议决定认定事实清楚,适用法律正确的,依法予以维持;

(二)赔偿义务机关的决定、复议机关的复议决定认定事实清楚,但适用法律错误的,依法重新决定;

(三)赔偿义务机关的决定、复议机关的复议决定认定事实不清、证据不足的,查清事实后依法重新决定;

(四)赔偿义务机关、复议机关逾期未作决定的,查清事实后依法作出决定。

第二十条 赔偿委员会审理赔偿案件作出决定,应当制作国家赔偿决定书,加盖人民法院印章。

第二十一条 国家赔偿决定书应当载明以下事项:

(一)赔偿请求人的基本情况,赔偿义务机关、复议机关的名称及其法定代表人;

(二)赔偿请求人申请事项及理由,赔偿义务机关的决定、复议机关的复议决定情况;

(三)赔偿委员会认定的事实及依据;

(四)决定的理由及法律依据;

(五)决定内容。

4.(2015)津高法委赔字第0007号国家赔偿决定书

——天津市高级人民法院赔偿委员会

天津市高级人民法院赔偿委员会
国家赔偿决定书

(2015)津高法委赔字第0007号

赔偿请求人:李宝歧,男,1970年2月22日出生,汉族,原系天津碱厂职工。

委托代理人:周永利,北京中伦文德(天津)律师事务所律师。

赔偿义务机关:天津市第二中级人民法院。住所地:天津市河西区新围堤道6号。

法定代表人:王红卫,该院院长。

委托代理人:兰芳,该院干部。

赔偿请求人李宝歧申请天津市第二中级人民法院(以下简称二中院)重审无罪赔偿一案,不服二中院2015年7月29日作出的(2015)二中法赔字第3号决定,向本院赔偿委员会申请作出赔偿决定。本院赔偿委员会依法对本案进行了审理,现已审理终结。

李宝歧向本院赔偿委员会申请二中院赔偿的请求是:(1)被侵犯人身自由2553天的赔偿金560945.16元;(2)被羁押7年的工资差额损失1220520元;(3)赔偿精神损害抚慰金600000元;(4)协助恢复天津碱厂职工的身份、补发工资、补齐欠缴的社会保险、住房公积金等福利待遇;(5)为其消除影响,恢复名誉,赔礼道歉。主要理由是:(1)李宝歧被错误羁押长达2553天,人身自由权受到侵害,也造成了严重的精神损害后果。羁押致使李宝歧原所在单位天津碱厂对其停发工资和住房公积金等福利待遇,并且造成了其所经营的酒吧无法经营,经济上受到巨大损失。人生的7年在看守所里度过,自己和亲人均遭受精神打击,造成严重后果。(2)对李宝歧的刑事诉讼程序已经终结,应当予以赔偿。检察机关撤回起诉后,未依法在规定的时间内作出不起诉的决定。准予撤诉就意味着原诉讼程序的结束,且公安机关已经对李宝歧解除强制措施,说明对李宝歧的侦查已经终结。本案与最高人民法院印发的熊仲祥请求国家赔偿的典型案例完全一样,熊仲祥已获得了赔偿,本案应同样处理。

本院审理期间,李宝歧提出补充意见称,李宝歧被解除取保候审后,办案机关超过一年未移送审查起诉、作出不起诉决定或者撤销案件,符合2016年1月1日起实施的《最高人民法院、最高人民检察院关于办理刑事赔偿案件适用法律若干问题的解释》第2条、第12条的规定,李宝歧理应得到赔偿。

二中院向本院赔偿委员会答辩称:李宝歧申请重审无罪赔偿的理由不能成立,对其请求应予以驳回。主要理由是:(1)本案刑事诉讼程序尚未终结,李宝歧亦不存在法律规定的除外情形,不应进入国家赔偿程序。本案中,公安机关以李宝歧涉嫌犯罪问题需要继续查证审理为由,对其作出取保候审的决定,能证明公安机关对此案尚在侦查中,虽然之后公安机关解除取保候审,但解除取保候审并不意味着终结侦查。公安机关、检察机关、法院均未作出对李宝歧终止追究刑事责任的法律文书,李宝歧提出的国家赔偿请求不符合申请国家赔偿的条件,应当予以驳回。(2)关于李宝歧申请所提到的熊仲祥案,虽然最高人民法院就该案件的答复意见是可以进入国家赔偿程序,但该答复是针对个案所作出的,不具有普遍适用性,且与本案具体情况并不相同,不能直接参照处理。

本院赔偿委员会经审理查明,2005年7月7日,李宝歧因涉嫌故意杀人罪被天津市公安局塘沽分局(以下简称塘沽分局)刑事拘留,同年8月12日被逮捕。2006年10月10日,天津市人民检察院第二分院(以下简称二分检)作出津检二院(2006)诉字第64号起诉书,指控李宝歧犯故意杀人罪,向二中院提起公诉。二中院受理该案后,于2009年9月25日作出(2006)二中刑初字第172号刑事判决书,判决李宝歧犯故意杀人罪,判处死刑缓期两年执行,剥夺政治权利终身。李宝歧不服,向本院提出上诉。2012年2月28日,本院作出(2009)津高刑一终字第132号刑事裁定书,认为原审判决认定的事实不清,证据不足,裁定撤销二中院(2006)二中刑初字第172号刑事判决，发回二中院重新审判。重新审理期间，二分检作出津检二院撤诉（2012）1号撤回起诉决定书，以该案事实、证据有变化为由，决定撤回起诉。2012年5月24日，二中院作出（2012）二中刑重字第1号刑事裁定书，裁定准予二分检撤回起诉。2012年5月30日，二分检将该案退回公安机关补充侦查。2012年7月2日，天津市公安局作出津公预字（2012）19号《取保候审决定书》，以该局正在侦查故意杀人案，因李宝歧涉嫌犯罪问题需要继续查证审理，决定对其取保候审。2012年7月3日向李宝歧送达并将其释放。期间李宝歧共被羁押2554天（自2005年7月7日至2012年7月3日，共计2554天）。2013年7月2日，天津市公安局作出津公预解保字（2013）1号《解除取保候审决定书》，以李宝歧取保候审期限届满为由，决定予以解除。

2015年5月28日，李宝歧以重审无罪赔偿为由向二中院申请国家赔偿。2015年7月29日，二中院作出（2015）二中法赔字第3号决定书，认为本案刑事诉讼程序尚未终结，李宝歧提出的国家赔偿请求不符合申请国家赔偿的条件，决定驳回赔偿请求人李宝歧的国家赔偿申请。

另查，李宝歧原系天津碱厂现天津渤海永利化工股份公司内部退养职工。李宝歧的女儿李茜于1995年11月20日出生，李宝歧被刑事拘留时李茜未满18周岁。李宝歧的母亲闫金兰于2008年10月29日病故。

以上事实有塘沽分局津公塘预拘字（2005）467号拘留证、津公塘预捕字（2005）458号逮捕证和逮捕通知书，天津市塘沽区人民检察院塘检批捕（2005）576号批准逮捕决定，二分检津检二院（2006）诉字第64号起诉书、津检二院撤诉（2012）1号撤回起诉决定书、处理意见函，二中院（2006）二中刑初字第172号刑事判决书、（2012）二中刑重字第1号刑事裁定书、（2015）二中法赔字第3号决定书，本院（2009）津高刑一终字第132号刑事裁定书，天津市公安局津公预字（2012）19号取保候审决定书、津公预解保字（2013）1号解除取保候审决定书，上诉书，国家赔偿申请书，询问笔录，调查笔录，居民户口簿，人口登记表，天津市居民死亡医学证明书等证据予以证实。

本院赔偿委员会认为，在本院赔偿委员会审理李宝歧申请二中院重审无罪赔偿案期间，《最高人民法院、最高人民检察院关于办理刑事赔偿案件适用法律若干问题的解释》予以公布，并自2016年1月1日起施行，本案应适用该司法解释的相关规定。

1. 李宝歧具有获得国家赔偿的权利。根据《国家赔偿法》第17条第2项规定,对公民采取逮捕措施后,决定撤销案件、不起诉或者判决宣告无罪终止追究刑事责任的,受害人有获得国家赔偿的权利。《最高人民法院、最高人民检察院关于办理刑事赔偿案件适用法律若干问题的解释》第2条第1款规定,解除、撤销拘留或者逮捕措施后虽尚未撤销案件、作出不起诉决定或者判决宣告无罪,但是人民检察院撤回起诉超过30日未作出不起诉决定的,属于《国家赔偿法》第17条第2项规定的终止追究刑事责任的情形。本案中,公安机关已经解除了对李宝歧的逮捕措施,且在其取保候审期限届满后决定对其解除取保候审,二分检于2012年5月30日撤回起诉后至今仍未作出不起诉的决定,已经超过30日,故李宝歧具有获得国家赔偿的权利。

2. 二中院应为赔偿义务机关。根据《国家赔偿法》第21条第4款规定,二审发回重审后作无罪处理的,作出一审有罪判决的人民法院为赔偿义务机关。《最高人民法院、最高人民检察院关于办理刑事赔偿案件适用法律若干问题的解释》第12条第1款第3项规定,一审判决有罪,二审发回重审后,人民检察院在重审期间撤回起诉超过30日未作出不起诉决定的,赔偿义务机关为作出一审有罪判决的法院。本案二中院一审判决李宝歧有罪,故本案赔偿义务机关应为二中院。

3. 关于人身自由赔偿金。本案是因重审无罪引发的国家赔偿案件,李宝歧被错误羁押,赔偿义务机关二中院应当支付其人身自由赔偿金。根据《国家赔偿法》第33条、《最高人民法院、最高人民检察院关于办理刑事赔偿案件适用法律若干问题的解释》第21条第1款的规定,每日赔偿金标准为作出决定的上一年度职工日平均工资。故本案二中院应按照2015年度职工日平均工资标准242.3元/天,支付李宝歧人身自由赔偿金。因李宝歧实际被错误羁押2554天,而非其申请书中所述的2553天,故二中院应支付李宝歧被羁押2554天的人身自由赔偿金计人民币618834.2元(2554天×242.3元/天=618834.2元)。

4. 关于精神损害赔偿的问题。根据《国家赔偿法》第35条、《最高人民法院关于人民法院赔偿委员会审理国家赔偿案件适用精神损害赔偿若干问题的意见》的相关规定,侵犯人身权致人精神损害的,应当在侵权行为影响的范围内,为受害人消除影响,恢复名誉,赔礼道歉;造成严重后果的,应当支付相应的精神损害抚慰金,确定精神损害抚慰金的具体数额应当综合考虑。本案李宝歧被错误判决有罪且被长期羁押,必然使其社会评价降低,个人名誉受损,也势必使其精神受到损害,应认定错误判决有罪致李宝歧精神损害,并造成严重后果。二中院应当在侵权行为影响的范围内,为李宝歧消除影响,恢复名誉,赔礼道歉,并支付相应的精神损害抚慰金,综合考虑本案情况,酌情确定支付李宝歧精神损害抚慰金人民币 70000 元。

5. 关于李宝歧请求赔偿被羁押 7 年的工资差额损失及协助恢复天津碱厂职工的身份、补发工资、补齐欠缴的社会保险、住房公积金等福利待遇的问题。因国家赔偿为法定赔偿,在重审无罪赔偿侵犯人身自由权的法定赔偿项目中,不包括李宝歧所提的上述请求内容,该项请求不属于国家赔偿法规定的赔偿范围,本院不予支持。

综上,二中院作出的(2015)二中法赔字第 3 号决定,以刑事诉讼程序尚未终结,李宝歧提出的国家赔偿请求不符合申请国家赔偿的条件为由,驳回李宝歧的国家赔偿申请不当,应予纠正。依照《国家赔偿法》第 17 条第 2 项、第 21 条第 4 款、第 24 条第 3 款、第 29 条、第 32 条第 1 款、第 33 条、第 35 条,《最高人民法院、最高人民检察院关于办理刑事赔偿案件适用法律若干问题的解释》第 2 条第 1 款第 4 项、第 12 条第 1 款第 3 项、第 21 条第 1 款,《最高人民法院关于人民法院赔偿委员会审理国家赔偿案件程序的规定》第 19 条第 3 项、第 20 条之规定,决定如下:

1. 撤销天津市第二中级人民法院(2015)二中法赔字第 3 号决定;

2. 赔偿义务机关天津市第二中级人民法院支付赔偿请求人李宝歧人身自由赔偿金人民币 618834. 2 元;

3. 赔偿义务机关天津市第二中级人民法院为赔偿请求人李宝歧消除影响,恢复名誉,赔礼道歉;

4. 赔偿义务机关天津市第二中级人民法院支付赔偿请求人李宝歧精神损害抚慰金人民币 70000 元;

5. 驳回赔偿请求人李宝歧的其他赔偿请求。

本决定为发生法律效力的决定。

二〇一六年八月十五日

附:相关法律条文

1.《中华人民共和国国家赔偿法》

第十七条 行使侦查、检察、审判职权的机关以及看守所、监狱管理机关及其工作人员在行使职权时有下列侵犯人身权情形之一的,受害人有取得赔偿的权利:

(一)违反刑事诉讼法的规定对公民采取拘留措施的,或者依照刑事诉讼法规定的条件和程序对公民采取拘留措施,但是拘留时间超过刑事诉讼法规定的时限,其后决定撤销案件、不起诉或者判决宣告无罪终止追究刑事责任的;

(二)对公民采取逮捕措施后,决定撤销案件、不起诉或者判决宣告无罪终止追究刑事责任的;

(三)依照审判监督程序再审改判无罪,原判刑罚已经执行的;

(四)刑讯逼供或者以殴打、虐待等行为或者唆使、放纵他人以殴打、虐待等行为造成公民身体伤害或者死亡的;

(五)违法使用武器、警械造成公民身体伤害或者死亡的。

第二十一条 行使侦查、检察、审判职权的机关以及看守所、监狱管理机关及其工作人员在行使职权时侵犯公民、法人和其他组织的合法权益造成损害的,该机关为赔偿义务机关。

对公民采取拘留措施,依照本法的规定应当给予国家赔偿的,作出拘留决定的机关为赔偿义务机关。

对公民采取逮捕措施后决定撤销案件、不起诉或者判决宣告无罪的,作出逮捕决定的机关为赔偿义务机关。

再审改判无罪的,作出原生效判决的人民法院为赔偿义务机关。二审改判无罪,以及二审发回重审后作无罪处理的,作出一审有罪判决的人民法院为赔偿义务机关。

第二十四条 赔偿义务机关在规定期限内未作出是否赔偿的决定,赔偿请求人可以自期限届满之日起三十日内向赔偿义务机关的上一级机关申请复议。

赔偿请求人对赔偿的方式、项目、数额有异议的,或者赔偿义务机关作出不予赔偿决定的,赔偿请求人可以自赔偿义务机关作出赔偿或者不予赔偿决定之日起三十日内,向赔偿义务机关的上一级机关申请复议。

赔偿义务机关是人民法院的,赔偿请求人可以依照本条规定向其上一级人民法院赔偿委员会申请作出赔偿决定。

第二十九条 中级以上的人民法院设立赔偿委员会,由人民法院三名以上审判员组成，组成人员的人数应当为单数。

赔偿委员会作赔偿决定，实行少数服从多数的原则。

赔偿委员会作出的赔偿决定，是发生法律效力的决定，必须执行。

第三十二条 国家赔偿以支付赔偿金为主要方式。

能够返还财产或者恢复原状的，予以返还财产或者恢复原状。

第三十三条 侵犯公民人身自由的，每日赔偿金按照国家上年度职工日平均工资计算。

第三十五条 有本法第三条或者第十七条规定情形之一，致人精神损害的，应当在侵权行为影响的范围内，为受害人消除影响，恢复名誉，赔礼道歉；造成严重后果的，应当支付相应的精神损害抚慰金。

2.《最高人民法院、最高人民检察院关于办理刑事赔偿案件适用法律若干问题的解释》

第二条 解除、撤销拘留或者逮捕措施后虽尚未撤销案件、作出不起诉决定或者判决宣告无罪，但是符合下列情形之一的，属于国家赔偿法第十七条第一项、第二项规定的终止追究刑事责任：

（一）办案机关决定对犯罪嫌疑人终止侦查的；

（二）解除、撤销取保候审、监视居住、拘留、逮捕措施后，办案机关超过一年未移送起诉、作出不起诉决定或者撤销案件的；

（三）取保候审、监视居住法定期限届满后，办案机关超过一年未移送起诉、作出不起诉决定或者撤销案件的；

（四）人民检察院撤回起诉超过三十日未作出不起诉决定的；

（五）人民法院决定按撤诉处理后超过三十日，人民检察院未作出不起诉决定的；

（六）人民法院准许刑事自诉案件自诉人撤诉的，或者人民法院决定对刑事自诉案件按撤诉处理的。

赔偿义务机关有证据证明尚未终止追究刑事责任，且经人民法院赔偿委员会审查属实的，应当决定驳回赔偿请求人的赔偿申请。

第十二条 一审判决有罪，二审发回重审后具有下列情形之一的，属于国家赔偿法第二十一条第四款规定的重审无罪赔偿，作出一审有罪判决的人民法院为赔偿义务机关：

（一）原审人民法院改判无罪并已发生法律效力的；

（二）重审期间人民检察院作出不起诉决定的；

（三）人民检察院在重审期间撤回起诉超过三十日或者人民法院决定按撤诉处理超过三十日未作出不起诉决定的。

依照审判监督程序再审后作无罪处理的,作出原生效判决的人民法院为赔偿义务机关。

第二十一条 国家赔偿法第三十三条、第三十四条规定的上年度,是指赔偿义务机关作出赔偿决定时的上一年度;复议机关或者人民法院赔偿委员会改变原赔偿决定,按照新作出决定时的上一年度国家职工平均工资标准计算人身自由赔偿金。

作出赔偿决定、复议决定时国家上一年度职工平均工资尚未公布的,以已经公布的最近年度职工平均工资为准。

3.《最高人民法院关于人民法院赔偿委员会审理国家赔偿案件程序的规定》

第十九条 赔偿委员会审理赔偿案件应当按照下列情形,分别作出决定:

(一)赔偿义务机关的决定或者复议机关的复议决定认定事实清楚,适用法律正确的,依法予以维持;

(二)赔偿义务机关的决定、复议机关的复议决定认定事实清楚,但适用法律错误的,依法重新决定;

(三)赔偿义务机关的决定、复议机关的复议决定认定事实不清、证据不足的,查清事实后依法重新决定;

(四)赔偿义务机关、复议机关逾期未作决定的,查清事实后依法作出决定。

第二十条 赔偿委员会审理赔偿案件作出决定,应当制作国家赔偿决定书,加盖人民法院印章。

5.(2017)苏07委赔1号国家赔偿决定书

——江苏省连云港市中级人民法院赔偿委员会

江苏省连云港市中级人民法院赔偿委员会
国家赔偿决定书

(2017)苏07委赔1号

赔偿请求人:曹汝祥,男,1978年5月23日出生,汉族。

赔偿义务机关:灌云县公安局。住所地:灌云县伊山镇胜利西路188号。

法定代表人:张友俊,该局局长。

委托代理人:魏波、马海波,该局干部。

赔偿请求人曹汝祥因违法刑事拘留赔偿申请灌云县公安局国家赔偿一案,不服灌云县公安局灌公刑不赔字(2017)01号不予刑事赔偿决定书,向本院赔偿委员会申请作出赔偿决定。本院赔偿委员会依法对本案进行了审理,现已审理终结。

赔偿请求人曹汝祥向本院赔偿委员会请求:(1)撤销灌云县公安局灌公刑不赔字(2017)01号不予刑事赔偿决定书;(2)决定灌云县公安局赔偿侵犯其人身自由30天的赔偿金7269元;(3)由灌云县公安局在侵权影响范围内为其消除影响、赔礼道歉、恢复名誉并撤销公安网上关于其行为是盗窃车辆行为的信息;(4)赔偿因扣押案涉车辆3个月给其造成的车辆运营经济损失20万元;(5)赔偿其公司技术业务经济损失52万元;(6)赔偿其精神损失费10万元。事实与理由:2014年8月30日,其因经济纠纷从灌云县安托山搅拌站院内扣走其公司(江苏龙仕达实业有限公司)名下的车辆(苏G11550挂/苏GS168挂),后就该扣车行为,案外人陈安元持与沈晖签署的案涉车辆买卖转让协议,以善意取得身份和理由要求灌云县公安局以盗窃罪立案侦办。后经灌云县公安局侍庄派出所调查后认为系经济纠纷,其行为不构成盗窃罪,遂作出不予立案通知书,在陈安元申请复议后,灌云县公安局复议决定维持原通知书,后连云港市公安局又复核维持灌云县公安局的复议决定。2015年1月9日,陈安元在向连云港市公安局申请复核期间同时向灌云县人民法院提起民事诉讼,要求江苏龙仕达实业有限公司与沈晖共同承担损失,后陈安元撤诉。2015年6月16日,灌云县人民检察院作出灌检侦监不立通(2015)3号文书,要求灌云县公安局说明陈安元车辆被盗案不立案理由,后该局于6月29日以盗窃罪为由对其采取刑事拘留强制措施;7月28日其缴纳保证金3000元后被该局取保。2016年5月25日,灌云县人民检察院作出灌检诉刑不诉(2016)5号不起诉决定书,以犯罪事实不清、证据不足,不符合起诉条件为由,决定对其不起诉。灌云县公安局在证据不足、事实不清的情况下,仅根据灌云县人民检察院灌检侦监不立通(2015)3号文书就对其行为定性为盗窃行为,并采取强制措施,在前后自相矛盾的情况下进行执法系违法执法行为,请求由灌云县公安局进行赔偿并追究相关执法人员失职的责任。

赔偿义务机关灌云县公安局辩称,其对曹汝祥采取刑事拘留措施符合《刑事诉讼法》第80条规定的条件,是合法行为,根据《国家赔偿法》第17条第1款的规定,不应承担国家赔偿责任。理由:(1)在接到检察院要求说明不立案理由通知书后,其根据不立案后取得的九组证据认为符合立案并采取刑事拘留的条件,遂没有说明理由而直接立案。(2)案涉车辆虽没有变更登记,但陈安元对该车拥有所有权。陈安元系案涉车辆法定所有人、合法占有人,期间陈安元为该车投保,缴纳罚款。(3)陈安元与曹汝祥无任何经济纠纷。曹汝祥凭车辆登记证书,在未与公司原法人和现有车辆实际所有人沟通的情况下,采取盗窃的方式将车占为已有,后在10天内过户给案外人盛凯物流公司。(4)曹汝祥在盗车前是明知案涉车辆已被转让他人的事实,犯罪主观故意清楚,其多次在协议上签名、捺印。曹汝祥在陈安元报警,公安机关处理过程中,一直未将车辆提交划价,影响案件侦查。(5)曹汝祥声称盗车前打过110报警电话,但这不能证明占有行为合法。(6)本案符合《刑事诉讼法》规定的拘留条件;根据《物权法》及公安部关于确定机动车所有权人问题的复函的规定,公安机关登记的车主不宜作为判断机动车所有权的依据,因此机动车并非只有过户登记后才发生所有权转移。结合提交的九组证据,充分证明公安机关对曹汝祥盗窃陈安元的车辆进行立案、侦查事实证据和法律依据充分,能够证明公安机关对曹汝祥立案后10天对其采取刑事拘留措施合理合法,不存在违法拘留,也不在《国家赔偿法》的调整范围。

经审理查明,2014年8月31日,案外人陈安元的驾驶员夏佳成将车号为苏G11550挂/苏GS168挂重型半挂牵引车停放在灌云县侍庄乡"安拖山搅拌站"院内。同日15时许,时任江苏龙仕达实业有限公司的法定代表人陈伟及曹汝祥在未通知陈安元的情况下,在发现公司名下的案涉车辆后将车辆实际控制,在拨打110电话进行告知并征询意见后将案涉车辆开走;同日17时许,夏佳成在发现车辆不在后进行报警。

2014年9月11日,灌云县公安局作出灌公(侍)不立字(2014)14号不予立案通知书,以没有犯罪事实为由,决定不予立案;陈安元不服申请复议,后灌云县公安局作出灌公(侍)复字(2014)3号不予立案复议决定书;陈安元不服又申请复核,同月30日,连云港市公安局作出连公刑核字(2014)09号复核决定书,决定维持灌云县公安局的不予立案决定。

2015年6月16日,灌云县人民检察院作出灌检侦监不立通(2015)3号要求说明不立案理由通知书;同月19日,灌云县公安局作出灌公(侍)立字(2015)1176号立案决定书,决定对苏G11550重型半挂牵引车被盗案立案侦查;同月29日,灌云县公安局决定对曹汝祥刑事拘留并于同日执行;同年7月28日,曹汝祥被释放并变更为取保候审;同年12月28日,灌云县公安局就该案向灌云县人民检察院移送审查起诉,后经两次补充侦查,灌云县人民检察院以灌云县公安局认定的犯罪事实不清、证据不足为由,于2016年5月25日作出灌检诉刑不诉(2016)5号不起诉决定书,决定对曹汝祥不起诉。

后曹汝祥向灌云县公安局申请国家赔偿,该局于2017年1月5日作出灌公刑不赔字(2017)01号不予刑事赔偿决定书,认为不是违法拘留,国家不承担赔偿责任,决定不予赔偿。曹汝祥不服,遂向本院赔偿委员会申请作出赔偿决定。

关于在已认定没有犯罪事实并决定不予立案的情形下,在接到检察机关要求说明不予立案理由通知书后,为何不说明理由而直接予以立案的问题,灌云县公安局辩称针对该通知书,根据《公安机关办理刑事案件程序规定》第179条的规定,处理方式是可以回复不立案理由或者直接立案;本案因不立案后受害人陈安元一直信访,其在不立案后到立案前又补充九组证据,后在收到要求说明不立案理由通知书后直接立案并采取刑事拘留措施。

灌云县公安局提交的九组证据分别为:

1. 2014年9月28日灌云县公安局侍庄派出所对赵涓宇谈话笔录,主要内容为:其经手办理江苏龙仕达实业有限公司四次变更手续。第一次是2012年5月9日将法人由陈慧变更为曹海军,变更原因及是否有财产交接其均不清楚;同年12月31日,还是陈慧委托其办理法人变更手续,将法人变更为汤志华,后于2013年3月14日变更给曹小雷,这两次变更也没有财产交接及文件资料交接,变更原因不清楚;最后一次是2014年3月13日由曹小雷变更为陈伟,当时公司有一份接受资料清单,其是移交人,并未经手财产交接,接收人是金翠宁。

2. 2014年9月29日连云港市公安局法制支队对陈安元的谈话笔录。主要内容为:其于2013年5月30日以32万元从沈晖处购买案涉车辆,其现有协议复印件,协议上有二人签名但没有盖任何单位公章;其购车后才知道车辆登记在江苏龙仕达实业有限公司名下,因沈晖无相关证件及违章未处理而未过户,购车后无人向其主张权利,其正常经营,后车辆被盗;其与曹汝祥、沈晖、陈伟(陈一鸣)之间无债权债务关系。

3. 2014年9月30日连云港市公安局法制支队对陈一鸣、陈伟、曹汝祥的谈话笔录,对会计金翠宁的谈话笔录。

陈一鸣谈话笔录主要内容是:其将案涉车辆以60万元左右卖给沈晖,催沈晖二十余次过户但一直未过户,沈晖有买卖协议,后车辆被沈晖卖给一个姓陈的。没有人找过其或陈慧了解车辆情况。资产清单应该是处理东方银行贷款用的,不是转让公司资产用的。

陈伟、曹汝祥谈话笔录主要内容是:受让公司后向陈一鸣要过车,陈一鸣称车在路上过一段时间的,让去车管所调车辆有无违章等,后在搅拌站发现公司车辆就带着车辆手续将车开到新浦,公司没有财产登记簿,不知道车辆是否卖给他人,车在公司名下,和陈一鸣有口头协议,车属于公司,公司转让时口头明确公司贷款由其偿还,公司名下两辆车及道路运输资质、105万元现金及孟凡莹欠陈一鸣200万元债权均归曹汝祥;沈晖告诉曹汝祥说陈一鸣的担保公司欠其公司贷款保证金未还,故用案涉车辆抵押,车子并未卖给沈晖，其不知道车辆是否卖给陈安元；陈一鸣未将车辆移交给曹汝祥，没有进行财产移交，只是将公司基本资料给曹汝祥，其认为沈晖与陈安元买卖协议无效，沈晖不能代表龙仕达公司；2014 年 5 月陈一鸣在连云港信用总社明确说将公司名下车辆转让给曹汝祥，车辆公司有权管理并收回。

金翠宁谈话笔录主要内容：其按曹汝祥指示与赵涓宇进行了资料交接，无实物，其向赵涓宇要公司印章但赵明确表示不给，所以陈慧用原公章办理相关车辆过户。

4. 2014 年 10 月 17 日连云港开发区大浦派出所对陈伟的谈话笔录。主要内容是：陈伟报警称公司名下另一辆车辆被人提供虚假手续卖了，其查询后发现是陈慧实施变卖。

5. 2014 年 11 月 19 日连云港开发区大浦派出所对陈慧的谈话笔录。就陈伟报警事宜进行调查。

6. 2015 年 1 月 8 日灌云县公安局侍庄派出所对孟凡莹的谈话笔录。主要内容是：孟凡莹反映曹汝祥帮其顶替债务的事情，相关协议没有履行到位；陈一鸣、曹汝祥在东方银行总行王行长办公室谈过，具体细节其不清楚。

7. 2015 年 4 月 8 日连云港开发区大浦派出所对曹海军、曹汝祥、陈一鸣的谈话笔录。

曹海军谈话笔录主要内容是其对合同内容及生意上的事情不清楚。

曹汝祥谈话笔录主要内容是：就协议第 6 条的理解，陈一鸣为了防止曹汝祥不能满足其处理贷款的要求，陈一鸣就有权处理公司名下车辆；曹汝祥为了防止陈一鸣在协议签订后至公司法人变更前以新增加股东为借口不配合公司债权转让而提出增加“乙方新股东有配合的义务”，该规定是指在协议签订后至公司过户前这段时间公司不得因新增加股东而不履行协议，而不是变更后的法人作为新股东配合他做事，否则没有车辆尽是还贷款的买卖不合算。

陈一鸣谈话笔录主要内容是：其与曹汝祥因为一笔 15 万元款项问题发生纠纷，曹汝祥将案涉车辆抢走，后另一辆车辆被陈慧过户；陈一鸣认为新股东配合义务是指公司过户后的股东有配合义务。

8. 2015 年 4 月 9 日连云港开发区大浦派出所对孟凡莹的谈话笔录。主要内容是：陈一鸣起草协议后具体条款其不清楚，公司车辆怎么谈的其记不清了,其只是签一个字,具体事宜是陈一鸣和曹汝祥谈的。

9. 2014年11月2日陈一鸣提交给灌云县公安局四方协议复印件一份(落款时间2012年5月2日)。其中第7条约定,变更前乙方(江苏龙仕达实业有限公司)原有债权债务仍由乙方原股东负责,乙方原有车辆户籍随时变更,乙方新股东有配合义务。

赔偿请求人曹汝祥对上述九组证据的真实性无异议,但认为证据中的内容系赔偿义务机关故意歪曲部分事实,回避了车辆属于江苏龙仕达实业有限公司的客观事实,其是公司实际控制人,其扣车行为系与案外人陈安元、陈一鸣、沈晖存在经济纠纷造成,而非主观恶意盗窃他人财产行为。

上述事实,有赔偿义务机关举证的上述九组证据,赔偿请求人举证的灌云公安局接受材料清单、灌云县公安局灌公刑不赔字(2017)01号不予刑事赔偿决定书、曹汝祥身份证复印件、灌云县人民检察院灌检诉刑不诉(2016)5号不起诉决定书、灌云县人民检察院不起诉理由说明书、灌云县看守所灌公(侍)看释字(2015)339号拘留释放证明书、灌云县公安局灌公(侍)取保字(2015)656号取保候审决定书等,本院从灌云县公安局案涉侦查卷宗内复印的灌公(侍)受案字(2014)2229号受案登记表、灌云县公安局灌公(侍)不立字(2014)14号不予立案通知书、连云港市公安局连公刑核字(2014)09号复核决定书、灌云县人民检察院灌检侦监不立通(2015)3号要求说明不立案理由通知书、灌公(侍)受案字(2015)1673号受案登记表、灌云县公安局灌公(侍)立字(2015)1176号立案决定书、灌云县公安局灌公(侍)拘字(2015)568号拘留证等,本院听证笔录以及双方陈述等证据在案佐证。

本院赔偿委员会认为,《国家赔偿法》第2条第1款规定,"国家机关和国家机关工作人员行使职权,有本法规定的侵犯公民、法人和其他组织合法权益的情形,造成损害的,受害人有依照本法取得国家赔偿的权利"。该条款明确我国国家赔偿以法定赔偿为原则,即赔偿义务机关、赔偿范围、赔偿程序及方式标准等,均应严格依照法律规定执行。本案系违法刑事拘留赔偿,根据《国家赔偿法》第17条第1项的规定,即违反刑事诉讼法的规定对公民采取拘留措施的,其后决定不起诉的,受害人有取得赔偿的权利,以及《最高人民法院、最高人民检察院关于办理刑事赔偿案件适用法律若干问题的解释》第5条的规定,即"对公民采取刑事拘留措施后终止追究刑事责任,具有下列情形之一的，属于国家赔偿法第十七条第一项规定的违法刑事拘留:(一)违反刑事诉讼法规定的条件采取拘留措施的;(二)违反刑事诉讼法规定的程序采取拘留措施的……”故只有符合上述情形的，才符合违法刑事拘留的法定赔偿情形。

首先，应就是否属于违反刑事诉讼法规定条件采取的拘留措施进行评判。本案系先立案侦查，后刑事拘留。《刑事诉讼法》第107条规定，“公安机关或者人民检察院发现犯罪事实或者犯罪嫌疑人，应当按照管辖范围，立案侦查”。即立案侦查应以“发现犯罪事实或者犯罪嫌疑人”为前提。该法第80条规定，“公安机关对于现行犯或者重大嫌疑分子，如果有下列情形之一的，可以先行拘留:(一)正在预备犯罪、实行犯罪或者在犯罪后即时被发觉的;(二)被害人或者在场亲眼看见的人指认他犯罪的;(三)在身边或者住处发现有犯罪证据的;(四)犯罪后企图自杀、逃跑或者在逃的;(五)有毁灭、伪造证据或者串供可能的;(六)不讲真实姓名、住址，身份不明的;(七)有流窜作案、多次作案、结伙作案重大嫌疑的”。即实施拘留必须符合上述法定的七种情形。灌云县公安局根据《刑事诉讼法》第107条的规定“决定对苏G11550重型半挂牵引车被盗案立案侦查”，应以存在并已发现盗窃这一犯罪事实为前提。需要指出的是，盗窃罪侵犯的客体是公私财物的所有权。本案认定是否存在盗窃行为需以是否有公私财物的所有权受到侵犯为前提。

本案系上级公安机关复核维持不立案决定的案件，下级公安机关如需推翻上级机关的复核结论，应提供充分有效的证据予以证实。根据灌云县公安局的举证，从不立案到立案侦查及采取刑事拘留措施主要依据的是其提交的九组证据。其中，第一、二、三组证据均是在2014年9月30日连云港市公安局复核决定作出前形成的证据，而复核结论是维持灌云县公安局的不予立案决定，且相关笔录反映曹汝祥与陈一鸣等人就案涉车辆归属陈述不一致;第四、五组证据系陈伟报警反映公司名下另一辆车辆被盗及公安机关向陈慧的调查了解情况，与案涉纠纷无关联性;第六、七、八、九组证据只能证明曹汝祥与陈一鸣之间曾达成过相关协议，但就协议相关条款的理解存在争议，且履行过程中发生纠纷，尚不能证明曹汝祥知晓案涉车辆实际是否存在先行转让行为及如存在转让则相关行为是否合法有效，即根据相关笔录并不能证明陈安元系案涉车辆的合法所有人，据此亦不能认定存在盗窃这一犯罪事实，故该九组证据均不能证明立案侦查及刑事拘留的合法性。在当事人对案涉车辆权属存在争议的情况下，车辆权属的最终归属应通过民事诉讼等法律途径予以解决，公安机关直接对车辆权属作出认定并立案侦查，所谓“发现犯罪事实或者犯罪嫌疑人”进而采取刑事拘留强制措施的证据并不充分，不符合《刑事诉讼法》第80条和第107条的规定。综上，本委认为灌云县公安局对曹汝祥采取刑事拘留不符合刑事诉讼法规定的条件。

其次，应就是否属于违反刑事诉讼法规定的程序采取的拘留措施进行评判。《最高人民法院关于人民法院赔偿委员会审理国家赔偿案件程序的规定》第13条第1款规定，“赔偿义务机关对其职权行为的合法性负有举证责任”；该规定第12条第2款规定，“没有证据或者证据不足以证明其事实主张的，由负有举证责任的一方承担不利后果”。《公安机关办理刑事案件程序规定》第121条第1款规定，“拘留犯罪嫌疑人，应当填写呈请拘留报告书，经县级以上公安机关负责人批准，制作拘留证……”第175条第1款规定，“公安机关接受案件后，经审查，认为有犯罪事实需要追究刑事责任，且属于自己管辖的，经县级以上公安机关负责人批准，予以立案……”据此，不管是刑事拘留还是刑事立案，均需要经县级以上公安机关负责人批准。本案中，在上级公安机关复核维持不立案决定的前提下，从不立案到时隔8个月后再立案，灌云县公安局并未举证证明已履行了法定的批准程序。综上，本委认为灌云县公安局对曹汝祥采取的刑事拘留不符合刑事诉讼法规定的程序。

综上，本委认为灌云县公安局对曹汝祥的刑事拘留违法。鉴于灌云县人民检察院已决定对曹汝祥不起诉，根据《国家赔偿法》第17条第1项的规定，曹汝祥有取得赔偿的权利。灌云县公安局灌公刑不赔字(2017)01号不予刑事赔偿决定书无事实及法律依据，曹汝祥关于撤销该不予刑事赔偿决定书的请求依法能够成立，本委予以支持。根据《国家赔偿法》第21条第2款的规定，灌云县公安局为赔偿义务机关。曹汝祥实际被限制人身自由30日，根据《国家赔偿法》第32条第1款、第33条的规定，曹汝祥关于赔偿其30日限制人身自由赔偿金的主张能够成立，本委依法予以支持，应由灌云县公安局赔偿其30日的人身自由赔偿金；另根据《最高人民法院关于作出国家赔偿决定时适用2016年度全国职工日平均工资标准的通知》的规定，自2017年5月31日起，作出国家赔偿决定时，对侵犯公民人身自由的，每日赔偿金应为258.89元。故曹汝祥的人身自由赔偿金应为7766.7元(30日×258.89元)。灌云县公安局对曹汝祥违法刑事拘留，客观上给其工作生活及个人名誉均造成一定的影响，致其精神损害并较为严重，根据《国家赔偿法》第35条的规定，曹汝祥关于由灌云县公安局在侵权行为影响范围内为其消除影响、赔礼道歉、恢复名誉及赔偿精神抚慰金的主张能够成立，本委依法予以支持；本委酌定由灌云县公安局赔偿曹汝祥精神损害抚慰金2500元。上述赔偿金合计10266.7元。曹汝祥的其他赔偿请求，无事实及法律依据，本委不予支持。

依照《国家赔偿法》第2条第1款、第17条第1项、第21条第2款、第32条第1款、第33条、第35条，《最高人民法院关于作出国家赔偿决定时适用2016年度全国职工日平均工资标准的通知》和《最高人民法院关于人民法院赔偿委员会审理国家赔偿案件程序的规定》第12条第2款、第13条第1款，《中华人民共和国刑事诉讼法》第80条、第107条的规定，决定如下：

1. 撤销灌云县公安局灌公刑不赔字(2017)01号不予刑事赔偿决定书；

2. 灌云县公安局支付曹汝祥赔偿金人民币10266.7元；

3. 灌云县公安局应当在侵权行为影响的范围内，为曹汝祥消除影响，恢复名誉，赔礼道歉，于本决定生效之日起30日内执行；

4. 驳回曹汝祥的其他赔偿请求。

本决定为发生法律效力的决定。

二〇一七年六月二十八日

附:相关法律条文

1.《中华人民共和国国家赔偿法》

第二条 国家机关和国家机关工作人员行使职权,有本法规定的侵犯公民、法人和其他组织合法权益的情形,造成损害的,受害人有依照本法取得国家赔偿的权利。

第十七条 行使侦查、检察、审判职权的机关以及看守所、监狱管理机关及其工作人员在行使职权时有下列侵犯人身权情形之一的,受害人有取得赔偿的权利:

(一)违反刑事诉讼法的规定对公民采取拘留措施的,或者依照刑事诉讼法规定的条件和程序对公民采取拘留措施,但是拘留时间超过刑事诉讼法规定的时限,其后决定撤销案件、不起诉或者判决宣告无罪终止追究刑事责任的;

……

第二十一条 对公民采取拘留措施,依照本法的规定应当给予国家赔偿的,作出拘留决定的机关为赔偿义务机关。

第三十二条 国家赔偿以支付赔偿金为主要方式。

第三十三条 侵犯公民人身自由的,每日赔偿金按照国家上年度职工日平均工资计算。

第三十五条 有本法第三条或者第十七条规定情形之一,致人精神损害的,应当在侵权行为影响的范围内,为受害人消除影响,恢复名誉,赔礼道歉;造成严重后果的,应当支付相应的精神损害抚慰金。

2.《最高人民法院关于作出国家赔偿决定时适用2016年度全国职工日平均工资标准的通知》

摘要:"各级人民法院自2017年5月31日起,作出国家赔偿决定时,对侵犯公民人身自由的,每日赔偿金应为258.89元。"

3.《最高人民法院关于人民法院赔偿委员会审理国家赔偿案件程序的规定》

第十二条 赔偿请求人、赔偿义务机关对自己提出的主张或者反驳对方主张所依据的事实有责任提供证据加以证明。有国家赔偿法第二十六条第二款规定情形的,应当由赔偿义务机关提供证据。

没有证据或者证据不足以证明其事实主张的,由负有举证责任的一方承担不利后果。

第十三条 赔偿义务机关对其职权行为的合法性负有举证责任。

赔偿请求人可以提供证明职权行为违法的证据,但不因此免除赔偿义务机关对其职权行为合法性的举证责任。

4.《中华人民共和国刑事诉讼法》

第八十条 公安机关对于现行犯或者重大嫌疑分子,如果有下列情形之一的,可以先行拘留:

(一)正在预备犯罪、实行犯罪或者在犯罪后即时被发觉的;

(二)被害人或者在场亲眼看见的人指认他犯罪的;

(三)在身边或者住处发现有犯罪证据的;

(四)犯罪后企图自杀、逃跑或者在逃的;

(五)有毁灭、伪造证据或者串供可能的;

(六)不讲真实姓名、住址,身份不明的;

(七)有流窜作案、多次作案、结伙作案重大嫌疑的。

第一百零七条 公安机关或者人民检察院发现犯罪事实或者犯罪嫌疑人,应当按照管辖范围,立案侦查。

6.(2015)高法委赔字第00015号国家赔偿决定书

——北京市高级人民法院赔偿委员会

北京市高级人民法院赔偿委员会
国家赔偿决定书

(2015)高法委赔字第00015号

赔偿请求人:邓铭智,男,1974年7月13日出生,汉族,深圳市拓美图贸易有限公司法定代表人。

赔偿请求人:胡会丽,女,1976年9月18日出生,汉族,深圳市拓美图贸易有限公司股东。

赔偿义务机关:中华人民共和国广州海关缉私局。住所地:广东省广州市天河区石牌西路68号。

法定代表人:罗银波,局长。

委托代理人:马波,中华人民共和国广州海关缉私局法制一处干部。

委托代理人:李斌,中华人民共和国广州海关缉私局法制一处干部。

复议机关:中华人民共和国海关总署缉私局。住所地:北京市东城区建国门内大街6号。

法定代表人:刘晓辉,局长。

委托代理人:周国良,中华人民共和国海关总署缉私局法制一处干部。

委托代理人:须璐,中华人民共和国海关总署缉私局法制一处干部。

邓铭智、胡会丽因违法刑事拘留赔偿申请中华人民共和国广州海关缉私局(以下简称广州海关缉私局)国家赔偿一案,不服中华人民共和国海关总署缉私局(以下简称海关总署缉私局)复议决定,向本院赔偿委员会申请作出赔偿决定。本院赔偿委员会依法对本案进行了审理,现已审理终结。

邓铭智、胡会丽以违法刑事拘留为由于2015年1月13日向广州海关缉私局提出国家赔偿申请。广州海关缉私局认为，违法刑事拘留应当以违反《中华人民共和国刑事诉讼法》（以下简称《刑事诉讼法》）的规定对公民采取拘留措施为前提，审查具体刑事拘留行为是否构成违法。综合当时各种证据，广州海关缉私局系依法对邓铭智、胡会丽刑事拘留，没有违反《刑事诉讼法》的规定。在对二人执行拘留以及搜查其住所的过程中没有发生执法过错，没有发生违法扣押财产的情况。邓铭智、胡会丽主张赔偿其误工费、公司无法运作损失费、税务局罚款、名誉损失费、精神损失费、交通费、住宿费、伙食费于法无据。广州海关缉私局于 2015 年 3 月 12 日作出穗缉赔决字（2015）1 号国家赔偿决定，对邓铭智、胡会丽不予赔偿。

邓铭智、胡会丽均不服，依法分别向海关总署缉私局申请复议，海关总署缉私局于 2015 年 5 月 11 日收到其复议申请。海关总署缉私局认为，广州海关缉私局在侦办走私普通货物案过程中，根据线索，发现邓铭智、胡会丽有参与结伙走私作案的嫌疑，依法决定对二人采取刑事拘留措施，并经讯问初步排除二人参与走私嫌疑后当天将其释放，符合法律规定，且程序合法，手续完备。广州海关缉私局对二人住所的搜查程序合法，对扣押物品进行审查并在进一步排除二人涉案嫌疑后发还所扣物品，符合《刑事诉讼法》的有关规定。经调查核实，搜查中有 3 部手机予以扣押但未列入扣押清单，存在工作程序上的瑕疵，该 3 部手机事后已经返还；扣押物品中没有二人主张的苹果牌 iPad MINI 1 部、和兴牌白花油 4 支以及人民币 6 万元等财物。邓铭智、胡会丽有关误工费、公司无法运作损失费、税务局罚款、名誉损失费、交通费、住宿费、伙食费的赔偿请求不属于《中华人民共和国国家赔偿法》（以下简称《国家赔偿法》）规定的应予赔偿的直接损失范围；有关精神损失费的赔偿请求不符合国家赔偿法规定的精神损害抚慰金的相关规定，依法不应予以赔偿。广州海关缉私局通过对邓铭智、胡会丽的审查、搜查，已经排除二人犯罪嫌疑，按照有关规定，应当给其开具终止侦查决定书并补发该文书。海关总署缉私局于 2015 年 7 月 9 日作出署缉刑赔复字（2015）2 号刑事赔偿复议决定，维持广州海关缉私局不予赔偿决定。

邓铭智、胡会丽均不服上述复议决定，依法分别向本院赔偿委员会申请作出赔偿决定，要求广州海关缉私局赔偿因错误刑事拘留，侵犯人身自由权所造成的经济和精神损失。具体申请事项如下：（1）公开道歉，恢复名誉，消除负面影响。(2)返还扣押物品,包括苹果牌 iPad MINI 1 部、和兴牌白花油 4 支、人民币 6 万元;赔偿被损坏的 250G 电脑硬盘 1 个、三星手机 1 部,并恢复其中的数据内容。(3)赔偿各项经济损失合计人民币 162600 元,包括误工费、公司无法运作损失费、税务局罚款、名誉损失费、精神损失费以及往返广州和深圳的车费、住宿费、餐费。(4)开具邓铭智、胡会丽无犯罪记录证明、拘留通知书、释放证明、扣押物品清单以及取保候审通知书、解除取保候审通知书。(5)严肃处理办案人员。

邓铭智、胡会丽申请国家赔偿的主要事实与理由如下:2014 年 6 月 30 日 6 时许,广州海关缉私局未出示拘留证及搜查证,即使用警械(手铐)将邓铭智、胡会丽铐住,办案人员的违法行为对同住的两名儿童造成了严重的心理伤害。办案人员将邓铭智、胡会丽控制后,随即搜查居所,扣押了大批物品且未经查看清点,现场没有见证人、制作扣物笔录和当场确认签字,扣押物品清单也没有给予被搜查人。当天上午 8 时,办案人员不通知家属,就将邓铭智、胡会丽连同扣押物品带到广州海关缉私局,且不顾两名同住儿童的安全,把未成年儿童单独留在家里。此时恰逢上班高峰时间,被邻居目击,事后传遍整个小区,对二人声誉造成了严重影响。由于办案人员不按规定通知家属及当地派出所,事后家属以为二人遭到绑架,便向当地警方报警,警方上门处理,引致大量人员围观,造成恶劣影响。当天 18 时 30 分左右,在无法证明有犯罪事实的情况下,广州海关缉私局只好将邓铭智、胡会丽释放,释放时才要求二人在拘留证以及空白的取保候审通知书上签名,并要求胡会丽在扣押物品清单上补签画押,其间没有开具释放证明,扣留的物品也没有返还。2014 年 7 月 1 日,邓铭智只取回手机 3 部并写了收条。后经多次催讨,直至 2014 年 7 月 24 日才取回纸本资料一批、印章 8 枚、硬盘 4 个、手机 2 部,还有苹果牌 iPad MINI 1 部、和兴牌白花油 4 支、人民币 6 万元至今没有返还。广州海关缉私局及其办案人员仅凭主观判断与推测,在邓铭智、胡会丽根本没有犯罪行为的情况下就立案侦查,草率作出拘留及搜查住所的错误决定,且办案人员违反《刑事诉讼法》的规定,没有出示拘留证、搜查证,搜查时没有见证人在场、制作搜查笔录、当场开具扣押物品清单并给予被搜查人留存。广州海关缉私局侵犯了邓铭智、胡会丽人身自由权并造成巨大经济损失和精神上的严重打击,希望其按照《国家赔偿法》的规定尽快给予赔偿。

本院赔偿委员会审理期间,邓铭智、胡会丽提交了三组证据。第一组证据为终止侦查决定书、广州海关缉私局国家赔偿决定书、海关总署缉私局刑事赔偿复议决定书,用以证明赔偿义务机关的处理情况和复议机关的复议情况;第二组证据为广东省广州市中级人民法院告知书、国内特快专递详情单,用以证明二人不服复议机关的复议决定,并在法定期间向有关部门主张了权利;第三组证据为二人向广州海关缉私局申请国家赔偿的证据材料副本,包括 iPad MINI 产品包装盒照片、国外客户订货清单、常住人口登记卡、证人证言,用以证明广州海关缉私局的行为对其造成了损害。

广州海关缉私局提交了两组证据。第一组证据为立案决定书、拘留证、搜查证、搜查笔录、扣押决定书副本、扣押清单、办案单位情况说明、发还清单及收条、邓铭智讯问笔录、胡会丽讯问笔录、调取的工商登记资料、经鉴定的工商登记备案资料、胡会丽出入境记录,用以证明对邓铭智、胡会丽立案侦查、刑事拘留、搜查住所、扣押并发还财产的情况;第二组证据为国家赔偿申请书及相关材料、国家赔偿申请补正通知书、国家赔偿申请受理通知书、国家赔偿决定书、国家赔偿决定书送达记录、刑事赔偿复议决定书,用以证明赔偿义务机关广州海关缉私局对二人国家赔偿申请的办理情况,以及复议机关海关总署缉私局对二人国家赔偿复议申请的复议情况。另,广州海关缉私局提交了终止侦查决定书副本、国内特快专递详情单,用以证明其已经对邓铭智、胡会丽终止侦查并按照海关总署缉私局复议决定的要求补发了终止侦查决定书。

本院赔偿委员会调取了广州海关缉私局对邓铭智、胡会丽二人的呈请刑事拘留报告书、呈请释放报告书。

本院赔偿委员会经审查核实上述证据认证如下:邓铭智、胡会丽所提交的第一、二组证据具备证据的真实性、合法性且与本案具有关联性,对其证据的证明作用本院赔偿委员会予以确认;其所提交的第三组证据可以证明二人向赔偿义务机关申请国家赔偿时提交了该组证据中的材料。广州海关缉私局所提交的两组证据具备证据的真实性、合法性,且与本案具有关联性,证据间能够相互印证,已形成完整的证据链,可以作为认定相关事实的依据,对上述证据本院赔偿委员会予以确认。

本院赔偿委员会经审理查明,邓铭智、胡会丽系夫妻关系。广州海关缉私局在侦办一起结伙走私普通货物案期间,根据深圳市拓美图贸易有限公司(以下简称拓美图公司)的企业变更和经营情况以及胡会丽的出入境记录等,发现邓铭智、胡会丽及其经营的拓美图公司与该案的主犯有经济往来,初步认定二人具有参与结伙走私作案的重大嫌疑,遂于2014年6月26日决定对二人采取刑事拘留措施,并于同年6月29日开具了搜查二人位于深圳市罗湖区翠榕花园8栋B701住所的搜查证。广州海关缉私局于2014年6月30日5时30分至6时40分对邓铭智、胡会丽的住所进行了搜查,搜查过程中出示了搜查证并制作了笔录,由侦查人员和胡会丽签名确认。其间扣押包括拓美图公司账册在内的纸本资料一批、印章8枚、硬盘4个,对上述物品的扣押有扣押决定书和扣押清单,由侦查人员和胡会丽签名确认。广州海关缉私局于2014年6月30日8时将邓铭智、胡会丽刑事拘留,二人分别在拘留证上签字、捺指印;拘留后,通知了胡会丽的亲属来家中照顾两名儿童。广州海关缉私局于2014年6月30日11时至17时将邓铭智、胡会丽带至本局分别进行讯问,并于同日18时许,在初步排除二人参与走私犯罪的嫌疑后依法定程序将其释放。

广州海关缉私局于2014年7月1日将搜查期间扣押的未列入扣押清单的东信、华为、中移动3部手机发还,邓铭智出具了收条;同年7月24日,将扣押清单内的物品发还邓铭智,发还清单由办案人员、邓铭智签名确认。

广州海关缉私局于2014年7月28日对邓铭智、胡会丽分别作出终止侦查决定,认定二人未参与“409”走私进口普通货物案,并于2015年7月29日向其补发了终止侦查决定书。

另查明,讯问邓铭智时,讯问人问到搜查住所时有没有违法情形或者损坏住所内物品的情况,邓铭智表示没有。

本院赔偿委员会认为,侦查机关及其工作人员侦办刑事案件,应当具有相应的事实根据和法律依据,其行使职权,有《国家赔偿法》规定的侵犯公民、法人和其他组织合法权益之情形,造成损害的,受害人有依法取得国家赔偿的权利。在刑事赔偿争议中,作为赔偿义务机关的侦查机关对其职权行为的合法性负有举证责任。本案争议焦点在于,侦查机关采取刑事拘留措施是否违反《刑事诉讼法》之规定,采取的扣押措施是否侵犯了当事人财产权利,即广州海关缉私局拘留邓铭智、胡会丽是否违反《刑事诉讼法》规定的条件和程序,扣押邓铭智、胡会丽财产是否侵犯其财产权利造成损害。

关于刑事拘留。《国家赔偿法》第 17 条规定:“行使侦查、检察、审判职权的机关以及看守所、监狱管理机关及其工作人员在行使职权时有下列侵犯人身权情形之一的,受害人有取得赔偿的权利:(一)违反刑事诉讼法的规定对公民采取拘留措施的,或者依照刑事诉讼法规定的条件和程序对公民采取拘留措施,但是拘留时间超过刑事诉讼法规定的时限,其后决定撤销案件、不起诉或者判决宣告无罪终止追究刑事责任的;……”本案中,广州海关缉私局根据线索,初步认定邓铭智、胡会丽及其经营的拓美图公司有参与结伙走私作案的犯罪嫌疑,遂决定对其采取刑事拘留措施;执行拘留时,出示了拘留证;拘留后,通知了其亲属并于当日即对二人分别进行了讯问,在初步排除犯罪嫌疑后及时将二人释放。广州海关缉私局对邓铭智、胡会丽的刑事拘留符合《刑事诉讼法》规定的拘留条件和程序,亦没有超过法定的拘留期限,不存在《国家赔偿法》规定的侵犯人身权之情形,不应承担赔偿责任。根据《公安机关办理刑事案件程序规定》的有关规定,释放证明书由看守所凭释放通知书发给被拘留人,邓铭智、胡会丽并未送看守所羁押,且广州海关缉私局依据《刑事诉讼法》及其相关规定对二人办理了释放手续并予以释放,现二人要求该局发给其释放证明的主张于法无据,本院赔偿委员会不予支持。广州海关缉私局依据《公安机关办理刑事案件程序规定》作出终止侦查决定,已经排除了邓铭智、胡会丽参与走私犯罪的嫌疑,现二人要求该局开具无犯罪记录证明的主张于法无据,本院赔偿委员会不予支持。

关于搜查扣押。《国家赔偿法》第 18 条规定:“行使侦查、检察、审判职权的机关以及看守所、监狱管理机关及其工作人员在行使职权时有下列侵犯财产权情形之一的,受害人有取得赔偿的权利:(一)违法对财产采取查封、扣押、冻结、追缴等措施的……”本案中,广州海关缉私局搜查邓铭智、胡会丽住所时出示了搜查证,搜查过程中有被搜查人在场,制作了笔录并由侦查人员、被搜查人签名确认。扣押财物时,有扣押决定并制作了扣押清单,由侦查人员、财物持有人签名确认。在执行搜查、扣押时均由两名以上侦查人员进行,对扣押财物经查明确实与案件无关后予以发还。广州海关缉私局的搜查、扣押行为虽有部分扣押物品未列入清单等程序性瑕疵,但并不存在侵犯邓铭智、胡会丽财产之情形;邓铭智、胡会丽所提交的证据亦不足以证明该局的搜查、扣押行为造成其财产上的损害。故此,广州海关缉私局不应承担赔偿责任。

综上,邓铭智、胡会丽申请国家赔偿的主张没有事实和法律依据,本院赔偿委员会不予支持。海关总署缉私局所作复议决定正确,要求广州海关缉私局补发终止侦查决定书得当,本院赔偿委员会予以支持。依照《最高人民法院关于人民法院赔偿委员会审理国家赔偿案件程序的规定》第19条第1项之规定,决定如下:

维持中华人民共和国海关总署缉私局署缉刑赔复字(2015)2号刑事赔偿复议决定。

本决定为发生法律效力的决定。

二〇一六年四月八日

7.(2016)吉委赔提2号国家赔偿决定书

——吉林省高级人民法院赔偿委员会

吉林省高级人民法院赔偿委员会
国家赔偿决定书

(2016)吉委赔提2号

申诉人(赔偿请求人):卜振友,男,1954年3月7日出生,满族。

被申诉人(赔偿义务机关):吉林省东丰县人民法院。

法定代表人:钱立军,该院院长。

申诉人卜振友与被申诉人吉林省东丰县人民法院(以下简称东丰县法院)违法保全国家赔偿一案,东丰县法院于2013年8月23日作出(2013)东法赔字第1号赔偿决定。卜振友不服,向辽源市中级人民法院(以下简称辽源中院)赔偿委员会申请作出赔偿决定,该院赔偿委员会于2014年2月11日作出(2014)辽法委赔字第1号决定。卜振友不服,向本院赔偿委员会提出申诉,本院于2015年1月21日作出(2014)吉法委赔监字第31号决定,指令辽源中院赔偿委员会重新审理本案。辽源中院赔偿委员会于2015年6月17日作出(2015)辽法委赔字第2号决定,撤销该院赔偿委员会(2014)辽法委赔字第1号决定,维持东丰县法院(2013)东法赔字第1号不予赔偿决定,该决定已发生法律效力。卜振友不服,再次向本院赔偿委员会提出申诉,本院赔偿委员会于2016年3月1日作出(2016)吉委赔监2号决定,对本案进行直接审理。本院于2016年3月2日依法受理本案,本案现已审理终结。

申诉人卜振友向本院赔偿委员会请求:撤销(2015)辽法委赔字第2号决定书并赔偿申诉人603440元。其主要理由是:因东丰县法院在诉讼保全过程中不作为,致使申诉人申请保全的查封物被案外人动用灭失,造成申诉人债权603440元无法实现。

辽源中院赔偿委员会在(2015)辽法委赔字第2号决定书中认为,卜振友主张的国家赔偿性质应属于以人民法院为赔偿义务机关的非刑事司法赔偿,《最高人民法院关于民事、行政诉讼中司法赔偿若干问题的解释》第3条明确规定,对查封、扣押的财物不履行监管职责,严重不负责任,造成毁损、灭失的属于违法采取保全措施,但依法交由有关单位、个人负责保管的情形除外。在本案所涉买卖合同纠纷案中,卜振友申请财产保全并提供相应担保,东丰县法院根据法律规定采取财产保全措施,向杨春东送达民事裁定,并责令杨春东保管被查封的财产,以上行为均符合法律规定,不构成违法采取保全措施,该查封物的灭失不应由东丰县法院承担责任。同时,在查封玉米芯的半个多月后,卜振友得知查封物已被房晓东拉走卖掉,便向东丰县公安局报案并被立案,后该案被定为刑事诈骗案处理,卜振友起诉杨春东买卖合同纠纷案也被该案终审裁定驳回起诉,且该院上次审理查明的事实已经证明涉案玉米芯为房晓东所有,卜振友的赔偿请求没有法律和事实依据,该院赔偿委员会不予支持。

经审理查明:

1. 卜振友诉杨春东欠款纠纷案诉讼保全情况。2010年4月至2010年7月28日,杨春东及妻子王淑华向卜振友多次收购玉米芯,开始基本上都是以现金方式结账,做了一段买卖后,杨春东开始向卜振友赊购玉米芯。2010年10月22日,杨春东向卜振友出具603440元(包括玉米芯货款和装车人工费)欠条。因杨春东一直欠款未还,卜振友将杨春东诉至东丰县法院并申请财产保全。2010年11月12日,东丰县法院作出(2010)东民初字第1612号民事裁定,将杨春东所有的玉米芯600吨及奥曼牌货车一台、时风牌农用三轮车一台、五征金帅虎三轮车一台、30旧铲车一台予以查封,查封期间被查封物由被告杨春东保管,不准变卖、抵押、转让、出租 。此裁定送达抚顺市交通警察大队(辽D1688A)、开原市公安局交通警察大队(时风牌农用三轮车)、昌图县交通警察大队(五征金帅虎三轮车)。在辽宁省昌图县金家镇向杨春东送达查封裁定时,杨春东的妻子王淑华在送达回证上签字。

2010年11月13日,杨春东、王淑华逃离昌图县金家镇。2010年11月30日,卜振友发现有人往外拉法院查封的玉米芯,立即向东丰县法院报告。该院办案人赶到查封现场,玉米芯还剩部分,并对已拉走一些玉米芯的房晓东进行了询问,房称玉米芯及二台三轮车、一台旧铲车都为其所有。2010 年 12 月 4 日,卜振友向东丰县公安局报案。

2. 上述民事案件转为刑事案件审理情况。2010 年 12 月 3 日,因本案被告杨春东涉嫌诈骗,依照有关规定,东丰县法院将该案移送东丰县公安局立案侦查。东丰县公安局于 2010 年 12 月 16 日签收(2012)东民初字第 1612 号民事卷宗及案件移送函。2010 年 12 月 19 日,杨春东因涉嫌诈骗犯罪,被东丰县公安局刑事拘留。该案经辽源中院审理查明:从 2009 年开始,杨春东在辽宁省昌图县与房晓东合伙收购玉米芯转卖,由房晓东提供收购资金、存货场地,杨春东负责收购和销售。截至 2010 年 11 月,杨春东伙同其妻王淑华共从 11 名被害人(其中卜振友被骗 595051 元、房晓东被骗 57 万余元)处诈骗财物 1818009 元。2011 年 8 月 24 日,辽源中院因杨春东、王淑华采取欺骗手段多次诈骗多人财物作出(2011)辽刑初字第 21 号刑事判决,以诈骗罪判处杨春东有期徒刑 15 年,并处罚金 50 万元;以合同诈骗罪,判处有期徒刑 6 年,并处罚金 10 万元,数罪并罚,决定执行有期徒刑 20 年,并处罚金 60 万元;以诈骗罪判处王淑华有期徒刑 5 年,并处罚金 10 万元。后辽源中院退赔 11 名被害人赃款 30760 元,卜振友按比例获返赃款 7000 余元。

3. 民事案件继续审理情况。杨春东刑事诈骗案审结后,东丰县法院对卜振友诉杨春东欠款纠纷案继续审理。2012 年 3 月 15 日,东丰县法院作出(2010)东民初字第 1612 号民事裁定,驳回卜振友的起诉。卜振友不服,提出上诉,并请求追加房晓东为本案被告,判令房晓东因与杨春东合伙关系成立对上诉人债权有还款义务;追加房晓东违法变卖东丰县法院(2010)东民初字第 1612 号查封物的法律责任,责令立即交出变卖查封物款。2012 年 5 月 15 日,辽源中院作出(2012)辽民三终字第 26 号民事裁定,撤销东丰县法院(2010)东民初字第 1612 号裁定;发回东丰县法院重审。2012 年 12 月 5 日,东丰县法院作出(2012)东民重字第 15 号民事裁定,驳回卜振友的起诉。卜振友不服,提出上诉。2013 年 1 月 31 日,辽源中院作出(2013)辽民三终字第 1 号民事裁定,驳回上诉,维持原裁定。卜振友不服,向本院提出申诉。本院于 2013 年 11 月 6 日作出(2013)吉民申字第 2007 号民事裁定,驳回卜振友的再审申请。本院认为,《最高人民法院关于适用〈中华人民共和国刑事诉讼法〉的解释》第 139 条规定:“被告人非法占有、处置被害人财产的,应当依法予以追缴或者责令退赔。被害人提起附带民事诉讼的,人民法院不予受理。追缴、退赔的情况,可以作为量刑情节考虑。"本案中,杨春东的犯罪行为已经被刑事判决认定,且已被判刑,卜振友再就此提起民事诉讼,人民法院不予受理。

4. 在辽源中院2015年6月17日作出不予赔偿决定后,同年6月29日,卜振友与东丰县杨木林镇人民政府签订息诉罢访协议,主要内容是:卜振友自2010年11月开始,多次到省、市、县相关部门上访,主要反映与辽宁省昌图县金家镇的杨春东发生买卖纠纷,查封物丢失,要求国家赔偿的问题。卜振友为此事不断上访,花去很多费用,无心生产生活,导致原本就不富裕的家庭更加贫困,为此,多次找镇、县领导请求贫困救助,并承诺不再上访。杨木林镇政府考虑卜振友生活困难实际,从解决问题,体恤民生出发,决定为其解决困难救助130000元。达成协议如下:(1)杨木林镇人民政府一次性付给卜振友130000元,卜振友收到此款后保证不再就此问题到任何部门上访主张权利,从此息诉罢访;(2)如卜振友违反此协议,所得救助金130000元按欺诈行为论处,钱款通过法律途径追回,并承担法律责任。

以上事实有东丰县法院(2013)东法赔字第1号赔偿决定书、(2010)东民初字第1612号民事裁定书、(2012)东民重初字第15号民事裁定书、辽源中院(2014)辽法委赔字第1号决定书、(2015)辽法委赔字第2号决定书、(2012)辽民三终字第26号民事裁定书、(2013)辽民三终字第1号民事裁定书、(2011)辽刑初字第21号刑事判决书、本院(2013)吉民申字第2007号民事裁定书、息诉罢访协议书等文书、材料在案佐证。

本院赔偿委员会审查认为,《最高人民法院关于民事、行政诉讼中司法赔偿若干问题的解释》第7条第5项规定:被保全人、被执行人,或者人民法院依法指定的保管人员违法动用、隐匿、毁损、转移、变卖人民法院已经保全的财产的,国家不承担赔偿责任。同时,因保管人不履行监管职责或者擅自处分保管物,导致查封、扣押财产毁损、灭失的,国家不承担赔偿责任。本案中,卜振友因与杨春东欠款纠纷向东丰县法院起诉,该院立案后于2010年11月12日裁定将被告杨春东所有的玉米芯600吨及两台农用三轮车、一台货车、一台旧铲车予以查封,并指定查封期间被查封物由杨春东保管,同时不准变卖、抵押、转让、出租。此裁定送达了车籍所在的相关交通警察大队及杨春东的妻子王淑华。同年11月13日，杨春东、王淑华逃离昌图县金家镇并将货车卖掉。杨春东作为法院查封物的指定保管人，未尽保管玉米芯和车辆的职责，逃离查封地，并擅自处分人民法院查封的货车，对此，杨春东应承担赔偿责任。

卜振友603340元债权不能完全实现，系因其所涉欠款纠纷案被移送公安机关立案侦查后，该纠纷与杨春东的诈骗犯罪行为都涉及同样的事实认定，其经济损失应依法通过刑事案件解决。人民法院生效刑事判决对杨春东、王淑华以诈骗罪定罪处罚，辽源中院向包括卜振友在内的11名被害人发还赃款，卜振友按比例获返赃款7000余元，追缴、退赔的情况已作为刑事判决量刑情节予以考虑。

卜振友现不能提供东丰县法院2010年11月30日到达查封现场时剩余玉米芯数量的有效证据，且其于2015年6月29日已与东丰县杨木林镇人民政府签订息诉罢访协议，保证在收到杨木林镇人民政府一次性付给其130000元后不再就与辽宁省昌图县金家镇的杨春东发生的买卖纠纷，查封物丢失，要求国家赔偿的问题到任何部门上访主张权利，从此息诉罢访。现卜振友就同一事由申请国家赔偿违背诚实信用原则，本院赔偿委员会不予支持。辽源中院赔偿委员会根据1994年《国家赔偿法》第17条作出(2015)辽法委赔字第2号决定，属适用法律错误，应予纠正。依照《中华人民共和国国家赔偿法》第30条第1款、第2款之规定，决定如下：

1. 撤销辽源市中级人民法院赔偿委员会(2015)辽法委赔字第2号决定；

2. 驳回卜振友关于赔偿其603340元的国家赔偿申请。

本决定为发生法律效力的决定。

二〇一六年三月三十一日

【媒体报道】

推动人民法院国家赔偿与司法救助工作协同发展*

《中国审判》记者 花 蕾

以“平冤理直、纠错正偏”为核心的国家赔偿,与以“扶危济困、救急救难”为目的的司法救助,共同铸就了公民权利的保护屏障,是加强人权保障、实现公平正义的重要制度。习近平总书记指出,人民群众每一次求告无门、每一次经历冤假错案,损害的都是他们对社会公平正义的信心。国家赔偿对冤错案件受害人的赔偿抚慰,司法救助对求救、求助无门的弱势群体给予的生存照顾,都是让人民群众切身感受“司法公正”的重要桥梁。

党的十八大以来,人民法院国家赔偿和司法救助工作取得了突破性进展,一批重大敏感刑事冤错赔偿案件得以依法妥善处理,司法救助工作“救助制度法治化、救助案件司法化”的原则得以确立,各级人民法院切实加强人权司法保障,努力让人民群众在每一个国家赔偿和司法救助案件中感受到公平正义,体现了以人民为中心的思想,回应了人民群众的关切,得到了社会各界的广泛认可。

党的十九大进一步宣示了中国共产党人的初心和使命是“为中国人民谋幸福、为中华民族谋复兴”,吹响了“决胜全面建成小康社会,夺取新时代中国特色社会主义伟大胜利”的号角。

“与时俱进地将工作重心从国家赔偿一元重心向国家赔偿与司法救助

* 原载《中国审判》2018年第9期。

二元重心转移，进而推动二者协同发展，是契合新时代要求的最佳选择。”2017 年 11 月 23 日，最高人民法院副院长陶凯元在人民法院国家司法救助工作座谈会暨高级法院赔偿办主任座谈会上指出。

积极推进改革　促进救助法治化

统一的国家司法救助概念，是党的十八大特别是十八届三中、四中全会确立的。近年来，最高人民法院按照“救助制度法治化、救助案件司法化”的战略部署和司法改革纲要要求，开展了一系列工作。地方各级法院也积极践行中央和最高人民法院的最新要求，改革效果初步显现。

2014 年 2 月，最高人民法院党组会议对健全国家司法救助制度进行了专门部署，明确了任务和要求。2014 年 6 月，最高人民法院成立了推进国家司法救助工作的专门工作机构——“健全国家司法救助制度项目工作小组”。2014 年 7 月，最高人民法院印发“四五改革纲要”，其中，“推动完善国家司法救助制度”作为司法改革的重要任务，被写入纲要。2015 年 3 月，在十二届全国人大三次会议上，周强院长在作《最高人民法院工作报告》时，首次将加强国家赔偿和国家司法救助工作作为重要内容进行了报告，受到代表们的高度评价。2016 年，最高人民法院印发《关于加强和规范人民法院司法救助工作的意见》，进一步规范了对审判执行中面临急迫困难的群众开展国家司法救助工作。

国家司法救助制度改革启动后，最高人民法院确定了天津、四川、甘肃、云南作为改革试点地区。2016 年 9 月，全国法院国家司法救助改革推进会在天津召开，进一步明确了改革任务。随后，各高院均成立了司法救助委员会，地方各级法院积极跟进落实，改革效果初步显现。2015 年，全国各级法院共办理司法救助案件 4.1 万件，使用救助资金 8.5 亿元；2016 年，共办理司法救助案件 4.2 万件，使用救助资金 9.3 亿元。

天津市高级人民法院出台了《天津法院国家司法救助工作标准（试行）》（以下简称《标准》），对司法救助工作中的机构组成、申请条件、办理流程、救助金标准、救助金发放等制定了具体标准，实现了司法救助工作常态化、司法救助制度标准化。《标准》针对个案的救助标准这一核心问题，构建了整体双限、区间救助的天津司法救助标准“3 + 1”模式，既保证了司法救助案件整体上的公平公正，又保留了一定范围的自由裁量权以应对个案的差异性。

北京市高级人民法院将编制、实施《北京法院国家司法救助案件办理规范》(以下简称《规范》)作为推进国家司法救助办案规范化建设的重要抓手,并大力加强信息化建设,研发了国家司法救助案件审判业务系统,将《规范》内嵌于信息化、智能化、开放性的大数据平台,实现了全市法院国家司法救助工作的统筹管理。

司法救助资金能否得以保障是关系司法救助制度改革能否真正落实、司法救助案件办理的社会效果能否得以切实体现的关键问题。各级法院将司法救助资金的保障和形成新的资金管理机制作为工作的重要方面,积极展开协调工作,基本解决了司法救助案件办理的后顾之忧。

浙江省高级人民法院积极争取省政法委和财政厅支持,经沟通,浙江省政法委修改了《浙江省司法救助实施办法》,从政法委行使审批权改为由法院直接作出国家司法救助决定书并报其备案。同时,在省财政厅的支持下,浙江省高级人民法院提高单位预备金额度,明确先由单位预备金垫付司法救助金,保障国家司法救助救难救急的功能。

坚持权利救济　突出执法为民

近年来,河南赵作海案、浙江张氏叔侄案、内蒙古呼格吉勒图案、福建陈夏影案……一批国家赔偿案件得以妥善审结,提升了全社会对司法公正的信心。2014年至2016年,各级人民法院受理国家赔偿案件10881件,赔偿金额为11338.9万元。自1995年1月1日《国家赔偿法》施行,国家赔偿工作已走过23年的历程。最高人民法院先后制定国家赔偿审判司法解释20余件,司法政策、批复、答复、指导意见等160余件,在确保裁判标准统一、法律适用规范、审判工作透明等方面起到重要作用。其中,3件司法解释最具代表性。

2000年9月《最高人民法院关于民事、行政诉讼中司法赔偿若干问题的解释》正式施行,该解释坚持权利救济和实质公平的原则,突出规范审判执行权力运行的原则。2011年3月《最高人民法院关于适用〈中华人民共和国国家赔偿法〉若干问题的解释(一)》施行,该解释严格遵循立法精神,更有利于保护受害人获得国家赔偿。同月,《最高人民法院关于人民法院赔偿委员会审理国家赔偿案件程序的规定》施行,该解释体现以人为本、司法为民的理念,在规范审理程序的同时突出“简便”和“快捷”的要求,以使赔偿请求人及时获得赔偿。2014 年 12 月,最高人民法院发布第九批指导性案例,七个案例中,有三个是国家赔偿案例。这是国家赔偿案例首次入选指导性案例。

在推进国家赔偿规范化、法治化方面,各地法院也纷纷出台措施、标准,强化制度刚性执行,为相关工作的顺利进行提供了坚强的保障。

福建省高级人民法院和福建省妇联合作建立国家赔偿案件心灵抚慰机制,通过对受害人及其家属的心理疏导、善后安抚,化解他们心中的积郁和怨愤。如对陈军再审无罪赔偿案,福建高院在全国首次启用心灵抚慰机制,在案件妥善化解的同时,也激励了陈军母子拥抱新生活的信心和勇气。

浙江省高级人民法院积极开展专题调研,针对调研反映出的问题,提出立法议案、提案和建议。2013 年 3 月 18 日,浙江省高级人民法院出台了《关于在国家赔偿审判中确定精神损害抚慰金问题的会议纪要》,明确国家赔偿精神损害抚慰金的计算标准。按照此纪要确定的"张氏叔侄案"的精神损害抚慰金,被媒体称为"具有里程碑意义"。此外,浙江省高级人民法院建议省政府建立国家赔偿补偿基金,率先在全国进行国家补偿规范化、法治化的探索。目前这一设想已经得到浙江省财政厅相关部门的响应。

"同心而共济,始终如一。"国家赔偿与司法救助工作都是让人民群众切身感受"司法公正"的重要桥梁。因此,将公正融于国家赔偿和司法救助的具体实践之中,将每一个国家赔偿、司法救助案件做实做细、抓紧抓好,以工匠精神和精细化的工作态度着力打造经得起法律、人民和历史检验的铁案,是新时代深化依法治国实践的题中之义。

北京市高级人民法院副院长吉罗洪详解《北京法院国家司法救助案件办理规范》*

《中国审判》记者　花　蕾

2016 年 7 月 1 日,最高人民法院出台《关于加强和规范人民法院国家司法救助工作的意见》,提出人民法院国家司法救助改革要求,规范和完善救助受理、处理机制,推动救助制度法治化、救助案件司法化。2016 年 9 月,全国法院国家司法救助改革推进会在天津召开,进一步明确了改革任务。随后,北京法院迅速贯彻落实会议精神。北京市高级人民法院成立司法救助委员会,北京地区各级法院跟进落实。

自 2016 年 10 月 1 日起,北京法院正式开始规范化办理国家司法救助案件。截至 2017 年 12 月 3 日,北京法院办理司法救助案件 1115 件,使用救助资金 5849 万余元,帮助 1435 位诉讼中无法获得有效赔偿而生活面临急迫困难的当事人摆脱了困境。

2017 年 3 月,《北京法院国家司法救助案件办理规范》(以下简称《规范》)的编写工作正式启动。《规范》凝聚了北京三级法院的心血,规定了国家司法救助案件从启动救助到审结、执行完毕的基本程序、规范和方法,制作了 19 个救助案件文书、表格样式。

专家、学者一致认为,《规范》结合了北京法院审判特色,司法特点突出,可操作性强,且具有前瞻性,是中央、中央政法委、最高人民法院相关政策的规范化、流程化处理,有利于政策的落地和实体化。日前,北京市高级人民

* 原载《中国审判》2018 年第 9 期。

法院副院长吉罗洪接受了《中国审判》记者专访。

《中国审判》:《规范》在顶层设计上突破了诉讼案件办理程序的既有范式,既突出了司法特点,又具有较强的可操作性,请您具体阐述一下。

吉罗洪:在北京三级法院的通力合作下,《规范》的编写工作完成了。2017 年 8 月起《规范》已在全市法院发布实施。首先,要从国家司法救助不属于真正意义上的诉讼这个层面来理解和把握司法救助的性质。诉讼是指国家审判机关依照法律规定,在当事人和其他诉讼参与人的参加下,依法解决讼争的活动。国家司法救助申请人提出申请的直接原因是其在审判、执行过程中,权利受到侵害但无法通过诉讼获得有效赔偿而生活又面临急迫困难,其不属于诉讼案件的类型,是一种辅助性救济措施。其次,《规范》密切结合了办理国家司法救助案件的特点。一是法官主导。就案件进展流程而言,救助申请人只对其生活困难有证明责任,案件的推进基本由法官主导。二是遵循一裁终局制度。管辖法院作出是否给予救助的决定后,救助申请人不能针对救助结果进行复议。三是多部门协调配合。办理司法救助案件需要跨立案、审判、执行、信访、司法行政等多个部门相互配合。四是统一的工作流程。各级法院办理司法救助案件采用同一个工作流程。最后,《规范》功能定位突出,体例安排符合司法规律。《规范》在适用过程中将发挥规范司法行为、统一裁判尺度及绩效考核依据的综合功能,全方位保障国家司法救助工作的效率和质量。《规范》共分为五个部分,分别为概述、案件办理规范、文书样式、司法文件、政策导航,既符合国家司法救助的价值定向,又契合司法救助审理需要。

《中国审判》:刑事被害人救助是司法救助中最典型的类型。请介绍一下北京法院在这方面的情况。

吉罗洪:周强院长在第二十一次全国法院工作会议上明确要求,加强国家赔偿和司法救助工作,彰显社会主义司法的人文关怀。国家司法救助工作作为司法领域的民生工程,要求我们司法工作者常怀悲悯之心,设身处地从救助申请人角度思考问题,帮助他们既解开"法结"又解开"心结"。在救助申请人群体中,有这么一群人总是让人为之动容——那就是刑事被害人及其近亲属。该类人员占据了国家司法救助对象明确列举范围的一半之多,是我们在实践中重点关切的群体。

以北京市高级人民法院2017年办结的国家司法救助案件为例,刑事被害人及其近亲属救助50件57人,使用救助金1809309元。刑事被害人及其近亲属占总被救助人数的73.5%,其中被害人死亡46人、重伤1人、轻伤2人、轻微伤1人。上述救助案件涉及故意杀人、故意伤害、抢劫、强制猥亵妇女、打击报复证人罪;加害人分别被判处死刑、死刑缓期执行、无期徒刑、有期徒刑,多数仍在服刑,均没有赔偿能力。上述案件除3件本院救助的案件未进入执行程序外,其他案件执行部门已穷尽执行措施,但案款均未执行到位。这类案件的救助,综合考量了以下情形(根据《规范》第二部分第三章第六节关于"刑事被害人及其近亲属救助审查规则"的规定):

(一)被害人死亡、伤残以及伤残程度;

(二)被害人的收入是否为其家庭唯一或者主要生活来源;

(三)被害人因侵害危及生命,是否急需救治且无力承担医疗救治费用;

(四)被害人财产是否遭受损失;

(五)加害人是否死亡且无遗产、是否具有赔偿能力;

(六)是否已经穷尽执行措施。

除此之外,约27.5%的被救助对象系民生案件中生活困难又无法通过诉讼获得有效赔偿的当事人,主要是追索赡养费、扶养费、抚育费,因被执行人没有履行能力,申请执行人陷入生活困难;因道路交通事故造成人身伤害,无法通过诉讼获得赔偿,受害人陷入生活困难。

《中国审判》:司法救助工作涉及多个审判部门和环节,为了确保救助与立案、审判、执行和信访工作无缝对接,《规范》中作出哪些规定?

吉罗洪:《规范》对于如何确保救助与立案、审判、执行、信访工作无缝对接作出了细致的规定,主要体现在不同环节。

在立案前审查、准备环节,《规范》规定,在立案前审查的准备阶段,经初步审查,确认当事人属于适格的国家司法救助对象,审判、执行案件承办法官应及时进行报批、告知以及指导当事人准备申请材料等工作。在填写国家司法救助呈批表报请本部门领导审批时,须征求国家司法救助办公室的意见。

在立案环节,《规范》规定,立案部门对符合受理条件的国家司法救助案件应当在七日内立案,并于立案当日将案件移送国家司法救助委员会办公室。

在办理案件环节,《规范》规定,关于确认原审判、执行案件是否属于重大敏感案件,国家司法救助案件承办法官应当通过北京法院审判业务系统中的大要案或者重大敏感案件模块,检索相关信息。经审查,确属重大敏感案件的,应通过北京法院审判业务系统中的制作文书模块,填写国家司法救助重大敏感案件报告表,当日报北京市高级人民法院司法救助委员会办公室备案。此外,对于决定不予救助的司法救助案件,国家司法救助案件承办法官应在结案之日起五日内,将不予救助的理由告知救助申请人,并协助审判、执行、信访案件承办法官做好释明工作。

在救助金发放环节,《规范》规定,关于救助金发放部门,根据各人民法院国家司法救助工作的实际情况,由司法救助委员会办公室或者审判、执行部门发放救助金。

《中国审判》:目前,《最高人民法院关于人民法院登记立案若干问题的规定》中尚未将国家司法救助案件纳入立案登记制范围。在《规范》中立案部分规定,符合受理条件的应当在 7 日立案。规定 7 日是出于什么样的考虑?

吉罗洪:《最高人民法院关于加强和规范人民法院国家司法救助工作的意见》第 8 条及《北京市高级人民法院关于规范国家司法救助工作的实施细则(试行)》第 8 条的相关规定要求,立案部门对符合司法救助受理条件的应当及时立案。《最高人民法院关于人民法院登记立案若干问题的规定》关于诉讼的几个期限中,法院接到当事人提交的民事、行政起诉状时,应当在收到起诉状之日起 7 日内决定是否立案是审查期限最短的一个。《规范》这样规定也体现了司法救助救急济困的本质属性,维护困难群众的切身利益,加大对弱势群体的司法关怀,真正地实现高效便民。

《中国审判》:《规范》中多处强调法官的释明责任,如法官对于一些不符合救助条件或者不予救助情形的申请,应当及时告知救助申请人,履行提示释明责任。请介绍一下这样规定的初衷。

吉罗洪:法官在特定条件下履行释明义务,是法官办理司法救助案件发挥主导作用的重要保障,是践行公正司法、司法为民工作理念的重要体现。具体而言,对于不符合救助条件或者存在不予救助情形的,承办法官积极履行释明责任及时告知,使得符合救助条件的案件通过立案进入司法救助程序,反之不予立案。规定法官释明义务的初衷是本着对救助申请人负责的态度,减少申请人的诉累,降低申请救助的成本和过高期待。实质审查程序前置有利于防止不符合救助条件或者存在不予救助情形的案件进入司法救助程序,杜绝立案容易却因决定不予救助演变为"救助难"的窘境。

《中国审判》:《规范》给北京法院的司法救助工作带来了哪些转变和进步?

吉罗洪:救助案件办理规范化的直接目的是提高救助工作质效,确保司法公正;最高目标是实现习近平总书记"努力让人民群众在每一个司法案件中感受到公平正义"的要求。

北京法院国家救助办案规范化建设侧重于制度的建立健全,北京市高级人民法院党组将编制、实施《规范》作为推进国家司法救助办案规范化建设的重要抓手,在指导思想上主要把握三个结合:一是与北京法院规范化建设相结合;二是与北京法院信息化建设相结合;三是与国家司法救助案件办理特点相结合。自《规范》实施以来,切实规范了办案流程管理,提升了审判质效,提高了困难群众的司法获得感。具体成效有以下几个方面:

一是规范了司法行为。《规范》规定了从启动救助直至案件审结、执行完毕的基本程序、规范和方法,制定了19个救助案件文书、表格样式。为法官、司法辅助人员、司法行政人员提供明确、具体的行为指引和释疑,及时提示和预警可能出现的不规范行为,解决了各个工作环节无章可循、无据可依的问题,加强了办案流程管理。

二是统一了裁判尺度。《规范》制定了救助案件的实体审查规则和救助标准,总结、提炼既往救助经验,明确案件办理中的各类问题,为法官提供了事实审查和司法政策适用路径。《规范》将办案中的易发、多发错误进行提示、释疑,指引法官减少办案瑕疵,既尊重法官的主体地位,也明确了自由裁量权的边界,引导自由裁量权依规有序行使,进一步统一了裁判尺度。

三是确立了绩效考核依据。《规范》对中央政法委、最高人民法院、北京市高级人民法院的明确工作要求进行汇编,包括强制性要求和提倡性要求,并嵌入审判管理系统,作为考核依据,将司法责任制落到实处。

四是建立了廉政风险防控机制。针对救助工作法院主导、救助案件法官裁量权过大的特点,我们在顶层设计上着力加强对权力运行的制约和监督,把权力关进制度的笼子里。针对救助工作各个环节的廉政风险点,通过制定立案前审查报批制度、回避制度、合议庭及司法救助委员会案件评议制度、救助金审批发放制度、联动救助报备制度,建立了涵盖国家司法救助案件办理各个环节的不敢腐、不能腐的防范机制,从根本上铲除滋生腐败的土壤。

《中国审判》:北京市高级人民法院研发的国家司法救助案件审判业务系统,从资金管理、业务办理、业务衔接、公示公开、数据共享、调研交流以及决策分析等方面来看,这个平台现在实现了哪些功能?

吉罗洪:救助工作规范化、信息化是全面推进智慧法院建设的重要一环,北京市高级人民法院自觉运用互联网思维,让法官裁判思路和信息技术充分融合,积极搭建国家司法救助案件审判业务系统。借助这一平台,能够有效整合救助资源,破除救助工作各自为政造成的重复救助、多头救助等掣肘现实工作的难题,使得法院各个部门、各个工作环节之间的司法救助数据互联互通,信息共享。目前这一平台已经实现了资金管理、业务办理、业务衔接、公示公开、数据共享几项功能,调研交流和决策分析功能还有待开发和完善。

《中国审判》:请介绍一下北京法院是如何保障司法救助经费的?

吉罗洪:经费保障是开展救助工作的基础性条件。救助资金缺口大、经费保障不足曾是制约救助工作的一个重要因素。国家司法救助改革后,北京市各法院按照本院上一年度救助金的支出,结合本年度需求预测救助规模,在项目经费中单独向市财政申报救助金预算,且救助金可以根据实际需求进行动态调整,为实现救助案件“均衡结案”,充分发挥国家司法救助救急济困功能,提供了稳定的资金保障。

一场迟到19年的归来*

《中国审判》记者 花 蕾

1996年4月,福建省福清市一名10岁男孩被人绑架并杀害,福清市警方用了13天时间,就宣告这起案件已被侦破,黄兴、林立峰、陈夏影三名青年被警方认定为犯罪嫌疑人,并被逮捕。

陈夏影家里至今仍保留着这份19年前的报纸,报纸上《撩开迷雾见真凶》的报道,讲述了陈夏影等三人被卷入一起绑架案的前后经过。

19年后,他们重获自由和名誉。2015年9月下旬,福建省高级人民法院对陈夏影、黄兴等人再审无罪赔偿案作出国家赔偿决定,分别决定支付黄兴人身自由赔偿金、精神损害抚慰金共计186万余元,向林立峰(已逝)父母支付129万余元,支付陈夏影22万余元,共计支付537万余元。福建省高级人民法院依法向上述赔偿请求人赔礼道歉,为黄兴、林立峰、陈夏影恢复名誉。

获释与脱节

至今,陈夏影仍记得3年前,出狱后不久,在回乡祭祖的路上,有那么一瞬,他感到恍惚。但陈夏影很快从茫然中抽离,换上走出监狱时的开朗笑容,执行父亲安排的每一项仪式。

对于一同走出监狱的黄兴而言,"社会是现实的",多年冤狱让他提炼出这样的人生信条。

1996年起,该案历经福州市中级人民法院、福建省高级人民法院三次审判、三次裁定,福建省高级人民法院两次以"事实不清、证据不足"发回

* 原载《中国审判》2018年第9期。

重审。

2006年，在未补充新证据的情况下，福建省高级人民法院以“基本事实清楚、基本证据确凿”作出终审裁定，维持原审判决，判处黄兴、林立峰死缓，陈夏影无期徒刑。

三人都喊冤，称有罪供述是在刑讯逼供下作出的。但申诉多年无果。直至2015年5月，福建省高级人民法院再审开庭。

卷入该案时，陈夏影17岁，林立峰19岁，黄兴21岁。等到再审宣判，林立峰已病逝7年，而陈夏影、黄兴则在高墙内错失19年青春。

刚出狱时，陈夏影用“穿越”解释回归社会的感受。他失去了一个正常青年在19年里应该有的东西，包括与年龄相匹配的情感经历。出狱再考虑该问题时，他发现，虽然面貌已近中年，但心理上还停留在当初的年纪。他用找女朋友举例，“找二十几岁的年轻人，感觉不配；找三十几岁的人，感觉一下子没办法跳过去，没法相处。”

父亲、母亲与翻案

“没有大环境，还是不行。”这是多年申诉后，陈夏影父亲陈焕辉对现实的认知。

2009年，陈焕辉曾向福建省人大代表求助。当年5月22日，在答复人大代表“关于重新再审福清绑架案”的建议时，福建省高级人民法院认为，尽管个别证据存有缺陷，但“被告人的有罪供述与在案的间接证据能够形成证据锁链”，本案不符合再审条件。案件又沉寂了下去。

19年，陈焕辉也从47岁的中年人，迈入老年。2013年，最高人民法院印发了《关于建立健全防范刑事冤假错案工作机制的指导意见》（以下简称《意见》），《意见》要求对于定罪证据不足的案件，应该依法宣告被告人无罪，不得降格作出“留有余地”的判决。同年5月3日，备受关注的“福清纪委爆炸杀人案”终审判决，福建省高级人民法院宣告吴昌龙等人无罪。陈焕辉等在法院外寻找机会申冤。他不喊不闹，引起律师吴国阜的注意。

2013年8月8日，李金星、吴国阜、刘志强等6名代理律师向福建省高级人民法院提交刑事申诉状。随后，他们获知，该案已进入复查阶段，福建省高级人民法院态度积极，法官已多次到监狱提审当事人。

黄兴记得，前来提审的法官态度很好，而且来过很多次。法官跟他说：

"黄兴,这个案子如果真不是你做的,法律肯定会还你一个清白。"

陈焕辉预感,"大环境"这回真来了。此后,福建省高级人民法院再审念斌案、内蒙古自治区高级人民法院呼格吉勒图案平反等新闻见诸报端……2015年2月,福建省高级人民法院宣布,将再审黄兴、林立峰、陈夏影绑架及非法拘禁一案;2015年5月21日,再审开庭;5月29日,宣判、释放。

结局算不得圆满。宣判当日,林立峰母亲庄华英走出法庭时泪流满面。她将林立峰的遗像抵在胸前,"我的儿子无罪释放了。"庄华英将判决书锁进了保险柜,并复印了一份,放在儿子墓前。2008年1月24日,林立峰因直肠癌离世。

"福建高院的法官很有勇气,律师也帮了很多忙。媒体还是多报道正能量吧。"陈夏影似乎更愿意封存那段记忆。

黄兴也不愿多触碰追责的话题,他更庆幸自己40岁前能出来。他的紧迫感强,提醒自己必须要积极。出狱不到一个月,他已经跟弟弟赶到西安,谈一个工程项目的承包合作。"有金钱的亲情更牢固",他决心要闯出自己的事业,孝敬母亲。

从有罪到无罪

没有新的、颠覆性的证据出现,同一个案件,为何在19年后作出完全不同的判决?对于这一问题,时任福建省高级人民法院审判监督庭庭长许寿辉坦言,在陈夏影绑架案中,对于福州市中级人民法院三次作出的有罪判决,福建省高级人民法院前两次都以"事实不清、证据不足",发回重审,然而在2006年的第三次终审裁定中,又认定绑架罪"基本事实清楚、基本证据确凿",维持了一审判决。

2006年的终审裁判发生法律效力之后,黄兴、林立峰、陈夏影三人以及亲属不断作无罪申诉,要求改判无罪。被害男孩的父母也进行了信访上访,强烈要求判处黄兴、林立峰、陈夏影三个人死刑。

为重新启动陈夏影绑架案的审查程序,福建省高级人民法院从2013年开始,就进行了大量的走访和论证工作。对于法院最终作出的无罪判决,许寿辉解释,是因为全案只有被告人的口供,而没有其他证据。而就是这唯一的证据,真实性也存在疑问,不能作为定案的依据。

"敢于、勇于纠错彰显的是法治精神。"福建师范大学刘方权教授认为,陈夏影绑架案的纠错，彰显了法治精神，体现了重庭审、不轻信口供的法律原则。

近年来，福建省高级人民法院依法妥善审结了一批国家赔偿案件和司法救助案件，取得了良好的法律效果与社会效果。其中，陈夏影案和念斌案分别被写入当年的最高人民法院工作报告。据统计，2013 年至 2017 年 10 月，福建法院共审理国家赔偿案件 703 件，其中 2016 年 1 月以来审理数量占比达 60.75%。

个案审理推动机制方法创新*

《中国审判》记者　花　蕾

细微处彰显精神,点滴中蕴藏力量。近年来,福建法院不断总结有效经验,依法妥善审结了一批国家赔偿案件。特别是陈科云案、陈夏影案、念斌案、陈军案、张美来案等重大复杂刑事赔偿案件的妥善处理,有力巩固、深化、提升了刑事纠错工作的效果。其中,陈夏影案和念斌案分别被写入当年的最高人民法院工作报告。据悉,2013年至2017年10月,福建法院共审理国家赔偿案件703件。

平衡与突破

"利益平衡的运用是化解案件的关键环节,注重不同角度的多种因素考量,力求利益之间的相对平衡。"福建省高级人民法院副院长周瑞春说,在陈夏影等人再审无罪赔偿案的审理中,平衡的审理艺术使案件的处理结果得到各方认同,最终促成案件的妥善化解。

对于精神损害抚慰金的数额与人身自由赔偿金、生命健康赔偿金总额如何平衡?周瑞春说,根据有关司法文件,精神损害抚慰金的具体数额,原则上不超过人身自由赔偿金、生命健康赔偿金总额的35%。但有的案件情况特殊,在原则限额之上决定精神损害抚慰金数额并不违背司法文件的精神。

如备受关注的福建省福清市纪委爆炸案,历经12年,2013年5月3日,福建省高级人民法院依法作出终审判决,认定一审判决认定的事实不清、证

---

* 原载《中国审判》2018年第9期。

据不足,依法宣告陈科云等五人无罪,并当庭释放。

2013年9月3日,福州市中级人民法院依法对赔偿请求人陈科云、吴昌龙、杜捷生、谈敏华、谢清二审宣告无罪赔偿案作出国家赔偿决定,分别决定支付陈科云国家赔偿金125万余元、吴昌龙126万余元、杜捷生74万余元、谈敏华63万余元、谢清34万余元,以上合计人民币426万余元。福州市中级人民法院在宣布国家赔偿决定后,依法向陈科云等五人赔礼道歉,为其恢复名誉。

"赔偿委员会最终按照略高于前述原则限额比例的方案作出决定。"在周瑞春看来,在审理陈科云等人二审改判无罪赔偿案时,福建省高级人民法院根据案件的具体情况,结合本省经济、社会的发展水平特别是赔偿请求人和赔偿义务机关所在地的平均生活水平,综合考量同类案件在本省以及全国的处理情况,实现了精神损害抚慰金与人身自由赔偿金之间的平衡。

周瑞春介绍,福建法院在处理国家赔偿案件中,注重结果之间和类案之间的平衡。一方面,注意同一案件中各赔偿请求人之间最终赔付金额的平衡,不致差距太大而引起当事人的心理失衡,使案件的处理结果能够得到各方认同;另一方面,注意类案之间的平衡,既与本省的类案平衡,也与其他省市的类案平衡。"经过平衡后的案件处理结果,赔偿请求人容易接受,赔偿义务机关以及社会各方面也容易认同。"

周瑞春说,国家赔偿是法定赔偿,法定范围的赔偿十分有限,对赔偿请求人提出的合理诉求,并不能完全在法定框架内实现。因此,以恰当的方式回应和实现赔偿请求人的合理诉求,是国家赔偿工作人员的司法担当。福建法院在做好对赔偿请求人法内救济的同时,亦根据案件的不同情况,积极争取当地党委政府的支持,做好法外安抚工作,解决好赔偿请求人的实际困难问题。

法结与心结

2002年2月,福建省松溪县一水渠坝底出现一具女尸。公安机关经侦查认为,27岁的陈军涉案。随后,陈军因涉嫌故意杀人被批准逮捕。经过审理,南平市中级人民法院作出一审判决,认定陈军犯故意杀人罪,判处死刑。陈军提出上诉。2003年3月29日,福建省高级人民法院二审宣判,判处陈军死刑,缓期两年执行。2010年4月6日,福建省高级人民法院作出再审决定。同年4月16日,撤销原判,发回重审。2014年5月21日南平市中级人民法院再审宣判,陈军无罪,当庭释放。自2002年3月7日至2014年5月21日,陈军被完全限制人身自由4459天。2014年12月12日,福建省高级人民法院依法与陈军达成赔偿协议,陈军共获赔国家赔偿金120万余元。

福建省高级人民法院国家赔偿委员会办公室主任王珩回忆,陈军最初拿到无罪判决书时,抵触情绪很大,不信任感强。经承办法官反复释法说理,才于同年10月30日向福建省高级人民法院提出国家赔偿申请。

“化解赔偿请求人心中的积郁和怨愤,解开‘法结’的同时解开‘心结’。”在王珩看来,当前我国国家赔偿制度处于过渡阶段,国家赔偿的范围还不宽、赔偿的标准还比较低,不能充分填平补齐赔偿请求人的损害。实践中,民众对国家赔偿的期待较高,这就造成已经满腹委屈和怨言的当事人通过国家赔偿无法满足其心理预期。因此,在现有的国家赔偿制度框架之内,在最大程度依法弥补当事人损失的基础上,有必要对赔偿请求人进行适当的心理疏导、必要的善后安抚。在陈军再审无罪赔偿案中,福建省高级人民法院在全国首次启用心灵抚慰机制。

面对陈军的抵触情绪,承办法官决定从情感上拉近距离,用诚心、真心感化温暖陈军。承办法官多次到陈军家中探望,认真听取陈军陈述的意见,详细询问陈军对未来生活的打算,听他倾诉在狱中的境遇。陈军家住南平松溪县,承办法官每次从福州赶到他家时已是傍晚,探望完毕,当晚再赶回福州。这些点滴细节渐渐打动了陈军及家人。为了抚平陈军及其母亲的心灵创伤,“我们邀请专业心理咨询师对陈军及其母亲进行心理疏导。”王珩希望通过这种方式来消弭当事人心灵深处的阴影,增强其对未来美好生活的向往,促使他们平稳回归社会。

其实,早在2014年1月26日,福建省高级人民法院国家赔偿委员会办公室就与省妇联法律服务中心签订纪要,就双方在心灵抚慰工作中的协作配合、信息资源共享等问题达成共识。双方确定了心灵抚慰的对象,对于重大疑难复杂、社会影响大、媒体关注度高以及赔偿请求人情绪激动、反映强烈的案件,可以确定为需要重点对赔偿请求人进行心灵抚慰。对于上述案件,由福建省高级人民法院国家赔偿办公室向省妇联法律服务中心发出心灵抚慰邀请函并附案件相关材料,告知主要案情、赔偿请求人的特点、主要诉求等。省妇联法律服务中心可根据案件的具体情况，指派既有国家赔偿法律专业知识，又具有心理咨询资质的人员为赔偿请求人提供心灵抚慰，并将指派情况反馈到福建省高级人民法院国家赔偿委员会办公室。

纪要还对商定心灵抚慰方案和实施中的协作配合作了规定。鉴于进行心灵抚慰有自身的特殊要求，福建省高级人民法院国家赔偿委员会办公室应提前通知心理咨询人员旁听案件的质证或听证，深入了解案情；参与合议庭与当事人面对面地协调沟通；为心理咨询人员提供适合的场所为赔偿请求人开展心灵抚慰工作等。心理咨询人员将配合法院做好案件的矛盾化解工作。

"心灵抚慰的对象不仅包括刑事案件中被宣告无罪的被告方，还包括被害人一方。"王珩说，国家赔偿案件不应单向、孤立办理，在拟定工作预案、协调化解方案、确定赔偿数额等方面都应当统筹考量相关刑事案件中被害方的利益和感受，避免激起被害人及其亲属的强烈反应。念斌案中，刑事案件被害人家属情绪对立，难以理解曾经的犯罪嫌疑人竟可获取国家赔偿。基于此，在刑事诉讼程序中，国家赔偿委员会办公室提前介入，与刑事审判部门一同对被害人亲属做了大量利益评估、心灵抚慰等工作。

加强联动救助落实精准救助*

《中国审判》记者 花 蕾

在一场人为引发的森林大火中,四位村民冲进山中救火,被烧得面目全非。肇事者家徒四壁,刑满出狱却不知去向。对于四位见义勇为者来说,眼看着判决将成一纸空文。这时,一场司法救助带他们走出生活困境。

见义勇为被烧伤

清晨8点,广西桂林市资源县瓜里乡大田村内,气温20℃,本是舒适的温度,特重度烧伤的肖祖富却感到热得透不过气。他身上留下几十处疮口,天一热伤口就流血化脓。肖祖富的妻子杨小玲将纱布蘸上药水为丈夫擦洗伤口,才能缓解肖祖富身上发痒的痛苦。为了省钱,杨小玲把纱布剪成小方块。肖祖富完全不能自理。其实,杨小玲也是一位特重度烧伤的残疾人,不过她的伤情比丈夫要轻,所以还能照顾丈夫肖祖富。遭此厄运的还有同村村民莫桂兰和李未秀。四人的烧伤程度均为特重度烧伤。

2014年1月23日,外出打工的肖祖富、杨小玲夫妇回到家中,正打扫卫生准备过年。突然发现远处的山上烟雾弥漫,有人喊"救火"。夫妻俩扔下手里的活就向山上跑去。这时莫桂兰和李未秀也冲到山上,不停地用树枝扑打火苗。然而火势太大,四个人被卷进了火海。当其他村民和消防官兵赶到,把四人背下山的时候,他们已昏迷不醒。

消防官兵和村民忙了两天一夜,才把火扑灭。这场大火的始作俑者是本村村民唐传辉。那天,唐传辉原本想烧掉山上一些树木,开垦荒地来耕

---

* 原载《中国审判》2018年第9期。

种,不料引发山林大火。在桂林市18医院,肖祖富等四人的医疗费加起来超过360万元。这对以打工维持生计的四位农民来说,倾家荡产都无力支付。大火后,他们均已无劳动能力,也无经济来源。

唐传辉因失火罪被资源县人民法院判处有期徒刑2年。承办法官考虑到唐传辉家庭困难的实际情况,“如果判决唐传辉对四名受害人的医疗费、伙食补助费、误工费、交通费以及后续治疗费等费用进行赔偿,在执行阶段判决很可能无法实现。”于是,承办法官组织双方进行调解,期待受害人通过放弃部分权益来降低加害人的负担,使加害人在能力范围内进行赔偿,以使得四名受害人尽快获得赔偿款。因此,法院判决唐传辉赔偿肖祖富等四人每人7万元,共计28万元。

执行陷僵局

这一年,肖祖富等四人因奋勇扑救山林大火,被资源县人民政府授予“见义勇为先进分子”荣誉称号,获得了一笔奖金。但荣誉和微薄的奖金无法改变生活的困境。资源县瓜里乡人民政府得知他们的情况后,决定替见义勇为的“义士”支付医疗费。截至2017年,瓜里乡政府已替四人支付了160万元医疗费。同时乡政府把他们全部纳入低保,每人每月有170元的生活补助,每年发放200至400斤大米。但对后续治疗费和其他急需的生活开支,乡人民政府也爱莫能助。

距离肖祖富家不到200米,就是被告人唐传辉的家。资源县人民法院执行人员李铭,已经不记得来过这里多少次。28万元赔偿款如果执行到位,可以缓解受害人生活的压力。糟糕的是,家境窘迫的唐传辉刑满出狱后,不知去向。该案的执行陷入僵局。同时,资源县人民法院执行人员也没有查询到唐传辉名下有可供执行的财产。原本28万元赔偿款是四名受害人心中最后一丝希望。现在看来,这最后一丝希望已经化为泡影。

联动救助现转机

为了帮助四名受害人尽快摆脱困境,资源县人民法院决定启动司法救助程序。但是资源县人民法院并没有专属司法救助金,县级财政的司法救助金捉襟见肘,四名受害人的救助金迟迟无法得到落实。“资金缺口大、经费保障不足一直是制约国家司法救助工作的一个重要因素。”桂林市中级人民法院国家司法救助委员会办公室主任刘新农说,目前,桂林市司法救助金主要来自财政拨款。当下,桂林市中级人民法院正鼓励县(区)法院争取资金设立自己的司法救助基金。

四名受害人渐渐陷入绝望。彼时,资源县人民法院正整理案件资料,打算把案件上报桂林市中级人民法院寻求联动救助。至此,事情终于有了转机。

“案件具有正能量的示范意义。”刘新农回忆看到汇报材料后的感受。他先后多次去了肖祖富等四名受害人家里调查核实情况。据介绍,桂林市中级人民法院坚持每个案件都入户调查并根据调查所得的第一手资料决定救助数额,使真正困难的申请人能得到及时有效的救助。坚持区别施救,重点救助老弱病残困难群众,对见义勇为等体现正能量的行为给予特别关照。据统计,在桂林地区,老弱病残困难申请人占获救助者80%以上。

对于肖祖富等人的案件的审查就是照此办理的。作为该案合议庭成员,刘新农谈起该案时说,当时他主要考虑以下几个因素:第一,四名受害人因火灾已丧失劳动能力,已无经济来源,生活面临急迫困难;第二,判决的28万元,被告人唐传辉不知去向,名下也无财产可供执行;第三,受害人见义勇为的行为应给予特别关照;第四,县级财政的司法救助金有限。

司法救助渡难关

司法救助不是万能的。司法救助作为一种应急式、辅助性的救助,主要用以帮助涉诉困难申请人克服当前面临的急迫困难。根据最高人民法院出台《关于加强和规范人民法院国家司法救助工作的意见》(以下简称《意见》)规定,救助金额不得超过人民法院判决依法应当给付或者虽已判决但未执行到位的标的数额。本案中,法院判决每人获赔7万元,因此救助金的最高金额是每人7万元。

调查核实后,合议庭形成意见及救助方案报救助委员会讨论。为了帮助受害人尽快摆脱生活困境,救助委员会很快通过救助方案。刘新农心里的一块石头终于落地了。2016年12月20日,桂林市、资源县两级政法部门工作人员来到肖祖富的家中,把14万元救助金送到肖祖富、杨小玲夫妇手中。莫桂兰、李未秀也每人拿到7万元。这是桂林市启动司法救助以来单笔发放金额最大的一笔救助金。这些钱虽然不能从根本上改变被救助人命运,但至少能帮他们渡过难关。

在桂林市中级人民法院副院长张德生看来，桂林市中级人民法院积极探索司法救助联动机制，努力争取上级部门的支持，充分发挥县（区）、乡（镇）相关部门的协同配合作用，取得了较好的效果。他总结经验，归纳了四种做法：一是实施救助前向受救助对象所在县（区）、乡（镇）政法委、政府通报情况、征求意见，争取当地党委政府支持，完善救助方案；二是对资金需求大、后续困难多的案件，积极争取广西壮族自治区高级人民法院的支持，尽量保证为申请人解决当前困难所需的资金；三是对没有生活来源的孤寡老人、未成年人及其他有特殊困难的申请人，应积极协调民政部门落实低保措施，解决申请人的长期困难；四是对因伤致残的申请人，积极向当地政府或残疾人相关机构提出就业培训、安排工作等建议。

4 年前，广西桂林市兴安县一名学生文罗因车辆事故致下肢瘫痪，法院判决肇事者赔偿 35 万元。肇事者举债赔偿 15 万元后再无力赔偿。兴安县人民法院多次执行未果。但文罗后续的治疗费用和一家人的基本生活费用仍无着落。于是，兴安县人民法院决定给予 2 万元司法救助金，保障文罗一家的基本生活费用，同时，又向上级法院请求联动救助。桂林市中级人民法院国家司法救助委员会办公室审查案件情况后，认为文罗一案确需联动救助，依照法定程序给予 8 万元救助金。此外，为了帮助文罗尽快就业，当地政府还为文罗提供劳动技能培训。

2016 年以来，桂林市中级人民法院办理的案件中，由市、县两级出资联动救助的案件共 6 件，协调办理低保涉 17 人。

立审分离　工作规范化

张德生说："我们把每一件司救助申请都作为正式案件办理，通过制定《桂林市中级人民法院国家司法救助工作手册》（以下简称《工作手册》）确立办理司法救助案件的流程，规范了救助案件的受理、审查和决定，严格把握救助条件，保证了司法救助金的每一分钱都用在困难当事人的身上，实现及时、公平救助。"

《工作手册》将司法救助工作的制度、职责、规范、实务等方面内容具体化，从立案、案件材料、审查标准、审理流程、归档等方面进行规范。在此基础上，桂林全市所有法院从事司法救助案件的工作人员接受业务培训，统一了全市法院的司法救助案件审理工作。从 2017 年 3 月 1 日起，桂林法院所有司法救助案件都纳入法院办案系统进行流程管理,实现案件审理的司法化。

刘新农介绍,截至2017年3月5日,桂林各级法院都成立了司法救助委员会。司法救助委员会下设办公室,负责牵头、协调和处理日常事务。桂林市中级人民法院司法救助委员会由副院长张德生担任主任委员,其他委员由各审判庭、执行庭以及研究室的部分领导担任。

重心前移　实施精准救助

将司法救助工作重心从信访环节前移至诉讼、执行环节,既是最高人民法院的要求,也是司法救助本质的体现。为此,桂林市中级人民法院在各审判业务部门设置了司法救助联络员。刘新农介绍,司法救助联络员一般由各业务部门的内勤人员担任。在他看来,内勤人员掌握全庭工作动态,一旦有情况可及时作出反应。"我院审判过程中,具有急迫困难的刑事被害人、道路交通事故及工伤事故等受害人均及时得到了救助。"刘新农说。2017年9月,桂林市荔浦县一对年近七旬的夫妇来到法院,他们唯一的儿子被其打工工厂的同事故意杀害,申请工伤待遇受阻。案件审理时,行政审判庭的司法救助联络员发现这对夫妇无收入来源,身体状况差。而刑事被告人已被执行死刑。生效判决确定的赔偿又难以执行。联络员便及时指导这对夫妇申请国家司法救助,桂林市中级人民法院最终决定给予救助金2.5万元。

在张德生看来,桂林法院的司法救助工作推进如此顺利,关键在于全市法院已形成了上下广泛重视、各部门通力合作的氛围。2016年7月,最高人民法院出台《意见》。当月,桂林市中级人民法院就贯彻落实《意见》进行专题研究,确定了司法救助委员会及其办公室的组成人员,对制度建设、人员培训、经费争取等方面提出了具体要求。这项工作的开展至此有了组织保障、发展规划和具体措施。

2016年9月8日,桂林市中级人民法院召开全市第一次国家司法救助工作会议,全面部署了未来司法救助工作。10月1日起,司法救助委员会正式运转。2017年2月27日,根据桂林法院司法救助工作发展现状,针对进度不快、发展不平衡、各法院缺乏业务熟练的专门工作人员等实际情况,及时下发通知,指出司法救助工作中存在的问题及努力方向。3月29日又召开全市法院国家司法救助工作推进会,针对开展国家司法救助工作以来存在的问题提出整改措施、对参会人员进行具体的业务培训、提出全年工作目标和任务，持续推动司法救助工作深入开展。

“司法救助工作的开展，有力化解着执行难所导致的种种矛盾。越来越多的受害人因为获得救助而扭转困境。”张德生说。救助工作纷纭复杂，不少案件所需要的资金非常庞大，有时单靠县级人民法院和市级人民法院的力量难以支撑。为此，桂林市中级人民法院已开始着手建立“三级多部门”联动救助机制。对那些特殊的救助对象，由广西壮族自治区高级人民法院、桂林市中级人民法院、各县级人民法院以及县政府“三级多部门”上下携手、合力开展救助。

肖祖富等四人在电话回访时表示，目前生活状况有所改善，对今后的生活有了希望。像肖祖富这样获得司法救助后解决生活困境的当事人还有很多。截至2017年11月，桂林法院共受理救助案件180件，拟给予救助501.4万元，已结案132件，救助158人，发放救助金321.99万元。被救助当事人对人民法院司法救助工作的公正性和及时性表示满意，对法院判决的权威性也有了新的认识。

图书在版编目(CIP)数据

国家赔偿办案指南. 2017年. 第3辑 : 总第21辑 / 陶凯元, 柯汉民主编. -- 北京 : 法律出版社, 2018

ISBN 978-7-5197-0934-1

Ⅰ. ①国… Ⅱ. ①陶… ②柯… Ⅲ. ①国家赔偿法-中国-指南 Ⅳ. ①D921.65-62

中国版本图书馆CIP数据核字(2017)第127421号

国家赔偿办案指南
2017年第3辑(总第21辑)
GUOJIA PEICHANG BAN'AN ZHINAN
2017 NIAN DI-3 JI(ZONG DI-21 JI)

陶凯元 柯汉民 主编

责任编辑 慕雪丹
装帧设计 李 瞻

出版 法律出版社
总发行 中国法律图书有限公司
经销 新华书店
印刷 天津嘉恒印务有限公司
责任印制 胡晓雅

编辑统筹 法商出版分社
开本 720毫米×960毫米 1/16
印张 15.5
字数 232千
版本 2018年6月第1版
印次 2018年6月第1次印刷

法律出版社/北京市丰台区莲花池西里7号(100073)
网址/www.lawpress.com.cn
投稿邮箱/info@lawpress.com.cn
举报维权邮箱/jbwq@lawpress.com.cn
销售热线/010-83938336
咨询电话/010-63939796

中国法律图书有限公司/北京市丰台区莲花池西里7号(100073)
全国各地中法图分、子公司销售电话：
统一销售客服/400-660-6393
第一法律书店/010-83938334/8335 西安分公司/029-85330678 重庆分公司/023-67453036
上海分公司/021-62071010/1636 深圳分公司/0755-83072995

书号:ISBN 978-7-5197-0934-1 **定价**:68.00元
(如有缺页或倒装,中国法律图书有限公司负责退换)